BEATE SANDER

DIE RICHTIGE GELDANLAGE IN KRISEN UND IM CRASH

BEATE SANDER

DIE RICHTIGE GELDANLAGE IN KRISEN UND IM CRASH

Wie Sie 5 000 € bis 50 000 € sicher in Aktien, ETFs und Aktienfonds anlegen

FBV

Bibliografische Information der Deutschen Nationalbibliothek
Die Deutsche Nationalbibliothek verzeichnet diese Publikation in der Deutschen Nationalbibliografie; detaillierte bibliografische Daten sind im Internet über **http://d-nb.de** abrufbar.

Für Fragen und Anregungen:
info@finanzbuchverlag.de

Originalausgabe, 4. Auflage 2021

Türkenstraße 89
80799 München
Tel.: 089 651285-0
Fax: 089 652096

Korrektorat: Stefanie Wewetzer
Umschlaggestaltung: Sonja Vallant, München
Satz: Beate Sander; Satzwerk Huber, Germering
Druck: Florjancic Tisk d.o.o., Slowenien
Printed in the EU

ISBN Print 978-3-95972-378-7
ISBN E-Book (PDF) 978-3-96092-703-7
ISBN E-Book (EPUB, Mobi) 978-3-96092-704-4

Aus dem Inhalt

Vorwort

Liebe Leserinnen und Leser!

Die schlimmsten Kriegsphasen und die von Entbehrungen und unfassbarem Leid gekennzeichnete Nachkriegszeit zwischen 1942 und 1948 hat aufgrund ihres Alters nur ein kleiner Bevölkerungsanteil erlebt und erlitten. Nun sucht uns die Corona-Krise mit dem heftigsten Börsencrash in solch kurzer Zeit in diesem Jahrtausend heim. Der deutsche Leitindex stürzte von seinem gerade eroberten Allzeithoch Anfang dieses Jahres von fast 13.800 Punkte zwischenzeitlich auf 8.200 Zähler ab. Und niemand weiß, ob diese Marke hält, nachdem sich das anfangs wohl unterschätzte Coronavirus rund um den Globus wegen seiner extrem hohen Ansteckbarkeit immer weiter ausbreitet. Noch hält sich die Todesquote in den meisten Ländern unterhalb 4 %. Aber manche Gesundheitsexperten halten einen Anstieg von bis zu 10 % für denkbar und fordern weitere Eindämmungsmaßnahmen. Die in den skandinavischen Ländern vertretene „Herdenimmunität" verliert an Anhängern. Auf der einen Seite der wichtigste Schutz von Gesundheit und Leben. Demgegenüber dramatische Einbußen und Gefährdungen für Wirtschaft und Finanzen bis hin zur Rezession und Pleite. Dies alles begleitet von harten Einschnitten in persönliche Freiheit und Wohlbefinden.

Hand in Hand mit Besorgnis und Ängsten wächst die Unsicherheit bezüglich der Geldanlage. Was tun, wenn der Arbeitsplatz nicht mehr sicher erscheint? Wohin mit dem Geld, wenn nach Nullzinsen vermehrt steigende Strafzinsen zu berappen sind? Wie am besten handeln, wenn die Kursschwankungen an den Märkten das gewohnte Maß bei weitem überschreiten und es neben empfindlichen Kurseinbrüchen kurzzeitig erstaunliche Höhenflüge am Aktienmarkt gibt? Wie damit umgehen, wenn bislang nicht gespart wurde, es keine Rücklagen gibt, aber dennoch keine Not im baldigen Ruhestand, sondern ein finanziell auskömmliches Leben zu den sehnlichen Wünschen zählt? Und wie all diese Überlegungen und Wünsche vielleicht mit einer ethischen Geldanlage mit gutem Gewissen verbinden? All diesen Anliegen, Wünschen und Fragen gehe ich gründlich nach. Ich stelle in diesem Buch, das sich auch zum Querlesen eignet, als Hauptthema ein Anlagekonzept für vorsichtige, erfolgsorientierte und risikofreudige Anleger in Höhe von 5.000 bis 50.000 € vor. Dabei gehe ich auch auf die von mir erfundene, in jedem Crash bewährte Hoch-/Tief-Mut-Strategie ein. Auch Sie sollen mit einer guten Auswahl von Aktien, ETFs und Aktienfonds, gewürzt mit einer erfolgreichen, breit gestreuten Langzeitanlage viel Anlageerfolg haben!

Beate Sander im Sommer 2020 **Beate.S.Sander@t-online.de**

❶ Wie mit dem Corona-Crash und anderen heftigen Kurseinbrüchen geschickt umgehen?

1.1 Einführung: Allgemeine Informationen zur Geldanlage in sehr schwierigen Zeiten

Der Corona-Crash frisst beim DAX den Kursgewinn in drei Wochen um rund ein Drittel auf.

Jetzt erleben wir ihn, den heftigsten Börsencrash in der DAX-Geschichte mit dem größten Kursrutsch in diesem Jahrtausend. Vor einem Monat noch auf stolzem Allzeithoch mit knapp 13.800 Punkten, jetzt abgestürzt auf 8.200 Zähler. Der Leitindex ist wieder einstellig. Der Kursverlust in nur einem Monat beträgt rund ein Drittel. Die Einschnitte bei Reisen, Veranstaltungen, Bildung und der persönlichen Freiheit schüren immer mehr Ängste und verunsichern. War es unumgänglich nach den Kindertagesstätten auch Schulen und Universitäten zu schließen und die Abiturprüfungen zu verlegen?

Immer mehr Anleger flüchten jetzt aus ihren Aktiendepots. Sie sorgen für eine Kettenreaktion mit dramatischem Kursverfall. Würde man den Crash brav aussitzen oder mutig zukaufen, gäbe es keinen Kursabsturz. Jeder Crash lebt vom Panikausverkauf.

Die Folgen sind dramatisch – spürbar für jeden Einzelnen: Sinkendes Weltwirtschaftswachstum mit drohender Rezession, geringere Steuereinnahmen, geschlossene Kindertagesstätten, Schulen und Universitäten, höhere Arbeitslosigkeit und verzweifelte Menschen bei galoppierender Zunahme von Angst.

Großeltern, die Zeit hätten, sich um die Kinder zu kümmern, wenn beherzte, mutige Eltern dennoch arbeiten wollen, dürfen ihre Enkel nicht betreuen. Eltern, die im Betrieb gebraucht werden, müssen zu Hause bleiben. Und was machen die Kinder bei geschlossenen Schulen, wenn fast alles verboten ist? Training im Verein, Skifahrten, Reisen. Lassen sich Kinder und Jugendliche zu Hause einsperren? Steigt nicht das Ansteckungsrisiko, wenn man sich zu Hause auf die Nerven fällt, alles Schöne und Spannende außerhalb der eigenen vier Wände verboten ist, das Stimmungsbarometer gegen Null fällt und umgekehrt Frust und Aggressionen auch im sonst weitgehend friedlichen familiären Umfeld zunehmen?

Ich hätte all dies verstanden, wenn die Sterbequote beim Coronavirus bei 10 Prozent und darüber läge. Aber Todesraten zwischen 2 und 5 %? Da war doch so manche Grippe viel gefährlicher. Aber das wurde hingenommen. Und es gab ja auch nicht diesen fremden, Angst einflößenden Namen Corona – verbunden mit eingebrannten Schreckensvorstellungen von SARS. In meinen Vorträgen und Börsenseminaren konnte ich als Mutmacher wirken. Jeder ging beruhigt und wohlgelaunt nach Hause. All das ist nun für Wochen und Monate vorbei.

Aber wenden wir uns dem Börsengeschehen mit dem heftigen Crash zu, der weltweit schon fast 20 Billionen Dollar pulverisiert hat. Die Folgen für die Wirtschaft, für kleine, mittlere und große Unternehmen sind verheerend, viele Freiberufler eingeschlossen. Vielleicht ist der Buchhandel Nutznießer all der schmerzhaften Einschränkungen mit Beschneidung der persönlichen Freiheit. Lesen ist ja nicht verboten, und hilfreich in diesem Börsencrash-Szenario, hauptsächlich, aber nicht nur durch Corona verursacht. Der sich immer mehr ausbreitende Angstfaktor führt zum massenweisen Panikausverkauf. Junge Mütter mit Kindern brechen in Tränen aus, wenn sie mich hilfesuchend anrufen, auch wenn ich da kaum der richtige Ansprechpartner bin.

Wie sieht es in meinem Depot aus? Meine Zwei-Millionen-Marke blieb stabil bis zum vergangenen Donnerstag. Sie wurde geknackt, als die Börsenkurse auf den tiefsten Stand in diesem Jahrtausend absackten. Beim DAX blieben gerade mal müde 8.200 Punkte übrig – weniger als einen Monat entfernt vom Februar-Allzeithoch bei 13.790 Zählern. So schnell wie nie zuvor gingen an den Weltbörsen über 18 Billionen Dollar Marktkapitalisierung verloren. Ein Vergleich mit der großen Finanzkrise 2008/09 drängt sich geradezu auf. Der damalige Crash war ähnlich dramatisch, aber dauerte vom Herbst 2008 bis Frühjahr 2009 nicht allzu lange. Ob und wie stark sich die Lage zuspitzt, hängt vor allem davon ab, wie rasch die Infektionsraten weltweit fallen, wann ein wirksamer Impfstoff entwickelt wird, und die schweren Krankheitsverläufe besser behandelbar sind.

Was war und ist also zu tun? Ich verlor nach Steuern und Abgaben rund ein Fünftel meines Depotwertes ausgehend vom Allzeithoch. Damit kann ich gut leben und bleibe voll investiert. Ich nutze Einstieg und Zukauf bei abgestürzten dividendenstarken Titeln um ein Drittel bis zur Hälfte. Bei einer Ausschüttungsrendite von sechs Prozent und einem Kursverlust von einem Drittel steigt die unveränderte Dividende umgekehrt um ein Drittel auf stolze acht Prozent. Gerade wird die Dividendensaison eingeläutet. Es bleibt abzuwarten, wann und in welcher Form die großen DAX- und MDAX-Hauptversammlungen, wo auch über die Dividende abgestimmt wird, stattfinden.

Zu den Dividendenaristokraten gehören Allianz, Munich Re, Aareal Bank, Deutsche Pfandbrief, Freenet, Norilsk Nickel und Sberbank, um nur einige Namen zu nennen. Interessant sind etliche Aktien des Gesundheitswesens aus den Bereichen Pharma, Biotech und Medtech. Ich denke da an AstraZeneca, Amgen, Biogen, Intuitive Surgical, Johnson & Johnson, Medtronic, Roche, Stryker, Sanofi, United Health sowie übertrieben abgestürzte Titel des Reisesektors und der Luxusgüterbranche. Booking Holdings, Hermes, Kering und LVMH haben sicherlich noch Aufholpotenzial.

Wie lässt sich diese Umstrukturierung klug finanzieren? Bei Übernahmeangeboten wie Isra Vision, RIB Software und Qiagen vom MDAX, TecDAX und SDAX bleiben die Kurse stabil. Da bieten sich Teilverkäufe an. Hinzu kommt die Wiederanlage von Ausschüttungen. Auch beim bösartigen Corona-Crash – zum Teil genährt von extrem hohen Aktienbewertungen – kürzen oder streichen nur wenige Firmen die Dividende. Wütende Aktionäre, die aus Frust ihre Aktien aus dem Depot schleudern, dürften eine höhere Eigenkapitaleinbuße verursachen als eine vorübergehend gekürzte oder sogar gestrichene Ausschüttung.

Was tun mit kleinem Geldbeutel und wenig Börsenwissen? Gute Sachbücher lesen und mit Einmalanlage, bei fehlenden Rücklagen auch mit Sparplänen, in ETFs investieren. Diese preiswerten passiven Indexfonds ohne Ausgabeaufschlag bilden ein Börsenbarometer wie DAX oder Dow Jones ab. Wer sich hier erstmals ein breit gestreutes, langfristig risikoarmes Depot aufbauen will, kann folgende ETFs auswählen: MDAX und SDAX (TecDAX jeweils beigemischt), MSCI Word mit Blue Chips und kleineren Titeln, S&P 500, Nasdaq 100 mit mehr Risikofreude und WORLD WATER, wer nachhaltig, mit gutem Gewissen sein Geld anlegen will. Wann gibt es in einem solch kurzen Zeitraum schon mal so stark abgestürzte Kurse? Auch vorsichtige Anleger sollten diese Chance unbedingt auf dem Weg zu einem finanziell sorgenfreien Ruhestand nutzen.

Ich selbst bleibe zu hundert Prozent investiert und trage nicht dazu bei, mit meinem eigenen Verhalten die Kettenreaktion Kursverfall als größten Anlegerfehler zu unterstützen. Mein Zukauf im Crash 2008/09 und beim Technologieabsturz im Dezember 2018 hat sich als Kurstreiber und Ausgangsbasis für die erste und danach zweite Million erwiesen. Erneut vergleiche ich mich mit einem Gärtner, der genau zur richtigen Zeit sät und pflanzt, um später reichlich ernten zu können. Den Crash verursachen nicht die oft als Sündenböcke beschimpften Medien. Je mehr abverkauft wird, umso tiefer sinken die Kurse. Deshalb gilt für mich: Glück verdient der Tüchtige. Und ein Crash ist nur gut – für Leute mit Mut!

Was am besten tun im heftigsten Crash seit der Jahrtausendwende? So mutig zukaufen wie die Unternehmensspitze vom DAX, MDAX, SDAX?

Beim Absturz des DAX um nahezu 40 % kommt schon große Sorge auf. Und wenn wir dann noch lesen: Auch unsere Bundeskanzlerin Angela Merkel scheint vom Coronavirus infiziert und muss in häusliche Quarantäne. Sofern diese Krankheit bei ihr ausbricht, ist Besorgnis angezeigt. Ansonsten aber kann sie ihre Regierungsgeschäfte in vollem Umfang weiterführen. Videokonferenzen mit jedem erdenkbaren Komfort laufen weiter. Reisen zu Tagungen und Kongressen fallen ohnehin aus, um die Corona-Pandemie einzudämmen. Herdenimmunität wie in Schweden ist bei uns kein Thema. Die Einschränkungen wachsen.

Am 23. März 2020 startete der DAX bei über 8.500 Punkten. Der Leitindex erholte sich mittags auf 8.600 Zähler – dennoch ein Minus von 3,3 %. Aber wenigstens war die 8.200er-Marke nicht mehr in Gefahr. Sonst hätten die Charttechniker, sofern nicht bereits geschehen, den Abverkauf weiter angeheizt. Der Kursverlust liegt bereits bei knapp 40 %. In dieser kurzen Zeit verlor der DAX prozentual genauso viel wie während der Weltwirtschaftskrise 2008/09.

Clemens Fürst vom Ifo-Institut hält aufgrund der hohen Kosten von 250 bis 730 Milliarden allein in diesem Jahr einen Einbruch bzw. eine Schrumpfung der deutschen Wirtschaft um 10 bis 20 % für wahrscheinlich. Kleine und mittlere Unternehmen, Selbstständige und Freiberufler leiden in vielen Branchen so stark, dass ohne großzügige, rasche und unbürokratische staatliche Hilfe die Pleite droht. Die Regierung macht den Weg nun frei für virtuelle Hauptversammlungen. Dann dürften auch Dividenden ausgeschüttet werden.

Natürlich wäre es besser gewesen, bis Mitte Februar 2020 in Allzeithochnähe bei über 13.800 Punkten alle Aktien zu verkaufen und bei 8.200 Zählern erneut einzusteigen. Aber „hätte" hilft nicht weiter. Niemand hat eine Glaskugel und kann verlässlich voraussagen, wann, wie heftig, wie lange ein Crash dauert. Gäbe es nicht das Nullzins-Monster, wäre dies einige Jahre früher geschehen.

Wer kennt ein Unternehmen besser als die Führungsspitze mit Vorstand und Aufsichtsrat? Hier wird aktuell so viel zugekauft wie während der Weltwirtschaftskrise 2008/09. Das Verhalten der Firmenchefs deckt sich mit meinen Aktivitäten: beherzter Zugriff zum Schnäppchenpreis.

HeidelbergCement stieg im März mit über 25 Millionen Euro ein, ich zum Kurs von 32 Euro. Fresenius setzte über 2 Millionen Euro ein. Ich griff beim Kurs von unter 26 Euro zu. Metro, Krones und BASF erwarben jeweils eigene Aktien im Wert von rund einer Million Euro. Für deutlich über 200.000 bis zu mehr als 655.000 Euro nutzten Lanxess, Puma, Grenke und Bilfinger die niedrigen Kurse zum Zukauf der eigenen Titel.

- **Wann es zu früh und wann es zu spät ist, lässt sich erst hinterher feststellen. Um möglichst weitgehend richtig zu liegen, kaufe ich schrittweise an kursschwachen Tagen mit hoher Volatilität qualitativ hochwertige Aktien mit mehr als 30 bis über 50 % Kursverlust zu.**

Dabei konzentriere ich mich auch auf sogenannte Dividendenaristokraten. Stürzt der Kurs um die Hälfte ab, steigt umgekehrt die Ausschüttung prozentual um 100 % vorausgesetzt, es wird nicht gekürzt oder gestrichen. Dies kommt in diesen von Angst und Furcht geprägten schwierigen Zeiten mit gewaltigen wirtschaftlichen Einbrüchen allerdings öfter vor als in diesem Jahrtausend gewohnt.

Dazu ein praktisches Beispiel: Stürzt die Aktie X von 300 Euro um die Hälfte auf 150 Euro ab und es wird eine Dividende von 12 Euro bezahlt (vergleichsweise ähnliche Werte bei Munich Re), steigt umgekehrt die Dividendenrendite ebenfalls um 50 %. Bei einem Kaufpreis von 300 Euro beträgt die Ausschüttung 4 % (Formel: Div. 12 € mal 100 = 1.200 geteilt durch 300 = 4). Bei einem Kaufpreis von 150 € bekomme ich ebenfalls 12 €. Aber jetzt sind es 8 % (1200:150 = 8).

- **Wie vernünftig handeln? Welche Branchen vorziehen oder meiden? Wann einsteigen und zukaufen? Internationale ETFs oder Einzelaktien bevorzugen? Einmalanlage oder Sparplan? Wenn es weiter abwärts geht, doch alle Aktien verkaufen oder besser aussitzen?**

Richtiges Verhalten im Corona-Crash. Dazu ein paar Stichpunkte:

Auf keinen Fall sämtliche Aktien verkaufen. Aus einem Buch-Minus werden nicht mehr zurückholbare, echte Verluste.

Bei wenig Börsenwissen, Zeit und Lust einen Börsencrash besser aussitzen.

Bei preisgünstigen Qualitätsaktien schrittweise zukaufen, sein Pulver also nicht auf einmal verschießen.

Die verborgenen Geldschätze heben wie Rücklagen unter der Matratze, ebenso Sparbuch, Festgeld, Tagesgeld usw.

Auf keinen Fall ein Aktienkauf auf Kredit, mag die Versuchung auch groß sein.

Wer die Wahl hat: Einmalanlagen sind jetzt besser als Sparpläne, weil der Kursabschlag komplett genutzt wird.

Bei kleinem Geldbeutel, wenig Börsenwissen und fehlenden Rücklagen lieber ETFs als Aktien wählen, um das Risiko durch breite Streuung zu verringern.

Keine Kreuzschifffahrtaktien kaufen. Die Abwehrhaltung durch unerträgliche Quarantäne wird noch lange anhalten.

Das Gesundheitswesen mit Pharma, Medtech und Biotechnologie übergewichten. Denn hier spielt die Zukunftsmusik mit Künstlicher Intelligenz und Robotik.

Sich vor allem auf Value-Aktien mit hoher Dividende konzentrieren, bei denen nicht die Gefahr auf Kürzung oder Streichung besteht.

Aktien rechnen sich bei einer Langzeitstrategie. Dazu passt die auf Verlässlichkeit, Wohlergehen der Angehörigen, Kunden und Mitarbeiter ausgerichtete Nachhaltigkeitsstrategie. Tüchtige Gründer mit dem Erfindergen sind gut für Anleger, die das schnelle Rein/Raus nicht mögen. Auch bei Ihnen sind drei- und vierstellige Kursgewinnträume sowie üppige Dividendenrenditen erfüllbar, wenn Sie breit gestreut und dauerhaft überwiegend in nachhaltig wirtschaftende Firmen rund um den Globus investieren. Seien Sie aber nicht päpstlicher als der Papst. Konzentrieren Sie sich auf die Hauptgeschäftsfelder.

Nur durchdachte Anlagestrategien, gründend auf Börsenwissen, Marktbeobachtung, Disziplin und Verlässlichkeit versprechen Ihnen Erfolg und können richtig Spaß machen. Die Börse ist kein Kindergeburtstag. Aber der Aufwand an Zeit und Geld kann sich lohnen. Denken Sie an einen Gärtner, der zur richtigen Zeit sät und pflanzt, um eine reiche Ernte einzufahren.

1.2 Die schlimmen Folgen der Coronakrise, dargestellt mit Blick auf die Statistik

Mittlerweile, Anfang April 2020, verlagert sich der Schwerpunkt der weltweiten Pandemie auf Amerika.

Donald Trump, der wie viele andere auch die Corona-Pandemie völlig unterschätzte, schwört Amerika auf harte Wochen ein. Was der US-Präsident aber wohl am meisten fürchtet, ist die Gefährdung seiner Wiederwahl durch die vom Coronavirus verursachte Wirtschaftskrise mit dramatischen Einbrüchen der Börsenkurse. Aber auch in Deutschland wächst die Besorgnis, dass überlastete Krankenhäuser nicht mehr jeden Patienten behandeln können und es zu spürbaren Engpässen bei Beatmungsgeräten auf Intensivstationen kommt.

Die mit infizierten Personen am stärksten betroffenen Länder sind Anfang April 2020 Amerika mit 190 Tausend, Italien fast 106 Tausend, Spanien über 102 Tausend, China mehr als 82 Tausend, Deutschland 73 Tausend. Für die US-Bürger bedeuten die kaum kalkulierbaren Behandlungskosten der Coronainfektion eine besonders große Gefahr, nachdem längst nicht alle Amerikaner krankenversichert sind. Die Behandlung von Covid-19 wird auf knapp 9.800 Dollar pro Patient geschätzt, sofern keine Komplikationen auftreten.

Die wirtschaftlichen Folgen sind verheerend. Das Ifo-Institut befürchtet, dass die Wirtschaft erstmals seit dem Jahr 2008 dramatisch schrumpfen dürfte. Im Hinblick auf die Branchen spüren von den 3.400 in Deutschland befragten Unternehmen aus Industrie, Handel und Dienstleistungen im März 2020 die stärksten negativen Auswirkungen auf Wachstum und Gewinn:

96 %: Reisebüros, Tourismusveranstalter, Reservierungsdienstleister

80 %: Gastgewerbe, Restaurants

77 %: Hersteller verschiedener Waren

73 %: Erzeuger elektrischer und elektronischer Ausrüstungen

70 %: Produzenten von Datenverarbeitungsgeräten

68 %: Finanz- und Versicherungsdienstleister

65 %: Maschinenbauer und Chemieproduzenten

Wie sehen die Befindlichkeiten der Bundesbürger aus? Ein Blick in die *Handelsblatt*-Grafik vom 31. März 2020

Die Einschränkungen im Bereich der beruflichen Arbeit werden kritischer und ablehnender hingenommen als im Freizeitsektor. Dabei befürchten knapp zwei Drittel der Gesprächspartner, dass die Einschränkungen wohl länger als zwei Monate beibehalten werden. Die Zustimmung zum totalen Ausgehverbot sank binnen 14 Tagen von 52 % auf 38 %.

Umfrage: Macht es Ihnen Angst, dass sich wohl ein Großteil der Bevölkerung anstecken wird?

Wohnort: *In den Ballungszentren fürchten sich nur 48 % der Leute, in gering besiedelten Gebieten dagegen 59 % der Interviewpartner.*

Alter: *Nur 37 % der 18- bis 29-Jährigen sagen eher ja, dagegen 66 % der befragten Deutschen im Alter ab 65 Jahren.*

Umfrage: Sind Sie optimistisch, dass Deutschland gut durch die Pandemie kommt?

Berufliche Stellung: *Arbeiter sind mit 50 % Anteil seltener zuversichtlich als Angestellte mit 60 % Zustimmung.*

Beschäftigungsstatus: *64 % der Studierenden geben sich ziemlich optimistisch, aber nur 54 % der Menschen ohne Arbeit.*

Wahlabsicht: *Nur 27 % der Unionswähler erwarten nicht, dass Deutschland gut durch die Krise kommt. Bei der AfD sind es immerhin 52 %.*

Umfrage: Was bereitet Ihnen derzeit die größten Probleme?

Angst vor Ansteckung: 43 %, fehlende Bewegungsfreiheit: 25 %, soziale Isolation: 25 %, finanzielle Einbußen: 19 %, Bedrohung des Arbeitsplatzes: 15 %, Versorgungsengpässe: 15 %, Schließung von Geschäften: 14 %, keine Probleme durch Pandemie: 8 %.

Soziale Isolation: *Junge Leute leiden am meisten: 33 % der 18- bis 29-Jährigen; 40 % der Auszubildenden und 44 % der Studenten.*

Finanzielle Einbußen: *Sie werden von 43 % der Selbstständigen, aber auch von 32 % der Arbeiter befürchtet.*

Keine Probleme: *11 % der Befragten ohne Berufsabschluss nennen keine Probleme in der gegenwärtigen Situation.*

Umfrage: Welche Maßnahmen sind Ihrer Meinung nach sinnvoll, um die Corona-Pandemie zu bekämpfen?

Absagen von Kultur- und Sportveranstaltungen: 77 %, Schließung von Cafés und Bars: 74 %, Schul- und Kitaschließungen: 71 %, Reiseverbote innerhalb Deutschlands: 56 %, Schließung der Grenzen: 56 %, absolute Ausgehsperre: 38 %, Pflicht, von zu Hause aus zu arbeiten: 36 %, Produktion einstellen oder einschränken: 38 %, keine der geplanten Maßnahmen: 5 %.

Umfrage: Welche Maßnahmen wie Hände waschen, Homeoffice, mehr Abstand halten wurden an Ihrem Arbeitsplatz getroffen?

Arbeit in Homeoffice: 49 %, besondere hygienische Schutzmaßnahmen: 46 %, größerer Abstand zu anderen: 44 %, Betriebsschließung: 14 %, Einführung der Kurzarbeit: 14 %, es wurden keinerlei Maßnahmen getroffen: 7 %.

Umfrage: Wie schätzen Sie die wirtschaftliche Lage bei Ihrem Unternehmen ein? Ist Ihr Arbeitgeber krisengerüstet?

Beschäftigungsstatus: *50 % der Selbstständigen sehen sich eher schlecht gerüstet. Bei den Arbeitnehmern schätzen 29 % die Ausgangslage ihres Arbeitgebers als schlecht ein.*

Wahlabsicht: *46 % der Grünen- und 44 % der Linken-Wähler bewerten die Lage der Unternehmen als eher gut, aber nur 34 % der AfD-Wähler.*

Umfrage: Wie stark wirkt sich die Pandemie auf Ihren Arbeitgeber bzw. Ihr Unternehmen aus? Rechnen Sie mit Schäden?

Sehr stark: 35 %, eher stark: 32 %, unentschieden: 13 %, weniger stark: 18 %, gar nicht: 7 %. 68 % der Befragten ohne Berufsabschluss befürchten starke bis sehr starke Auswirkungen auf ihren Arbeitgeber.

Umfrage: Ist Ihr Arbeitsplatz nach Ihrer Einschätzung gefährdet?

Ja, auf jeden Fall: 15 %, eher ja: 13 %, unentschieden: 10 %, eher nein: 26 %, nein, auf keinen Fall: 36 %. Bei den Arbeitern sorgen sich 35 % um ihren Arbeitsplatz, aber nur 9 % der Beamten. 38 % der AfD-Wähler haben Angst um ihren Job, aber nur 23 % der Grünen-Wähler.

Grund zu Hamsterkäufen im Coronavirus-Crash?

Die Corona-Pandemie hat in weiten Teilen Deutschlands zu übertriebenen Hamsterkäufen geführt, wobei Toilettenpapier besonders gefragt und deshalb zeitweilig knapp wurde. Zumindest die Lebensmittelversorgung ist hierzulande weitgehend gesichert. Weitaus schlimmer trifft es die Menschen in Schwellen- und Entwicklungsländern.

Supermärkte, Drogeriemärkte, Apotheken und der Lebensmitteleinzelhandel profitieren. Modegeschäfte, Friseure und Buchhändler müssen schließen – sogar Universitätsbibliotheken.

Der Onlinehandel ist der große Nutznießer, Amazon an der Spitze. Bei den Hamsterkäufen führen mit großem Anteil Brotmischungen, Mehl, Reis, Teigwaren, Trockensuppen, Nassfertiggerichte, Nass-Suppen, Würstchenkonserven, Zucker und H-Milch. Und wie hoch ist der Anteil derjenigen Personen, die eine Lebensmittelknappheit befürchten? Bei den Briten sind es 57 %, in den USA 48 %, in China 35 %, in Deutschland dagegen nur 26 %, mögen auch brechendvolle Einkaufswägen das Gegenteil vermuten lassen.

Die gesamte Reisebranche mit Tourismusanbietern, Hotelketten und Luxusgütern in einer massiven Krise

Die Corona-Pandemie trifft die Reisebranche rund um den Globus. Die Anzahl der Abflüge sinkt weltweit um hohe zweistellige Prozentsätze. Die meisten Flugzeuge bleiben am Boden. Die Börsenkurse von Reiseveranstaltern, Fluggesellschaften und Kreuzschifffahrtunternehmen sind bis zu drei Viertel eingebrochen. Die verhängten Quarantänen spielten beim Absturz der Börsenkurse eine entscheidende Rolle.

Allein am Airport Frankfurt sanken die Abflüge um 86 %.

Die Reisefirmen traf es bereits im Monat März 2020 am stärksten. So präsentieren sich die Ausfallquoten, auch bedingt durch Betriebsstilllegung und Kurzarbeit, gelegentlich auch durch Arbeitskräftemangel: Reisewirtschaft: 87 %, Gastgewerbe: 79 %, Verkehr und Lagerei: 57 %, Industrie: 57 %, Handel: 54 %, Gesamtwirtschaft: 52 %, sonstige Dienstleitungen: 42 %, Bauwirtschaft: 20 %.

Das wurde im ersten Quartal 2020 aus 100.000 Euro			
Aktien	**Anleihen**	**Rohstoffe**	**Währungen**
Aktien China CSI 300 **90.320 €**	**US-Staatsanleihen** Treasury Index **111.300 €**	**Palladium** Edelmetall **123.450 €**	**Schweizer Franken** **102.230 €**
Aktien Japan Nikkei 225 **82.560 €**	**Staatsanleihen Deutschland** **100.240 €**	**Gold als sicherer Hafen** **105.660 €**	**US-Dollar** Leitwährung **101.650 €**
Aktien USA S&P 500 **81.420 €**	**Staatsanleihen Italien** **99.320 €**	**Kupfer** Buntmetall **81.570 €**	**Bitcoin Kryptowährg.** **91.930 €**
Aktien Europa Stoxx Europe 600 **76.900 €**	**Unternehmens-anleihen Global** **96.620 €**[i]	**Silber** Industriemetall **80.200 €**	**Ungarischer Forint** **91.780 €**
Aktien Schwellen-länder Emerg. M. **76.130 €**	**Staatsanleihen Emerging Market** **90.320 €**	**Platin** Edelmetall **76.040 €**	**Russischer Rubel** **80.350 €**
Aktien Deutsch-land DAX 30 **74.990 €**	**Unternehmens-anleihen High Y.** **87.880 €**	**Erdöl** Sorte Brent **41.830 €**	**Brasilianischer Real** **78.870 €**
***Handelsblatt*-Grafik: Stand 31.03.2020; Anlageergebnisse in Euro**			

Börsenpsychologie: Zitat Ökonomieprofessor Sebastian Ebert: *„Täglich ins Depot gucken macht irre!“*

„Ich rate prinzipiell dazu, bei der Geldanlage in langfristigen Zeiträumen zu denken. Investoren mussten nach einem mehr als zehnjährigen Bullenmarkt damit rechnen, dass es auch steil bergab gehen kann. Wer das nicht ertragen kann, hätte besser gar nicht am Markt investieren sollen. Nachhaltige Anleger sollten deshalb auch jetzt nichts an ihrer Strategie ändern. – Wer einen langen Atem hat, fuhr in der Vergangenheit an der Börse stets eine Eigenkapitalrendite von 5 bis 8 % ein. Selbst wenn Sie noch im Januar gekauft haben, sollte sich das Investment für Sie über die lange Frist auszahlen. – Anleger sollten jetzt auf keinen Fall zehnmal am Tag ihr Depot checken. Das bringt nichts und macht nur nervös.“

1.3 Erkennen Sie Ihren eigenen Anlegertyp, um erfolgreich anlegen zu können

Oft werde ich auf Hauptversammlungen, bei Anlegerkonferenzen, Interviews, TV-Talkshows und meinen zahlreichen Vorträgen im deutschsprachigen Raum gefragt: *„Haben Sie für mich ein paar tolle Anlagetipps auf Lager?“* Meine Antwort lautet: *„So einfach geht dies nicht! Was für mich richtig ist, kann für Sie falsch sein. Jeder hat andere Vorlieben und Ansprüche. Was der eine liebt, kann der andere hassen.“* Auch Vermögen, Einkommen, Zeit, Lust und Lebensalter spielen eine Rolle. Einige Grundregeln gelten immer. In einem erfolgreichen Strategieorchester spielen mehrere Einflussfaktoren mit. Bei der Auswahl von Aktien, ETFs und Aktienfonds gilt das Augenmerk dem Anlegertyp.

Bei einer vernünftigen Geldanlage mit persönlichem Zuschnitt dient die folgende Grobeinteilung als Orientierungshilfe:

- **Schätzen Sie sich als ängstlichen, vorsichtigen, risikoscheuen Typ ein?**
- **Sind Sie erfolgsorientiert mit ausgewogenem Chance-/Risiko-Verhältnis?**
- **Lieben Sie Nervenkitzel? Sind Sie risikofreudig? Darf es spekulativ sein?**

Typ 1: Auch wenn Sie sich als ängstlich einschätzen, ist es das größte Risiko, keinerlei Wagnis einzugehen. Übertriebenes Sicherheitsstreben kann kostspielig und enttäuschend sein. Das Festhalten am Sparbuch vernichtet seit Einführung der Nullzinspolitik schleichend Ihr Kapital. Was ist also zu tun? Legen Sie nur übriges Geld längerfristig an. Aber pro Order nicht unter 1.000 €. Sonst fressen die Gebühren Ihre Kursgewinne auf. Familienfirmen sind durch Erfindergen und Nachhaltigkeitsstrategie oft besonders erfolgreich. Diese AGs in Perlenfischermanier ausfindig zu machen, sehe ich als wichtige Aufgabe an. Als Fondsliebhaber und ETF-Fan erwarten Sie auch gute Produkte mit Schwerpunkt ethische Geldanlage.

Typ 2: Als erfolgsorientierter Anleger finden Sie Aktienvorschläge und Musterdepots, die auf Sie zugeschnitten sind und mehr Rendite versprechen, als dies zögerlich handelnde Angsthasen erwarten können.

Typ 3: Als risikofreudiger und spekulativer Anleger mit Lust auf Nervenkitzel ist bei Einzelaktien gelegentlich auch mal ein schnelles Rein und Raus geboten, um rechtzeitig in Krisenzeiten, bei Gerüchten und Leerverkäufen zu reagieren.

Aber bitte nie mit Aktienfonds und möglichst auch nicht bei ETFs, die langfristig ausgelegt sind! Sie sollten im Aktien- und Indexfondssektor über den Gartenzaun blicken und internationale Chancen nutzen. Auch im Sektor Nachhaltigkeit gibt es die hervorragenden Kleinen und Feinen, aufgespürt und verankert in besonderen Kurslisten und Musterdepots für risikofreudige Anleger.

Die wichtigsten Einflussfaktoren für jeden Anlegertyp

Je nachdem wie Ihr Selbstbild aussieht, kann Ihre Anlagestrategie keine Kopie von anderen sein. Ihre Entscheidungen müssen zu Ihrer Persönlichkeit passen. Das ist für Ihren Börsenerfolg ungemein wichtig. Sobald Sie sich über Ihre Beweggründe, Wünsche, Ziele und Lebenslage im Klaren sind, können Sie Chancen besser nutzen. So vermeiden Sie grobe Fehler und Krisen bringen Sie nicht um Ihren nächtlichen Schlaf. Seien Sie kein Angsthase, sondern zuversichtlich. Zu viel Sicherheit belastet Lebensfreude und Vermögen. Vorsichtige Anleger meiden riskante Manöver, Frauen weitaus öfter als Männer. Risikofreudige Investoren, zu denen ich zähle, legen umgekehrt auch einen unterschiedlich hohen Anteil in sogenannte „ewige" Aktien an, die fair bewertet, substanz- und dividendenstark sind. Da gibt es eine Fülle empfehlenswerter nachhaltiger Aktien.

Aktiv gemanagte Investmentfonds eignen sich nur für langfristige Anlagen: mindestens fünf Jahre, möglichst ein Jahrzehnt und länger. Mit ein paar hundert Euro **Vermögensdecke** lässt sich als **Einmalanlage** kein gewinnbringendes Fondsdepot aufbauen. Es sollten ein paar tausend Euro übriges, nicht benötigtes Geld sein. Hier bewähren sich die monatlich oder vierteljährlich laufenden **Sparpläne** mit einem Einsatz von 25 bis 100 € und mehr. Bei Berechnung der **monatlichen Ausgaben** runden Sie unbedingt großzügig nach oben auf.

Warum auch Sie mit gutem Gewissen in verantwortliche bzw. nachhaltige Aktien, ETFs und Aktienfonds investieren sollten!

Niemand muss befürchten, bei ethischen Geldanlagen mit gutem Gewissen schlecht abzuschneiden. Nachhaltigkeit und soziale Verantwortung werden erwartet. Die positive Entwicklung mit klarem Aufwärtstrend 2018 und 2019 unterstützt den Aufwärtstrend. Verstärkend wirkt das Verhalten bei der jüngeren Generation und vor allem Frauen. Es wächst der Wunsch, in den Zeiten des Null- und Strafzinsmonsters selbst mit gutem Gewissen aktiv zu sein.

Unterschieden wird zwischen a) verantwortlichen Investments mit Schwerpunkt Umwelt, Soziales, intakter Firmenkultur und b) nachhaltigen Geldanlagen, bei denen die Voraussetzungen strenger sind.

1.4 Eine kurze Crashgeschichte im Überblick

Grundsätzlich gilt für jeden Crash wie auch den heftigen Corona-Crash mit dem verheerendsten Kurseinbruch binnen 4 Wochen vom gerade erst erkämpften Allzeithoch von rund 13.800 Punkten auf nur noch 8.200 Punkte im März 2020:

- **Cool bleiben und eigene Fehler durch unüberlegte Reaktionen vermeiden!**
- **Nicht in Angst und Panik alle Aktien in den Markt werfen!**
- **Geschickt balancieren und damit die Risiken verringern!**
- **Vernunftbetont handeln und sich vom Herdentrieb abkoppeln!**
- **Beherzt die Chancen nutzen: *„Ein Crash ist nur gut – für Leute mit Mut!“***

Aktiencrashs sind unvermeidbar und wiederholen sich. Auch künftig werden sich Spekulationsblasen bilden, die mit mehr oder minder großem Getöse platzen. Aber niemand weiß, wie lange die Erholungsphase bis zum nächsten Crashszenario dauert. Den jüngsten Crash gab es im Herbst 2008 und Frühjahr 2009, begleitet von Gefühlen und Tätigkeiten wie bangen und hoffen, verkaufen und kaufen, in Hektik verfallen, aber auch Chancen wittern und mutig investieren. Zur Sache ging es im Januar/Februar 2016 als Folge der Nullzinspolitik und geöffneter Geldschleusen für Staatsanleihenkäufe.

Beim kurzen, heftigen „Flächencrash“ am 5./6. Februar 2018 zeigten viele Anleger, dass sie aus früheren Crashszenarien doch etwas dazugelernt hatten. Es kam nur vereinzelt zum Panikausverkauf. Dabei fuhr der Dow Jones mit einem Kursrutsch von 4,6 % binnen Stunden und einem Minus von 1.600 Zählern den größten Punktverlust in seiner Geschichte ein. Richtig zur Sache ging es im letzten Vierteljahr 2018, insbesondere im Dezember mit starken Kursabschlägen im Technologie- und Internetsektor. Der DAX büßte 2018 über 20 % ein. Der große Verlierer war der Nasdaq. Alle Aktien, die ich damals kaufte, befinden sich nach dem starken Aufwärtstrend sogar im heftigen Corona-Crash im Plus.

Für mich waren der beherzte Zukauf im Herbst 2008, Frühjahr 2009, Juni 2016 als Folge des Brexits, Austritt Großbritannien aus der EU, und im Dezember 2018 eine Art Börsenzauberformel. Seit März 2009 hat sich mein Depotwert mehr als versiebenfacht mit neuem Allzeithoch im April 2019. Bei jeder heftigen Kursbewegung setze ich meine Hoch-/Tief-Mut-Strategie erfolgreich ein.

Die Erfahrung vom Dezember 2018 stärkt die Hoffnung, dass Anleger beim Kurssturz seltener in Hektik und Panik geraten. Auch die Wissenschaft kann Blasenbildung und Crash nicht aus der Welt schaffen. Die Börse ist ein Spiegelbild menschlicher Verhaltensweisen. Dazu zählt Emotionalität. Aber Sie sind den Börsenturbulenzen nicht hilflos ausgeliefert. Koppeln Sie sich vom Herdentrieb ab. Handeln Sie unabhängig. Schlimm ist es, sich extrem spät von seinen Aktien zu trennen. Kaufen Sie in der Bodenbildungsphase zu Tiefkursen nach!

Rückblick: Das Crashszenario vor 90 Jahren und die Zeit danach

Welch bedrückende Bilder verbinden sich mit dem großen Börsencrash, der 1929, vor mehr als 85 Jahren, eine Weltwirtschaftskrise auslöste und von Amerika zeitlich verzögert nach Europa überschwappte! So kam es zum Schwarzen Freitag, der in den USA ein Schwarzer Donnerstag war. Gelernt haben aus dem damaligen Schreckensszenario nur wenige Börsianer. Auch 1987 wurde die Welt von einem Crash heimgesucht. Richtig zur Sache ging es von Frühjahr 2000 bis März 2003. Damit zerplatzte der durch den Neuen Markt ausgelöste Traum vom Reichtum ohne Arbeit. Welch quälend lange Zeit vergeblichen Hoffens und Bangens! Von Herbst 2008 bis Frühjahr 2009 kommt es weltweit zu heftigen Börsenturbulenzen, ausgelöst durch die Finanz- und Weltwirtschaftskrise. Einerseits beginnt sich der industrielle Bereich zu erholen. Andererseits gelangen etliche Länder an den Rand des Staatsbankrotts wie Griechenland und Irland, gefährdet sind Spanien, Portugal, Italien. Die Steuereinnahmen sinken. Viele Kommunen setzen bei bürgernahen Leistungen den Rotstift an.

Börsenunwetter zeigen Gemeinsamkeiten, geprägt von typischen Verhaltensfehlern. Lassen sich durch Wissen, Erfahrung und Lernprozesse künftig extreme Kursverluste an der Börse vermeiden? Eher nein! Ist die den Crash aufarbeitende Fachliteratur dennoch nützlich? Ja! Das eigene Verhalten ist zwar anfällig für Wiederholungen, aber auch veränderbar. Sie können es schaffen, weniger als andere unter einem Crash zu leiden und Chancen zu nutzen. Der frühzeitige Zukauf belohnt Sie mit Kursgewinnen.

Dass viele Börsianer auf dem falschen Fuß erwischt wurden, zeigt der Crash 2008/09. Das von Amerika ausgehende Subprime-Desaster (Hypotheken auch bei schlechter Bonität) weitete sich – vergleichbar mit neu etikettiertem Gammelfleisch oder Obstkisten mit faulen Äpfeln – zur globalen Finanzkrise aus. Anfangs erfasste es die Hypothekenbanken, danach Immobilien- und Hedgefonds. Was mit Immobilien zu tun hatte, wurde gnadenlos abgestraft. Die Kurse stürzten in die Tiefe. Auch aktuell werden Immobilientitel abgestraft. Es geht um Enteignung und Mietdeckel für 5 Jahre.

Im Frühsommer 2009 begann die Rallye. Sie setzte sich 2010 fort, wurde 2011 wegen der sich zuspitzenden Staatsschuldenkrise durch einen Kurssturz unterbrochen. 2012 folgte das zweitbeste Börsenjahr im neuen Jahrtausend. Erneut irrten sich die Untergangspropheten. Schreckensszenarien lassen sich besser verkaufen als Träume von heiler Welt. 2013 nahm die Börse volle Fahrt auf. 2014 dümpelte sie dahin. Nur der TecDAX machte Freude. Im April 2015 knackte der DAX die 12.390-Punkte-Marke. Der Jan./Febr. 2016 brachte Kursstürze. 2017 erzielten im Mai/Juni alle deutschen Indizes Höchststände: Der DAX schaffte 13.500 Punkte. Beim „Flächencrash“ am 5./6. Februar 2018 stürzte er bis auf 12.233 Punkte ab. Und im Dezember 2018 war die 10.000-Marke in Gefahr. Es kam jedoch noch nicht zu der von **Marc Faber** vorausgesagten Katastrophe: *„Ich weiß nicht, wann es passieren wird, ob morgen, in 5 oder in 10 Jahren. Irgendwann wird es zur riesigen Zerstörung von Vermögen kommen.“*

Rückblick: Der große Salamicrash von 2000 bis 2003

Befeuert von der New Economy stieg der DAX im Winter 1999/2000 in 4 Monaten um 60 % auf 8.150 Punkte. Großteils waren die Aktien sehr hoch bewertet. Dies und der Kauf auf Pump waren Hauptursachen für die Trendumkehr. Umsatz- und Gewinneinbruch, eine sich abschwächende Konjunktur und die Verwerfungen am Neuen Markt mussten eine heftige Abwärtsspirale auslösen. Hinzu kamen die Terroranschläge vom 11. September 2001, die Argentinienkrise und der Irakkrieg. Kurz vor dem Kriegsausbruch im Irak markierte der DAX mit 2.200 Punkten den Tiefpunkt. Danach marschierte er 5 Jahre lang bergauf und griff die alte Bestmarke von 8.150 Punkten an. Es folgte ein erneuter Crash, ausgelöst durch die weltweite Finanzkrise. Im März 2009 notierte der DAX nur noch bei 3.600 Punkten. Zwei Jahre später verdoppelte er sich gegenüber dem Frühjahrstief 2009. Anfang 2013 wurde der erneute Kampf um die 8.000er-Marke eingeläutet. Zum Jahresbeginn 2018 gab es einen Rekord von 13.590 Zählern. Oft wird übersehen, dass der DAX im Gegensatz zu anderen führenden Börsenbarometern wie Dow Jones oder Nikkei 225 ein **Performanceindex** (WKN 846 900) ist und **Dividenden** einrechnet. Prozentual viel deutlicher waren (Stand April 2019) die Höchststände beim MDAX (27.346 Punkte), TecDAX (3.050 Punkte) und SDAX (12.749 Punkte). Gute Nebenwerte gewichte ich weiterhin über.

Fallbeispiel: Émile Zola *Das Geld* (1891)

„Das war die unausbleibliche, periodisch wiederkehrende verheerende Seuche, die alle 10 bis 15 Jahre an den sogenannten schwarzen Freitagen den Markt reinfegt und den Boden mit Schutt bedeckt. Jahre müssen vergehen, ehe das Vertrauen von neuem erwacht und große Bankhäuser wieder aufgebaut werden.

Bis dann die allmählich angefachte Spielleidenschaft wieder hell auflodert, die Geschichte von vorne anfängt und eine neue Krisis herbeiführt, die in einem neuen Krach alles vernichtet."

Aus der Börsencrashgeschichte:

Am 7. Februar 1637 kommt es zum Crash. Gierige holländische Spekulanten kaufen seltene Tulpenzwiebeln zu horrenden Preisen. Bei der Alkmaar-Versteigerung bleiben die Käufer weg. Die Spekulationsblase platzt: ein plötzlicher Preissturz von 95 %.

Der 24./25. Oktober 1929 geht in die Geschichte ein als *Schwarzer Donnerstag* (USA) bzw. *Schwarzer Freitag (Europa)*. Dieser heftige Börsencrash löst eine Weltwirtschaftskrise aus und lässt den Dow Jones binnen drei Jahren um 86 % abstürzen.

Am 19. Oktober 1987 rauscht der Dow Jones erneut in den Keller. Es kommt zum weltweiten Crash. Seitdem entstehen im Oktober vermehrt Crashängste.

Frühjahr 2000 bis 2003: Die überhitzten Kurse lassen die Dotcom-Blase platzen. Der TecDAX löst 2003 den Neuen Markt ab. Die Jahrtausendwende ist die Geburtsstunde für den scheibchenweise verlaufenden „Salamicrash".

Zum Crashgeschehen in der Weltwirtschaftskrise 2008/09

Die Probleme beginnen am US-Immobilienmarkt. Nachdem der Wert der Gebäude jahrelang stieg, erhöhen viele Hausbesitzer ihre Hypothekenkredite – meist einkommensschwache Schuldner. Zwischen 2004 und 2006 wandern jährlich rund 850 Milliarden Dollar in den Konsum. Bei steigendem Zinssatz können viele Hausbesitzer ihre Zahlungsverpflichtungen nicht mehr erfüllen. Privatinsolvenzen und Zwangsverkäufe häufen sich. Die Wohnimmobilienpreise purzeln in den Keller. Die komplizierten verbrieften Kreditderivate werden unverkäuflich und treiben Banken und Versicherungen an oder in den Abgrund. Die US-Notenbank FED senkt den Leitzinssatz auf nahe 0 % und flutet in Absprache mit anderen Notenbanken viele Milliarden Dollar in den Markt, um die Liquidität zu erhöhen und den Banken zu helfen, ihre Finanzprobleme zu lösen.

Was tun in Börsenkrisen? Zitat Frank Wiebe, *Handelsblatt* 17/08

„Wir hatten vorher insgesamt fünf gute Börsenjahre. Allein in den vergangenen drei Jahren ist der Index DAX um rund 89 % gestiegen ... Es war längst einmal Zeit für ein schwaches Börsenjahr nach dem dramatischen Aufschwung."

„Wer nach Kostolany seine Aktien kauft und bis ins Rentenalter liegen lässt, muss jetzt aber nicht den Weltuntergang fürchten und hektisch umschichten. Falsch wären nur zwei Strategien: Jetzt noch aussteigen und dann zu spät wieder einsteigen. Das passiert leicht. Denn der ideale Einstiegszeitpunkt kommt oft schon dann, wenn alle noch ihre Wunden lecken und die Nase voll haben von der Börse. Die zweite falsche Strategie: Jetzt ganz cool drin bleiben – dann nahe den Tiefstkursen die Nerven verlieren und doch noch aussteigen. Die Erfahrung zeigt, dass es schwierig ist, mit häufigem Ein- und Aussteigen das Ergebnis zu verbessern. Oft reichen wenige Tage Verspätung, und schon stimmt die Rechnung nicht mehr – und Kosten fallen auch noch an."

Ein Fallbeispiel: Der Schuhputzjunge von der Wall Street

„Eines Morgens erzählt ein Schuhputzjunge an der Wall Street dem legendären John D. Rockefeller, man müsse unbedingt an der Börse investieren, um reich zu werden. Rockefeller wusste sofort, was zu tun war. Wenn sogar schon auf der Straße Börsenempfehlungen ausgesprochen werden, dann war die Wall Street hoffnungslos überhitzt. Eine Korrektur musste folgen. Rockefeller verkaufte seine Aktien und hielt sein Vermögen in Cash. So rettete der Ölmagnat sein Vermögen vor dem Börsencrash am berüchtigten Schwarzen Donnerstag bzw. Schwarzen Freitag im Oktober 1929. Etwa 85 Jahre später ist Rockefellers Schlussfolgerung aktueller denn je. In den 1990er-Jahren stand der US-Aktienmarkt am Ende des längsten Anstiegs, den die Wall Street je gesehen hatte. – 2001 waren beinahe 60 % der Amerikaner, aber auch sehr viele Europäer, in Aktien investiert. Unglücklicherweise investierten sie erst Ende des gigantischen Bullenmarktes. Als die Börsen – vor allem der Neue Markt in Frankfurt – im März 2000 zu fallen begannen, verloren sie mehr als nur ihren ruhigen Schlaf."

Rückblick 2011: Streifzug durch Verwerfungen an den Märkten

Im Spätsommer und Herbst 2011 kam es zu heftigen Börsenturbulenzen – ein Gebräu von schlechten Nachrichten, Weltuntergangsstimmung und Psychologie.

Die Rezeptur für diesen weltweiten Kurssturz lieferte die Überschuldung europäischer Länder, angeführt von Griechenland, dahinter Portugal, Spanien und Italien, Euro-Ängste, Rezessionsfurcht und politische Unruhen. Amerikas Kreditwürdigkeit wurde von AAA auf AA+ zurückgestuft. Die Anleger verloren das Vertrauen in den Finanzmarkt und verhielten sich wie Angsthasen. Sie warfen verlustreich massenweise ihre Aktien in den Markt und scheuten – wie ein gebranntes Kind das Feuer – für immer oder zumindest zeitweilig den Aktienmarkt.

Wer passiv an der Seitenlinie verharrte, konnte Verluste nicht ausgleichen und in die Gewinnzone zurückkehren. Zudem lösten Stop-Loss-Order als Kettenreaktion fortlaufend Computerverkaufsprogramme aus. Die Kurskorrektur im August 2011 trieb den DAX um 2.000 Punkte in den Keller und ließ die Nebenwerteindizes MDAX, TecDAX und SDAX ähnlich schlecht aussehen wie einen danebengreifenden oder zu spät herauseilenden Fußballtorwart.

Welche Signale sind schon im Vorfeld zu beachten?

Wenn Börsenkurse in die abendliche Stammtischdiskussion einfließen, das Gesprächsthema nach dem Tennismatch bilden, Börsentipps in großen Lettern auf der Titelseite der Boulevardpresse prangen, Taxifahrer mit ihren Gästen über das Börsengeschehen debattieren – dann sind Vorsicht, Misstrauen, und Disziplin angebracht. Alles deutet auf Kursüberhitzung, das Platzen von Spekulationsblasen hin. Springen Sie nicht auf den rasant fahrenden Börsenzug auf! Verluste sind vorprogrammiert. Warten Sie die Bodenbildung ab. Für Mutige bieten sich gute Einstiegs- und Zukaufchancen. Freilich führt nicht jede scharfe Korrektur zum Crash. Oft ist es nur ein Atemholen.

Während 2004 noch etliche Experten eine Stabilisierung des Ölpreises auf ungefähr 30 US-Dollar pro Barrel (159 Liter) für wahrscheinlich erachteten, verkündeten einige längerfristige Einschätzungen den Anstieg bis auf 200 US-Dollar. Steigende Rohstoffpreise heizen die Inflation an und lähmen schließlich die Konjunktur. Zum Jahresschluss 2008 notierte der Brent-Ölpreis bei 40 US-Dollar je Barrel, im März 2011 wegen der Unruhen in Afrika bei 110 Dollar. Mitte März 2015 waren es 45 Dollar, im Januar 2018 schon 63 Dollar und Ende Mai 2019 ca. 68 Dollar. Das Ungewisse beim Crash liegt nie im Ob, sondern im Wann, wie lange, wie heftig. Begleitet von emotionalem Überschwang, irrationaler Übertreibung, Herdentrieb, Verdrängung, Sündenbocksuche. Beim Aufschwung sind es Gier und Euphorie, beim Absturz Angst und Panik.

Große Sorgen löst die hohe Staatsverschuldung aus. 1970 hatte Deutschland umgerechnet rund 64 Mrd. Euroschulden. 2015 waren es 2,07 Billionen €, umgerechnet pro Kopf 25.400 €. Ende Mai 2019, liegt die Schuldenlast bei 1,93 Billionen €, pro Kopf gut 23.100 €. Immerhin sinkt durch die niedrigen Zinsen der Gesamtschuldenstand das vierte Jahr in Folge. Das Wirtschaften auf Pump, das Nichtzurückzahlen von Verbindlichkeiten hat in der Politik Tradition. Zu den großen Schuldenmachern zählen die USA. Auch hierzulande wachsen die Ansprüche: kürzere Arbeitszeit, mehr Lohn, kein Rentenabschlag trotz des längeren Lebens. Welch schlimme Hypothek tut sich für jüngere Generationen auf!

Ein Widerspruch? Mutig bei Bodenbildung kaufen – aber nicht in ein fallendes Messer greifen!

Der Börsenjournalist Friedhelm Busch warnt in seinem Buch: *„Greife nie in ein fallendes Messer!"* Umgekehrt heißt es: *„Bei Angst kaufen – bei Hoffnung verkaufen – die Bodenbildung nutzen!"* Tut sich da ein Widerspruch auf? Bei oberflächlicher Betrachtung: Ja! Bei genauem Hinterfragen: Nein! Friedhelm Busch warnt vor dem zu frühen Aufstocken des Aktiendepots, solange der Crash nicht bewältigt ist. Das Messer befindet sich noch in der Luft und verletzt im Fallen denjenigen, der danach greift. Das Problem ist, dass man erst hinterher weiß, wann das Messer im Boden steckt.

Die Charttechnik liefert Signale, aber keine schlüssigen Beweise für die Zukunft. Statt nur den Kapitalerhalt im Auge zu behalten, ist es besser, geduldig den Markt zu beobachten und Aktien schrittweise zuzukaufen, vielleicht in zwei oder drei Tranchen, um auch den Cost-Average-Effekt zu nutzen. Dies bedeutet Käufe zum günstigen Durchschnittskurs, insbesondere bei den immer beliebteren Sparplänen, wenn beispielsweise ETFs und aktiv gemanagte Aktienfonds für das eigene Depot oder den Nachwuchs gekauft werden.

Seit dem 17. Jahrhundert gab es mehr als 40 Finanzkrisen. Den Kursstürzen ging oftmals eine Phase voraus, in der Anleger Börsenregeln ignorierten, dem Herdentrieb folgten, sich an irrationalen Verhaltensmustern orientierten. Je teurer die Aktien waren, desto mehr wurden sie gekauft, worüber auch **Warren Buffett** klagt. Nach dem Absturz dominierte die umgekehrte Variante: Je billiger die Aktien waren, desto mehr verschmähte man sie. Im Crash wurden und werden komplette Depots leergeräumt, statt günstig zuzukaufen.

❷ Chancenreiche Musterdepots für Sie mit ETFs, Fonds, Einzelaktien

2.1 Als Appetitanreger das erste Musterdepot für Sie mit Schwerpunkt Nachhaltigkeit

Bei meinen vielen Vorträgen im Jahr 2019/20 schält sich als wohl wichtigstes Diskussionsthema bei fast allen Zielgruppen der Wunsch heraus, Einzelaktien, ETFs und Aktienfonds ethisch verantwortungsbewusst, also mit gutem Gewissen auszuwählen. Ich stelle Ihnen jetzt ein Musterdepot vor, aus dem Sie die beliebtesten Produkte aussuchen können. Denken Sie daran: Sie sollen es kennen, mögen, verstehen und nur kaufen, was Sie immer behalten wollen.

Sie müssen nicht befürchten, bezüglich Rendite schlechter abzuschneiden. Ganz im Gegenteil! Allein schon die Tatsache, dass nachhaltige Geldanlagen auch 2019 neue Allzeithochs erreichten und für steigende Aktienkurse sorgten, zeigt, dass Sie mit ethischen Geldanlagen auf dem richtigen Weg sind. Dies betrifft nicht nur den CO_2-Ausstoß, weniger Wasser- und Energieverbrauch, Tier- und Pflanzenwohl. Ebenso geht es um gesellschaftliche Werte, eine umweltfreundliche Infrastruktur und Abfallverwertung. Gut gemanagte Aktienfonds mit nachhaltiger Ausrichtung erzielen gegenüber anderen Aktienfonds im Ein-, Fünf- und Zehn-Jahresvergleich bessere Renditen. Unternehmen, die sich als Richtschnur für ihr Handeln an ethischen Wertmaßstäben orientieren, sorgen für sichere Arbeitsplätze und bemühen sich um ein ausgewogenes Verhältnis zwischen Beruf, Familie, Freizeit, dem eigenen Anspruch und dem Mitarbeiterwohl.

Die Nachhaltigkeitsauswahl setzt sich aus umweltfreundlichen internationalen Einzelaktien, Nachhaltigkeits-ETFs, und ethisch ausgerichteten Aktienfonds zusammen. Informieren Sie sich über die Kursentwicklungen im Internet. Nutzen Sie Kursschwäche für Einstieg und Zukauf.

Niemand wird mit allen Titeln sein Depot schmücken, sondern eine Auswahl treffen, die den eigenen Vorlieben entspricht und Wissen, Zeit, Lust, Verständnis berücksichtigt. Übertreiben Sie nicht. Auch ein paar gewöhnliche Aktien gehören in ein ausgewogenes Depot. Bezüglich der Aufnahmebedingungen bestehen unterschiedliche Auffassungen. Einige Nachhaltigkeitsfonds nehmen Titel auf, die längst nicht alle Experten und Wettbewerber gutheißen. Statt zu meckern, sollten Sie nur bei solchen Aktien zugreifen, die Ihren eigenen ethischen Wertvorstellungen entsprechen. Es geht auch um die Ablösung fossiler Energieträger zugunsten Wind- und Solarenergie.

Wem es zu riskant ist, in nachhaltige Aktien anzulegen, dem bieten sich passiv gemanagte ETFs und Aktienfonds mit individuellem Zuschnitt für eine Anlage mit gutem Gewissen an.

2 Nachhaltigkeits-ETFs, 2 „verantwortliche“ Aktienfonds

Name, Fonds-Gesellschaft	**WKN**	**Kurs am 07.02.20**	**Hoch/Tief 52 Wochen**	**Kursverlauf 1, 3, 5 Jahre**
iShares Core MSCI Europe UCITS ETF	**A0M ZWQ**	26,15 €	26,50/22,40 €	**+20/+28/+30 %**
	Umfang 6,2 Mrd. €, Alter 13 J., Gebühr **0,12 %,** ausschüttend. Schwerpunkte: Pharma, Konsum. Große Anteile: BP, Nestlé, Roche, Novartis, HSBC, AstraZeneca, SAP, LVMH.			
UBS ETF SICAV MSCI World Socially Resp.	**A1J A1R**	98,00 €	99,45/77,65 €	**+29/+43/+62 %**
	Umfang 2,22 Mrd. €, Alter 9 Jahre, Gebühr **0,25 %,** ausschüttend. Schwerpunkte: Konsumgüter, Software USA. Große Anteile: Microsoft, P&G, Walt Disney, Home Depot, Salesforce, Roche, PepsiCo, Adobe, McDonald's, Amgen.			
Aktienfonds Pictet Water P EUR	**933 349**	388,85 €	389,9/298,0 €	**+30/+39/+64 %**
	Umfang 6,3 Mrd. €, Alter 20 J., Ausgabeaufschlag: 5,0 %, Verwaltungsgebühr **1,60 %,** thesaurierend. Größte Anteile: Danaher, American Water, Veolia, Xylem, Aqua America, Thermo Fisher, Ecolab, Waste Management, Severn Trend.			
Aktienfonds Vontabel Fund MTX Sustainable Asian	**A0R CWA**	368,05 €	383,1/316,2 €	**+8/+32/+42 %**
	Umfang 691 Mio. €, Alter 12 J., Ausgabeaufschlag: 5,0 %, Verwaltungsgebühr **1,20 %,** thesaurierend. Schwerpunkte: Software, Finanzen, Energie, Konsum. Große Anteile: Tencent, Alibaba, Taiwan Semiconductor, Samsung, CNOOC.			

Bei den Nachhaltigkeitsaktien dominiert eindeutig Skandinavien

Meine Übersicht zeigt vor allem skandinavische Nachhaltigkeitsaktien mit guten Wachstums- und Ertragschancen. Hier können Sie sich im Mehrjahresvergleich von den hohen Kursgewinnen überzeugen. Großteils winken auch üppige Dividenden. Aber Sie müssen langfristig anlegen, dürfen sich nicht vom Crashgeschrei verunsichern und zum Total-Ausverkauf hinreißen lassen.

Da schon beim Tagesgeld Minuszinsen anfallen, wird es Zeit in Aktien, ETFs oder aktive Aktienfonds einzusteigen. Aktien sind alternativlos. Es geht um Ihre Altersvorsorge, um die Aufbesserung Ihrer eher sinkenden Rente. Sie wollen sich im Ruhestand doch etwas leisten können und nicht auf Grundsicherung angewiesen sein. Sparbuch, Tages- und Festgeld sind schleichende Kapitalvernichter. So erhalten Sie nicht Ihr Vermögen, sondern müssen erleben, wie es schrumpft und Ihnen sogar der Freibetrag von jährlich 801 Euro verloren geht.

Aktienmusterdepot für Geldanlage mit gutem Gewissen

Aktien, Unternehmen	WKN	Kurs am 10.02.20	Hoch/Tief 52 Wochen	Kursverlauf 1, 3, 5 Jahre
Ballard Power	A0R ENB	10,05 €	12,00/2,55 €	+24/+414/+558 %
Coloplast	A1K AGC	122,85 €	126,7/82,45 €	+9/+36/+61 %
Geberit	A0MQWG	407,40 €	416,9/338,9 €	+34/+24/+66 %
Genmab	565 131	218,30 €	219,5/126,7 €	+72/+18/+253 %
MOWI ASA	924 848	21,50 €	23,70/19,05 €	+9/+29/+92 %
NEL ASA	A0B 733	1,11 €	1,11/0,44 €	+87/+296/+569 %
Orsted	A0N BLH	96,25 €	100,8/63,20 €	+54/+202/+14 %
Plug Power	A1J A81	3,95 €	4,15/2,50 €	+217/+372/+46 %
Power Cell	A14 TK6	21,15 €	21,55/4,15 €	+284/+719/+4057%
Solaredge	A14 QVM	92,05 €	102,2/32,45 €	+140/+675 %
Stora Enso	871 004	12,15 €	13,05/9,10 €	+5/+41/+77 %
Symrise	SYM 999	97,45 €	97,50/73,80 €	+34/+82/+89 %
Tomra Systems	872 535	27,30 €	31,25/20,00 €	+16/+169/+270 %
UPM Kymmene	881 026	30,00 €	30,15/29,95 €	+7/+31/+81 %
Vestas Wind	913 769	94,40 €	98,15/65,30 €	+34/+82/+89 %

2.2 Wann Einzelaktien? Wann passive ETFs? Wann lieber aktiv gemanagte Aktienfonds?

Wann entscheide ich mich vor allem für gute Einzelaktien?

Erschreckend zu lesen, dass die Bundesbürger im Jahr 2017 weiterhin einen Großteil ihres Geldvermögens zinslos auf Sparbüchern, Girokonten usw. parkten und bei steigender Inflationsrate 35 Mrd. € einbüßten! Warum nicht endlich die Hälfte der Ersparnisse breit gestreut in Aktien anlegen? Über DAX und Dow Jones mit je 30 Titeln gibt es umfassende Informationen. Hier ist es ziemlich einfach, Spitzentitel auszuwählen und Kursschwankungen zu nutzen für Kombinationsgeschäfte mit Aktienverkäufen nahe Jahreshoch und Erwerb von chancenreichen Aktien, die übertrieben abgestraft oder Opfer von fragwürdigen Leerverkäufen wurden. Zu Einzelaktien rate ich, wenn Sie über genug Geld, Zeit und Wissen verfügen. Wer sich auskennt, sollte in „Marathonaktien" und gute Nebenwerte mit langjährigem Kursplus und verlässlicher Dividende investieren. Falls möglich, erwerben Sie Belegschaftsaktien. Außerdem lohnt es sich, in Zukunftsmärkten, wie Hightech, Software, Internet, Robotik, flexibel zu investieren.

Wann bevorzuge ich die preiswerten Indexfonds bzw. ETFs, die einen Index wie DAX oder Dow Jones 1:1 abbilden?

Immer dann, wenn es sich um einen bekannten Index mit wenig Titeln handelt, wie DAX und Dow Jones mit nur 30 Werten, hat ein aktives Fondsmanagement kaum eine Chance, den Vergleichsindex überzeugend zu schlagen. Der Ausgabeaufschlag und die mitunter ziemlich hohe jährliche Verwaltungsgebühr bewirken, dass die Blue-Chips-Aktienfonds zu 80 % bis 90 % gegen die Benchmark, also den Vergleichsindex verlieren.

Fehlt es an Motivation, Wissen und Geld für breite Streuung, sind die preiswerten ETFs ohne Ausgabeaufschlag und mit niedriger Verwaltungsgebühr insbesondere für unerfahrene Einsteiger allererste Wahl. So decken Sie die wichtigsten Märkte rund um den Globus ab. Ein ETF – Exchange Traded Funds – gewinnt zwar gegen keinen Vergleichsindex, aber er verliert eben auch nicht.

Starinvestor **Warren Buffett**, der Chef von Berkshire Hathaway, empfahl seiner Frau Astrid, nach seinem Tod mit einem ETF in den amerikanischen S&P 500-Index zu investieren. Für das schnelle Rein/Raus eignen sich weder ETFs noch Aktienfonds. Im Juli 2019 flossen ETFs weltweit 57,2 Mrd. Dollar neues Geld zu.

Wann entscheide ich mich für aktiv gemanagte Aktienfonds?

Die aktiv gemanagten Aktienfonds grundsätzlich zu verdammen, ist keineswegs gerechtfertigt, zumal sie für Langzeitanleger mit wenig Interesse an ständiger Kontrolle und begrenzter Kapitaldecke bestens geeignet sind. Es gibt hervorragende Aktienfonds, die sich auf deutsche und internationale Nebenwerte spezialisieren oder sich auf bestimmte Branchen und Themen in Zukunftsmärkten konzentrieren und für eine breite Streuung sorgen. Engagierte Fondsmanager sind nicht die Schummler, die den Vergleichsindex kaum verändern. Der Ausgabeaufschlag von bis zu 5 % ist nicht entscheidend, wenn Sie für ein Jahrzehnt und länger anlegen. Halten Sie eher Ausschau nach guten Nachhaltigkeitsaktienfonds oder Schwerpunkt Familienfirmen.

Innovative Fondsmanager, die auf Markttrends flexibel reagieren, hängen den Vergleichsindex ab. Dies gilt für den Schwerpunkt hohe Dividenden oder Zukunftsmärkte mit Industrie 4.0, Internet der Dinge, Digitalisierung, vernetzte Welt, Robotik, selbstfahrende Autos. Es betrifft Aktienfonds im Technologiesektor und Gesundheitswesen, die den demografischen Wandel umsetzen. Auf der einen Seite forschungs- und kapitalstarke Pharmariesen. Auf der anderen Seite innovative Biotechfirmen, die neue Wirkstoffe und Verfahren erkunden. All dies ist ein Füllhorn für kreative Aktienfonds. Binnen 12 Monaten wuchs 2019 das in Aktienfonds angelegte Vermögen um über ein Zehntel auf 104 Mrd. €.

Geschieht allerdings unverhofft völlig Unerwartetes wie der blitzschnelle Ausbruch der Coronavirus-Pandemie in China mit über 45.000 Lungenkrankheitspatienten und rund tausend Todesopfern in wenigen Wochen, so können weder Aktienfonds noch ETFs auf die Verlierer- und Gewinneraktien rechtzeitig reagieren. Da ist es für kundige Aktienliebhaber eine spannende Herausforderung, übertrieben abgestürzte Titel beispielsweise aus dem Touristik- und Luxusgüterbereich preiswert zu erwerben und umgekehrt vielleicht auch einen Teil der nach oben springenden Aktien von Mundschutz und Gesichtsmasken, Hygieneartikeln, Nahrungsergänzungsmitteln und stärkenden Immunpräparaten zu verkaufen.

Da lohnt sich für fachkundige Anleger auch ein gezielter Blick auf die Geschehnisse im Gesundheitswesen. Was tut sich im Pharma-, Medizintechnik- und Biotechnologiesektor bei Neuentwicklungen zur Vorbeugung, Diagnostik und Behandlung? Wer bringt bei dem auf Hochtouren laufenden Kampf gegen das Coronavirus den ersten wirksamen Impfschutz auf den Markt? Welche Kombinationstherapie macht das Rennen? Wer wird mit milliardenschweren Einnahmen belohnt?

2.3 Die wichtigsten Schritte für Ihre schnelle Einzelaktienanalyse

Die Erfolgsformel für den Börsenerfolg lautet: vom Buch zum Internet – vom Internet zum raschen, bequemen Aktienhandel

Bei meinen tabellarischen Kurslisten scheiden sich die Geister: Einerseits ernte ich begeisterte Zustimmung. Gelegentlich werden die Übersichten mit Schmähworten als Seitenfüller abgetan. Davon abgesehen, dass es schneller geht, zehn Seiten Fließtext zu schreiben als eine Kursliste zu erstellen, mache ich mir die Mühe aus gutem Grund. Es geht nicht darum, ohne Internet auszukommen, sondern es bestmöglich und zeitsparend zu nutzen. Gute Börsenbücher bieten als Wissensquelle die Grundlage und Fundgrube für den erfolgreichen Aktienhandel in eigener Regie. Das Internet versorgt Sie mit aktuellen Nachrichten. Beides ist absolut unverzichtbar. Börse vollzieht sich zumindest im Duett.

Um ins Internet zu kommen, müssen Sie den Aktiennamen in korrekter Rechtschreibung eingeben. Das ist mitunter schwierig, beispielsweise bei Aroundtown und Grand City Properties, Carl Zeiss Meditec, MorphoSys und Siemens Healthineers. Auch die sechsstellige WKN muss stimmen. Wer das große O statt der Null eingibt, läuft auf, weil es das O an der Börse nicht gibt. Schlimm sind auch Verwechslungen wie D:0, 8:B, J:I:L, C:6:0, um nur einige Fehlerquellen zu nennen. Noch schwieriger wird es, wenn nur die zwölfstellige ISIN vorliegt. Sie wird aus Platzgründen meist nur in winziger Schrift ohne Leerschritte abgedruckt, sodass man schon Adleraugen braucht, um sie zu entziffern. Als Vergleich bietet sich das mühsame Eintragen der IBAN bei Überweisungen an.

Der Kurs und das 52-Wochen-Hoch/-Tief zeigen, worauf es bei der Aktien-, ETF- und Aktienfondsauswahl ankommt. Das Internet bringt aktuelle Zahlen. Vergleiche mit damals sind nicht nutzlos. Ähnliches gilt für den Mehrjahresüberblick. Bei Augenmerk auf ein Jahr, dem 52-Wochen-Hoch und -Tief, erkennen Sie den Auf- oder Abwärtstrend. Sie stellen fest, ob es jetzt besser oder schlechter ist, zu ordern. Je länger die Zeitspanne, umso aufschlussreicher und interessanter ist die Datengegenüberstellung heute und früher.

Nicht jeder Anleger weiß, ob die Titel zum DAX, MDAX, TecDAX oder SDAX gehören, ob er beim Euro Stoxx 50, Stoxx 50, Dow Jones, Nasdaq oder S&P 500 suchen muss. Da in den Printmedien weder der TecDAX noch der DAXplus-Family 30 oder GEX abgebildet werden, sind Grundinformationen hilfreich.

Das Kurs-Gewinn-Verhältnis zeigt an, ob die Aktie niedrig oder hoch bewertet ist. Das KGV eignet sich als Bewertungsmesser vor allem in der gleichen Branche.

In den Zeiten der Nullzinspolitik, die wohl noch lange anhalten wird, spielt die Dividende eine immer wichtigere Rolle. Steigt die Ausschüttung verlässlich und regelmäßig? Ist sie bescheiden oder üppig mit über 4 %, 5 % oder sogar 6 %? Bei ETFs und Aktienfonds ist der Hinweis „thesaurierend" oder „ausschüttend" interessant. Thesaurierend unterstützt den so wichtigen Zinseszinseffekt, weil hier die Dividende in neue Anteile angelegt wird. Die Abgeltungssteuer wird immer fällig. Ein kleines Firmenprofil rundet den ersten Überblick ab. Bei ETFs, Aktien- und Mischfonds gibt es noch Gebührenhinweise, Angaben zum Alter und zum Anlagekapital.

Das Eingangstor ist geöffnet. Wie gehen Sie nun im Internet vor?

Die Internetplattform der ARD-Börse (boerse.ard.de) bietet viele Vorteile für den einfachen und raschen Überblick. Für ergänzende Infos empfehlen sich Onvista und finanzen.net. Gehen Sie – beispielsweise von Ihrer Ausgangsbasis Buch oder Börsenkolumne – am besten in folgender Reihenfolge vor:

1. Schritt: Ganz oben die WKN oder den Namen der Aktie in korrekter Rechtschreibung eingeben.

2. Schritt: Auf der linken Seite die aktuellen Kursnachrichten mit Blick auf das Jahreshoch und -tief einholen.

3. Schritt: Auf der rechten Seite den Chart ansehen: aktuell bis zu 10 Jahren. Zeigt er einen deutlichen Aufwärts- oder Abwärtstrend? Sind die Kursschwankungen hoch oder niedrig? Welche Einschätzungen ergeben sich aus den Unterstützungs- und Widerstandslinien?

4. Schritt: Danach unbedingt einen Blick auf die Börsenplätze werfen, sich über die Zeitangabe und Häufigkeit des Handels informieren. Bei Tradegate und der Börse Stuttgart können Sie beispielsweise von 08:00 bis 22:00 Uhr Kauf- und Verkaufsorders eingeben. Als Schlusspunkt werden Sie über die Kursentwicklung in unterschiedlichen Zeiträumen informiert.

Sind Sie bisher zufrieden, weitermachen. Sind Sie enttäuscht, abbrechen und die nächste interessante Aktie kurz analysieren.

5. Schritt: Auf der ARD-Startseite, bei größeren Gesellschaften in aller Regel angeboten, die Position „**Firmennachrichten**" anklicken. Bei Aktien aus deutschen Indizes zählen diese Basisdaten zum Standardprogramm.

6. Schritt: Soweit als begrüßenswerte Neuerung vorhanden, das Firmenprofil studieren. Bezüglich Auswahl und Streuung ist es schon wichtig, womit das Unternehmen sein Geld verdient, in welchen Ländern und Branchen gearbeitet wird, wo die Schwerpunkte des Geschäftsmodells liegen, inwieweit Beteiligungen zum Wachstum zählen usw.

7. Schritt: Unter der Kurzbeschreibung des Geschäftsmodells finden Sie Angaben zum Streubesitz, zu Ankeraktionären und Beteiligungsgesellschaften. Höhere Beteiligungen der Weltmarktführer **Blackrock** und **Vanguard** sind ein positives Signal für Stabilität und Ansehen.

8. Schritt: Die Abbildung „**Bilanz**" bringt die **Aktiva-Seite** mit den Vermögenswerten im Fünf-Jahresvergleich. Entscheidend ist nicht, ob das Anlage- oder Umlaufvermögen dominiert. Aber ein Plus beim Anlagevermögen, wie z. B. Häuser, Grundstücke, Fahrzeuge, Geschäftsausstattung sprechen für mehr Stabilität, als wenn alles gemietet wird. Schrumpfen sollte die AG im angebotenen Fünf-Jahreszyklus nicht.

9. Schritt: Die Abbildung „**Bilanz**" mit der **Passiva-Seite** ist besonders interessant, zeigt sie doch das Verhältnis von Eigenkapital und Fremdkapital, den Schulden bzw. Verbindlichkeiten auf. Eine gesunde Eigenkapitalbasis gilt als wichtiges Anlagekriterium. Liegt dagegen die Eigenkapitalquote bei 80 oder 90 %, so ist schon zu hinterfragen: Investiert das Unternehmen zu wenig? Fallen sogar Strafzinsen an? Erfreulich ist, wenn die Verschuldung sinkt, umgekehrt das Eigenkapital steigt.

10. Schritt: Bei der Abbildung „**GuV**" ist kein Bilanzbuchhalterwissen notwendig. Vergleichen Sie im Fünf-Jahresvergleich Umsatz, operatives Ergebnis und Jahresüberschuss. Ansteigende Tendenz ist wünschenswert. Bei einem Jahresfehlbetrag heißt es grundsätzlich: „Hände weg von dieser Aktie!" Schaumschlägerei leitet gewöhnlich den Zusammenbruch ein.

11. Schritt: Cashflow, Wertpapierdaten und Bewertungskennzahlen bieten weitere Entscheidungshilfen. Es interessiert das Ergebnis je Aktie im Fünf-Jahresvergleich. Bezüglich der Ausschüttung geht es nicht nur um eine prozentual hohe, sondern vor allem verlässlich steigende Dividende. Was sagt Ihnen folgender Fünf-Jahresvergleich?

- **Unternehmen A: 1,25 €, 2,50 €, 1,10 €, 1,60 €, 1,25 €**
- **Unternehmen B: 1,25 €, 1,50 €, 1,80 €, 2,05 €, 2,35 €**
- **Unternehmen C: 3,00 €, 0,00 €, 2,80 €, 2,50 €, 1,00 €**

Daumen hoch B: Den Aktionären gefällt die verlässlich steigende Ausschüttung im Fünf-Jahresvergleich. Daumen runter A: Die starken Kursschwankungen verunsichern. In fünf Jahren wurde fast nichts erreicht. Grottenschlecht C: Starker Beginn, sehr schwaches Ende.

12. Schritt: Nur wenn Sie bislang überzeugt sind und die Aktie kaufen wollen, sind weitere Finanznachrichten auf der Homepage mit Geschäftsbericht, neuestem Quartalsbericht, Prognose und Pressenachrichten hilfreich.

2.4 Vom Buch zum Internet – vom Internet zum eigenständigen, blitzschnellen Onlinehandel

Wer da glaubt, als Einsteiger mit Verzicht auf gute Börsenliteratur und einführende Beratung sofort zum Onlineaktienhandel durchstarten zu können, wird diesen vermeintlich kürzesten und kostensparenden Weg vermutlich mit Rückschlägen, Fehlern, Kostenfallen und Fallstricken teuer bezahlen. Börse ist kein Kindergeburtstag und funktioniert nicht ohne gründliche Planung.

Der Königsweg verläuft über Grundwissenbücher, geschickte Auswahl einer gut passenden Depotbank und Start mit Beratung. Dann ist der Weg zum schnellen, preiswerten und möglichst erfolgreichen Onlinehandel frei.

> **Vorteile Onlinebanking**
>
> Niedrige Ordergebühr.
>
> Unabhängig von den Banköffnungszeiten.
>
> Bequem und schnell.
>
> Rasches Reagieren auf aktuelle Trends.
>
> Transaktionen auch im abendlichen Handel und außerbörslich.

Der erste Schritt, um an der Börse erfolgreich zu sein, ist die Depoteröffnung bei der Haus- oder Direktbank. Schnell und preiswert ist das Onlinebanking. Sie sollten jedoch keinesfalls ohne ein gutes Virenschutzprogramm im Internet surfen und unbedingt auch eine Firewall einsetzen. Unsichere PCs gefährden leider die gesamte IT-Infrastruktur. Trojaner, Würmer und Viren können einen Daten-GAU mit verheerenden Folgen auslösen. Bei der Geldanlage steht – wie Umfragen des Marktforschungsinstituts GfK zeigen – eine qualifizierte Beratung oben auf der Wunschliste. Bei der Depoteröffnung legen Sie die Einstufung Ihrer Risikoneigung auf **IV** fest, um den Weg frei zu machen für riskantere Anlagen.

Wollen Sie mit Hebelzertifikaten und Optionsscheinen handeln, müssen Sie die Finanztermingeschäftsfähigkeit beantragen. Sobald Ihr Konto für Onlinebanking freigeschaltet ist, können Sie übliche Bankgeschäfte bequem von zu Hause aus erledigen. Telefonbanking war früher praktisch, wenn Sie unterwegs waren oder das Internet streikte. Doch durch langatmige Informationsvorschriften mit einer Fülle schwerverständlicher Mitteilungen vergeht da schnell die Lust. Hinzu kommen zeitraubende Warteschleifen und eingeengte Handelszeiten.

Die beste Direktbank gibt es nicht!

Onlinebroker und Hausbanken buhlen um die Gunst der Privatanleger. Jede Depotbank hat Stärken und Schwächen. Die beste Bank für jeden gibt es nicht. Bevor Sie sich entscheiden, sollten Sie nicht nur die Gebührenstruktur vergleichen. Bei einem Vieltrader sieht die Wahl anders aus als beim Sparplanfan. Zählen Sie zu den Vieltradern, sind niedrige Orderkosten und Rabattstaffeln wichtig. Es sollten keine Limit-Gebühren anfallen. Handeln Sie nur gelegentlich, so achten Sie auf günstige Fixkosten. Eine kostenlose Konto- und Depotführung dürfte für Sie erste Wahl sein. Ist Ihr Ordervolumen hoch, sind einheitliche Gebührensätze günstig. Greifen Sie gern auf Neuemissionen zu, bietet sich ein Aktiendepot bei einer Großbank an, die oft beim IPO die Konsortialführung übernimmt. Lassen Sie sich nicht durch billige **Lockvogelangebote** überrumpeln. Vielleicht übersehen Sie bei niedrigen Ordergebühren und Verzicht auf Depotgebühren, dass Sie alljährlich bis zu einem Prozent vom Depotwert berappen müssen.

Beliebte Onlinebankgeschäfte

Kontostandsabfrage: 88 %, Abruf Kontoumsätze: 82 %, Überweisungen: 59 %, Daueraufträge: 30 %, Kontakte mit der Bank: 22 %, Abfrage Börsenkurse: 14 %, Wertpapierkäufe und -verkäufe: 9 %, Abschluss von Anlageprodukten: 5,5 %, Kreditinformationen: 5,0 %, Darlehensabwicklung: 4 %. Immer mehr Bankkunden wickeln wichtige Zahlungsvorgänge bereits über das Smartphone ab.

Vorschlag für die wichtige eigene elektronische Depotführung:

Einerlei, ob Sie online bei Ihrer Hausbank, beim Discountbroker oder außerbörslich handeln: Halten Sie elektronisch Ihre Aktienaktivitäten fest. Am besten als fünfspaltige Übersicht nach dem umseitigen Muster. Erledigen Sie dies verlässlich, haben Sie einen erstklassigen Überblick. Wer Aktien im steuerfreien Altbestand besitzt, muss zwei Depots führen. Die anfangs gekauften Aktien werden zuerst veräußert. Hier genügt eine farbliche Unterscheidung. So wissen Sie, wie viele Aktien Sie besitzen und wo sich Zukauf und Teilverkauf lohnen.

Verlassen Sie sich nicht auf die Depotübersichten Ihrer Bank. Die einzelnen Transaktionen werden nicht aufgeführt. Würden Sie dreimal zu unterschiedlichen Kursen und sich ändernder Anzahl kaufen, übermittelt Ihnen Ihre Depotbank immer nur die gesamte Anzahl zum Durchschnittspreis. So lässt sich keine Langzeitstrategie mit Käufen zu niedrigen und Teilverkäufen zu hohen Preisen umsetzen. Und Sie erkennen auch nicht, wann sich vielleicht ein Steuerausgleich bei Aktienverlusten mit zuvor erzielten Veräußerungsgewinnen anbietet.

Ebenso ist es dann schwierig, Ertragsgutschriften (steuerfreie Ausschüttungen), Aktiensplits und Kapitalerhöhungen übersichtlich darzustellen. Disziplin ist unerlässlich. Gewöhnen Sie es sich an, jeden Kauf und Verkauf direkt nach der Abwicklung einzutragen. Dies gilt auch für Aktiensplits, Kapitalerhöhungen usw.

Muster für Ihre eigene elektronische Depotführung				
Menge, Aktie, WKN	**Kauftag und Kurs**	**Verkauf und Kurs**	**Sonstiges, Split, Div.**	**Aktueller Bestand**
K 10 3M **851 745**	14.05.2019: 156,55 €		Dow Jones, Technik, Div.	Neu 10 Stück
K 30 Adidas **A1E WWW** **K 10 Adidas** **A1E WWW** **V 8 Adidas** **A1E WWW**	31.07.2014: 59,50 € 27.12.2017: 169,65 €	**Teilverkauf** 24.08.18 zu 213,30 € (Kauf 31.07.14 zu 59,50 €; Gewinn: 350 %)	Nachhaltig; Sportschuhe aus Fischernetzen vom Meer	Neubestand 32 Stück
K 30 Allianz **840 400** **K 15 Allianz** **840 400** **V 10 Allianz** **840 400**	22.09.2011: 60,05 € 06.07.2016: 118,95 €	**Teilverkauf** 24.09.18 zu 183,20 € (Kauf 22.09.11 für 60,05 €; Gewinn: 300 %)	DAX, hohe Dividende, niedriges KGV; Mitglied in Nachhaltigkeitsfonds	Neubestand 35 Stück
K 8 Alphabet A **A14 Y6F** **K 3 Alphabet A** **A14 Y6F** **V 2 Alphabet A** **A14 Y6F**	16.04.2012: 241 € 11.08.2017: 772,00 €	**Teilverkauf** 24.07.18 zu 1.078,25 € (Kauf 06.04.12 zu 241 €; Gewinn: 400 %)	Mutterkonzern von Google; Aktien A und C; weltweit führende Suchmaschine	Neubestand 14 Stück
K 7 Amazon **906 866** **K 2 Amazon** **906 866** **V 1 Amazon** **906 866**	14.04.2014 260,90 € 04.09.2018 1.160 €	**Teilverkauf** 31.01.20 zu 1.873 € (Kauf 14.02.14 zu 260,90 €; Gewinn: 700 %)	Weltmarktführer Onlinehandel mit viel KI; Familienunternehmen	Neubestand 8 Stück
K 80 Atoss Software 510 440 **K 30 Atoss Soft** **510 440** **V 15 Atoss Soft** **510 440**	03.06.2013: 26,40 € 04.01.2016: 61,90 €	**Teilverkauf** 14.01.20 zu 160,50 € (Kauf 03.06.2013 zu 26,40 €; Gewinn: 600 %)	sehr hohe, steigende Dividende; erfolgreicher Nebenwert	Neubestand 110 Stück

2.5 Musterdepot „Klein & Fein“ sowie interessante Neuemissionen. Reift hier das eine oder andere Einhorn heran?

Bedingt durch die anhaltenden Reise-, Ausgeh- und Besuchsverbote sowie die gesperrten Messen und andere Großveranstaltungen mit Vorträgen, Musik und Sport setzen sich immer mehr Videokonferenzen mit und ohne Kamera durch. Davon profitieren vor allem die amerikanische Neuemission ZOOM sowie SKYPE, ein Ableger von Microsoft. Und weil hier nicht jeder ohne Hilfe zurechtkommt, ist auch Teamviewer aus dem MDAX und TecDAX als helfende Hand, da Spezialist für Computerfernwartung, blitzschnell und kompetent zur Stelle. All diese Aktien legte ich mir beizeiten zu in der Hoffnung, dass sich womöglich der eine oder andere Titel zum Rennpferd bzw. „Einhorn“ entwickelt.

Selbst jetzt im Corona-Crash mit einem DAX bei 10.400 Punkten – zwischen Allzeithoch Februar 2020 bei 13.800 Punkten und Tiefstand März 2020 bei 8.200 Zählern angesiedelt – präsentiert sich die Börse nicht düster. Teamviewer kostete Ende April 2020 rund 42 €, ein Kursplus in 6 Monaten von fast 80 %. Bei Einstieg und Zukauf liegt der Computer-Fernwartungsspezialist deutlich im Plus.

Bei ZOOM stieg ich erst am Gründonnerstag ein, weil mir der durch kritisierende Datenschützer ausgelöste Absturz von über 150 € auf gerade noch 100 € übertrieben schien. Ich griff also bei 101 € zu und freue mich, dass am 24. April 2020, nur 14 Tage später, ZOOM bei 165,50 € notiert. Wann gibt es schon Kursgewinne von mehr als 60 % binnen zwei Wochen? Natürlich denke ich gar nicht daran, Teamviewer oder Zoom zu verkaufen. Ich lege langfristig nach meiner Hoch-/Tief-Mut-Strategie an und bin auf der Lauer nach einem günstigen Zukauf.

Interessant erscheint in diesem Zusammenhang auch Shopify aus Kanada, vergleichbar mit Amazon, zu sein. Auch diesen Titel nehme ich in das Musterdepot „Klein & Fein“ auf. Ich stieg am 29. März 2020, als die Kurse in den Keller rauschten, für 304,90 € ein. Am 24. April 2020, kostet der kanadische Onlinehändler imposante 584 €. Da fehlt wenig an einer Kursverdopplung in vier Wochen. Aber kein Teilverkauf; denn meine besten Rennpferde bleiben im Stall.

Obwohl Dermapharm, LPKF Laser, SNP Schneider-Neureither und Shop Apotheke in den SDAX aufstiegen, belasse ich sie in meinem Musterdepot „Klein & Fein“. Auch diese vier Werte verfügen über die Qualität, um noch weiter nach oben zu springen. All diese Titel schmücken mein Nebenwerte-Depot.

<table>
<tr><th colspan="5">Fundgrube Musterdepot „Klein & Fein“ – ergänzt durch Neuemissionen und SDAX-Aufsteiger. Ein Einhorn dabei?</th></tr>
<tr><th>Aktien/Unternehmen</th><th>WKN</th><th>Kurs am 24.04.20</th><th>Hoch/Tief 1 Jahr €</th><th>Kursverlauf 1, 3, 5Jahre</th></tr>
<tr><td>Atoss Software</td><td>510 440</td><td>172,00 €</td><td>194,0/96,20</td><td>+60/+139/+279 %</td></tr>
<tr><td colspan="5">KGV: 44; Börsenwert: 650 Mio. €; Dividende: 2,72 €, Div.-Rendite: 1,7 %</td></tr>
<tr><td colspan="5">Anwender-Software im Managementbereich einschließlich Beratung für innerbetriebliche Prozesse, um den Einsatz von Mitarbeitern zu optimieren.</td></tr>
<tr><td>Basler</td><td>510 200</td><td>42,70 €</td><td>149,0/32,00</td><td>-19/+45/+136 %</td></tr>
<tr><td colspan="5">KGV: 34; Börsenwert: 1,35 Mrd. €; Dividende: 0,27 €; Div.-Rendite: 0,67 %</td></tr>
<tr><td colspan="5">Anbieter von digitalen Industriekameras mit Lösungen und Komponenten zur Qualitätssicherung und Videoüberwachung bei Produktionsprozessen.</td></tr>
<tr><td>Datagroup</td><td>A0J C8S</td><td>57,20 €</td><td>71,40/37,85</td><td>+47/+81/+403 %</td></tr>
<tr><td colspan="5">KGV: 31; Börsenwert: 489 Mio. €; Dividende: 0,77 €; Div.-Rendite: 1,34 %</td></tr>
<tr><td colspan="5">Weiterentwicklung von IT-Infrastrukturen für Firmenkunden; Komplettlösungen, Service, Management, Cloud-Computing mit eigenen Rechenzentren.</td></tr>
<tr><td>Dermapharm</td><td>A2G S5D</td><td>40,50 €</td><td>42,50/28,50</td><td>+74 %/IPO</td></tr>
<tr><td colspan="5">SDAX; KGV: 22; Börsenwert: 2,2 Mrd. €; Div. 1,02 €; Div.-Rendite: 2,53 %</td></tr>
<tr><td colspan="5">Hersteller patentfreier Medikamente und Gesundheitsprodukte, 900 Arzneimittelzulassungen mit 200 pharmazeutischen Wirkstoffen, auch Biosimilars.</td></tr>
<tr><td>Fabasoft</td><td>922 985</td><td>24,50 €</td><td>29,40/15,50</td><td>+43/+149/+632 %</td></tr>
<tr><td colspan="5">KGV: 21; Börsenwert: 270 Mio. €; Dividende: 0,30 €; Div.-Rendite: 1,20 %</td></tr>
<tr><td colspan="5">Softwarehersteller und Cloud-Anbieter im Sektor elektronisches Dokumenten- und Prozessmanagement; Unterstützung beim Erfassen digitaler Unterlagen.</td></tr>
<tr><td>LPKF Laser</td><td>645 000</td><td>20,05 €</td><td>26,00/6,40</td><td>+144/+120/+95 %</td></tr>
<tr><td colspan="5">SDAX: KGV: 37; Börsenwert: 502 Mio. €; Div. 0,28 €; Div.-Rendite: 1,40 %</td></tr>
<tr><td colspan="5">Hersteller von Maschinen und Lasersystemen zur Materialbearbeitung und Oberflächenbehandlung in der Medtech- und Autoindustrie sowie Solarstrom.</td></tr>
<tr><td>Mensch & Ma.</td><td>658 080</td><td>47,60 €</td><td>55,80/26,50</td><td>+39/+227/+640 %</td></tr>
<tr><td colspan="5">KGV: 42; Börsenwert: 799 Mio. €; Dividende: 1,01 €; Div.-Rendite: 2,28 %</td></tr>
<tr><td colspan="5">Das Systemhaus MUM gilt als führender Anbieter computerunterstützter Software mit CAD- und CAM-Lösungen für Architektur, Statik und Maschinenbau.</td></tr>
</table>

Ökoworld Vz	**540 868**	15,40 €	18,60/9,60 €	**+1/+59/+155 %**
KGV: **7,85;** Börsenwert: 48 Mio. €; Dividende: 0,63 €; **Div.-Rendite:** **4,0 %**				
Ökoworld arbeitet im Bereich ökologischer Kapitalanlagen und bietet neben der Entwicklung eigener Produkte eine nachhaltige Vermögensberatung an.				
Shopify	**A14 TJP**	595,80 €	606,0/194,7 €	**+202/+754 %**
KGV: keinerlei Angaben; Börsenwert: 62,4 Mrd. €. **Div.-Rendite: 0,0 %**				
Der mit Amazon vergleichbare kanadische Online-Händler entwickelt E-Commerce-Software und unterstützt Kunden, eigene Online-Shops einzurichten.				
Shop Apotheke	**A2A R94**	67,30 €	74,90/28,25 €	**+102 %**/IPO
SDAX; KGV: keine Angaben; Börsenwert 673 Mio. €, **Div.-Rendite: 0,0 %**				
Die in Europa führende Gruppe vertreibt hauptsächlich rezeptfreie Arzneimittel, bietet umfassende Informationen und liefert auch Gesundheitsprodukte.				
SNP Schneider	**720 370**	50,60 €	74,00/21,15 €	**+103/+30/+277 %**
SDAX: KGV: 30; Börsenwert: 336 Mio. €; Div.: 0,25 €; **Div.-Rendite: 0,5 %**				
SNP entwickelt Software für Transformation von IT-Systemen und unterstützt Kunden, um ihre IT-Landschaft an neue Rahmenbedingungen anzupassen.				
Stratec SE	**STR A55**	88,80 €	92,80/49,00 €	**+47/+82/+102 %**
KGV: 47; Börsenwert: 1,07 Mrd. €; Dividende: 0,92 €; **Div.-Rendite: 1,03 %**				
Der SDAX-Aufsteiger entwickelt vollautomatische Systeme. Schwerpunkt bildet die In-vitro-Diagnostik sowie Probenaufbereitung für die Test-Durchführung.				
Verbio	**A0J L9W**	8,40 €	13,40/5,90 €	**+18/-13/+258 %**
KGV: **9,2;** Börsenwert: 529 Mio. €; Dividende: 0,20 €; **Div.-Rendite:** **2,3 %**				
Die Verbio-Gruppe zählt zu Europas führenden Biokraft-Anbietern. Das operative Geschäft gliedert sich auf in die Segmente Bioethanol und Biodiesel.				
Teamviewer	**A2Y N90**	41,65 €	42,75/21,40 €	**+81 %**/IPO
MDAX/TecDAX: KGV: 39; Börsenwert: 7,40 Mrd. €; **Dividende: 0,0 %**				
Führende globale Kommunikationsplattform für Fernwartungs-Software bei Computern und mobilen Geräten, kostenloser Service für den Privatgebrauch.				
ZOOM	**A2P GJ2**	165,00 €	167,5/55,00 €	**+182 %/IPO**
USA: KGV: negativ.; Börsenwert: 18,8 Mrd. €; **Dividenden-Rendite: 0,0 %**				
Die hohe Bewertung spricht kaum für den Zoom-Einstieg. Die Rekordzahlen bei Videokonferenzen sind aber eine Chance bei der sozialen Abschottung.				

2.6 Drei Fonds und 15 Aktien vom Gesundheitswesen: chancenreich nicht nur im Kampf gegen die Corona-Epidemie

Experten räumen Aktien aus dem Gesundheitswesen langfristig gute Wachstums- und Renditechancen ein. Es geht dabei nicht nur um den Abwehrkampf mit Wirk- und Impfstoffen gegen das Coronavirus.

Empfohlen werden vor allem die folgenden drei aktiv gemanagten Aktienfonds. Sie konzentrieren sich auf Medizintechnik oder die gesamte Gesundheitsbranche. In allen drei Aktienfonds sind vorhanden: Boston Scientific, Danaher, Intuitive Surgical. In zwei Fonds wurden aufgenommen: Abbott Labs, Baxter, Becton, Danaher, Edwards, Medtronic und Thermo Fisher. Zu den in diesen drei Fonds berücksichtigten Nachhaltigkeitsaktien gehören AstraZeneca, Boston Scientific, Danaher, GlaxoSmithKline und UnitedHealth.

Drei chancenreiche Aktienfonds Gesundheitswesen

Name, Fondsgesellschaft	WKN	Kurs am 13.02.20	Hoch/Tief 1 Jahr €	Kursverlauf 1, 3, 5 Jahre
Aktienfonds	**A0J MHJ**	310,20 €	369,6/290,7	**+2/+25/+28/+200 %**
AB SICAV I International Health Care	Umfang: 706 Mio. €, Alter: 19 J., Ausgabeaufschlag: **5,0 %,** Gebühr: **1,80 %,** thesaurierend. Schwerpunkt: Pharmazeutika. Dabei: Danaher, Roche, Thermo Fisher, Intuitive Surgical, Boston Scientific, GSK, UnitedHealth, AstraZeneca.			
Aktienfonds	**A0R P27**	112,60 €	149,0/112,6	**+1/+37/+55/+229 %**
Bellevue Fonds BB Adamant Medtech	Umfang: 866 Mio. €, Alter: 10 J., Ausgabeaufschlag: **0,0 %,** Gebühr **1,20 %,** thesaurierend. Schwerpunkt: Med.-Produkte. Abbott Labs, Medtronic, Becton, Boston Scientific, Danaher, Cigna, UnitedHealth, Intuitive Surgical, Baxter, Edwards.			
Aktienfonds	**A0N ETR**	1.680,0 €	2.243/1.680	**-1/+27/+55/+301 %**
Variopartner SICAV MIV Global Medtech	Umfang: 2,38 Mrd. CHF, Alter: 10 Jahre, Ausgabeaufschlag: **5,0 %,** Jahresgebühr: **1,40 %,** thesaurierend. Schwerpunkte: Forschung, Entwicklung, Produktion, Vertrieb. Hauptanteile: Abbott, Medtronic, Boston Scientific, Baxter, Becton, Danaher, Thermo Fisher, Stryker, Intuitive Surgical, Edwards.			

15 Nachhaltigkeitsaktien aus dem Gesundheitswesen für Langzeitanleger: Keineswegs nur im Börsencrash aussichtsreich. Das Gesundheitswesen zählt in den Zeiten des Corona-Crash-Szenarios zu den wenigen Bereichen, wo es noch einige stabile Aktien gibt, die nahe dem Jahreshoch notieren oder neue Rekorde anpeilen.

Amgen, WKN 867 900, Nasdaq 100, USA

Der US-Pionier entwickelt seit über 25 Jahren biotechnische Arzneimittel und ist in über 40 Ländern mit Forschungseinrichtungen vertreten. Schwerpunkte sind Arzneimittel gegen Krebs, Rheuma, Leber- und Knochenkrankheiten.

Astra Zeneca, WKN 886 455, Stoxx 50, Großbritannien

Der dividendenstarke englische Pharmakonzern erforscht, entwickelt und produziert verschreibungspflichtige Medikamente vor allem bei Krebs, Gefäß- und Stoffwechselerkrankungen, Entzündungen und Störungen des Immunsystems.

Boston Scientific, WKN 884 133, S&P 500, USA

Der amerikanische Medizintechnikkonzern zählt zu den Marktführern medizinischer Geräte, die für 7 Kerngeschäftsfelder entwickelt und hergestellt werden. Dazu zählen Kardiologie, Ultraschallbildgebung, Urologie, Frauengesundheit.

Coloplast, WKN A1K AGC, Dänemark

Das dänische Pharmaunternehmen entwickelt und vermarktet weltweit Produkte und bietet Dienstleistungen an für Patienten mit sehr intimen Krankheiten. Zu den Hauptzielgruppen zählen Kliniken, medizinische Institute und Apotheken.

Danaher, WKN 866 197, S&P 500, USA

Die US-Medtechfirma entwickelt und vermarktet medizinische, industrielle und gewerbliche Produkte einschließlich Service in fünf Segmenten. Es handelt sich um starke Marken und innovative Technologie, nachgefragt in über 50 Ländern.

Genmab, WKN 565 131, Dänemark

Der dänische Biotechkonzern produziert menschliche Antikörper für die Behandlung lebensgefährlicher und lähmender Krankheiten wie Krebs, rheumatische Arthritis, entzündliche Prozesse und arbeitet an neuartigen Gentherapien.

GlaxoSmithKline (GSK), WKN 940 561, Stoxx 50, Großbritannien

GSK, der britische Pharmakonzern, ist Spezialist beim Erforschen von HIV/AIDS, Tuberkulose, Malaria und ist in 85 Ländern mit Produktionsstätten aktiv.

Johnson & Johnson (J&J), WKN 853 260, Dow Jones, USA

J&J zählt mit Gesundheitsprodukten und Pharmazeutika zu den Marktführern. Das Angebot reicht von Baby-, Haut-, Mundpflege, Wellnessprodukten und Nahrungsergänzungsmitteln bis zur Medizin gegen lebensgefährliche Krankheiten.

MERCK, WKN 659 990, DAX, Deutschland

Der DAX-Gesundheitskonzern bietet pharmazeutische und chemische Produkte an. Hinzu kommen Geschäfte mit Flüssigkristall und Materialien für energiesparende Beleuchtung. Hauptumsatzträger ist Serono für rezeptpflichtige Arznei.

Merck & Co., WKN A0Y D8Q, Dow Jones, USA

Der Pharma-Konzern entwickelt und produziert verschreibungspflichtige Arzneimittel, Impfstoffe, biologische Therapien und Tiergesundheitspräparate. Zudem forscht Merck bei Alzheimer, Herzkreislauf, Schlafstörungen, Arthrose.

Novartis, WKN 904 278, Stoxx 50, Schweiz

Der Schweizer Pharma-Riese ist in 140 Ländern präsent. Novartis entwickelt patentgeschützte Medikamente und Nachahmer-Präparate. Das operative Geschäft teilt sich auf in neuartige Medikamente, Generika und Augenheilkunde.

ROCHE, WKN 851 311, Stoxx 50, Schweiz

Das dividendenstarke Schweizer Forschungsunternehmen arbeitet an der Entwicklung neuartiger Gesundheitslösungen von der Vorbeugung und Diagnose bis hin zur Therapie. Schwerpunkte sind Krebs, Transplantationen und gestörte Immunabwehr.

Sanofi-Aventis, WKN 920 657, Euro Stoxx 50, Frankreich

Der französische Pharma- und Gesundheitskonzern konzentriert sich auf die Bereiche Herzkreislauf, zentrales Nervensystem, Thrombosen, Diabetes und Krebs. Sanofi entwickelt Gesundheitslösungen und bietet passende Impfstoffe an.

Thermo Fisher, WKN 857 209, S&P 500, USA

Das amerikanische Pharma- und Technologie-Unternehmen gilt als global führender Wissenschaftspartner. Thermo Fisher plant die Übernahme von Qiagen und betreut 400.000 Kunden in klinischen Instituten, Hochschulen und Behörden.

UnitedHealth, WKN 869 561, Dow Jones, USA

Der Dow-Jones-Konzern bietet Lösungen, Dienstleistungen und Produkte rund um Gesundheit mit Vorsorge an, wozu auch das Management der Krankenhauspflege, Informationen und Technologien zur Verbesserung des Gesundheitswesens zählen.

❸ Strategie: Meine Antworten auf häufige und wichtige Fragen zur Geldanlage in schwierigen Zeiten

3.1 Fragen und Antworten zur Anlagestrategie rund um den Börsencrash von TV-Sendern, Chefredakteuren, Finanzexperten, Tagespresse, Print- und Onlinemagazinen

Die meisten Menschen in Deutschland machen sich aufgrund der Coronavirus-Pandemie ständig größere Sorgen um ihre Gesundheit, das Wohlbefinden ihrer Angehörigen, Verwandten und Freunde. Sie fürchten um ihren Arbeitsplatz, leiden unter den wirtschaftlichen Folgen und vielfältigen Zwängen, die das Alltagsleben und die sozialen Kontakte einengen und immer stärker belasten.

Angst, Furcht, Unzufriedenheit und Missstimmung wachsen, je stärker die sozialen Eingriffe in den persönlichen Freiraum zunehmen. Immer mehr wird verboten und bereits bestraft. Einerseits wächst die Hilfsbereitschaft. Andererseits wird geschnüffelt und der Nachbar verraten, wenn er zu Hause mit ein paar Freunden Geburtstag feiert, Bier trinkt oder musiziert. Statt Gemeinschaftsgefühl kommen Misstrauen und Feindseligkeit auf. Es geht um weit mehr als nur um Erholungsreisen, Konzerte, nette Treffen und Feste. So ist zu wünschen, dass der Höhepunkt bei den Ansteckungen bald erreicht wird, die Hilfsprogramme für Arbeitnehmer, notleidende Familien, kleine und mittlere Unternehmen rasch und unbürokratisch anlaufen. Die Zustände sind im privaten Bereich besonders schlimm, wenn Familien in beengten Wohnverhältnissen ohne Garten leben und der Nachwuchs zu randalieren beginnt und Aggressionen ausleben will. Schön, wenn es bei schlechter Laune bleibt.

Das Absperren und Ausgrenzen von der sozialen Umwelt und der Bewegungsmangel machen möglicherweise weitaus mehr krank als ein hartes Vorsorge- und Vorsichtsprogramm mit knallharter Einschränkung der persönlichen Freiheit. All diese Maßnahmen lösen sowohl Zustimmung als auch wachsende Ablehnung bei der Bevölkerung aus. Es ist nur zu wünschen, dass nach Überwindung der Corona-Pandemie die Vor- und Nachteile ungeschminkt objektiv bilanziert und analysiert werden, um künftig bei ähnlichen Vorkommnissen gewappnet zu sein.

Doch nun zu den am meisten gestellten Fragen:

Wie stark hat der Crash Ihr Depot heimgesucht? Wo gab es die größten Verluste? Welche Werte sind glimpflich davongekommen?

Rechnen Sie damit, dass sich die Kurse in absehbarer Zeit erholen und Sie Ihre zweite Million wieder erreichen?

Am 16. Dezember 2019, meinem Geburtstag, knackte mein Depot erstmals die Zwei-Millionen-Marke und konnte sie bis Mitte März halten. Nach den neuerlichen Kurseinbrüchen war die Herrlichkeit vorerst vorbei. Beim stärksten Einbruch, als der deutsche Leitindex DAX nur noch bei rund 8.200 Punkten notierte, konnte ich lediglich die 1,5 Mio.-Marke locker verteidigen. Als einige Tage später der DAX den höchsten Kursgewinn in seiner über 30-jährigen Geschichte mit imposanten elf Prozent Kursgewinn und einem Kursstand von 10.000 Punkten verbuchte, hatte ich die Zwei-Millionen-Marke erneut erreicht. Meine Hoch-/Tief-Mut-Strategie bewährt sich also auch beim aktuellen Crashszenario.

Vorübergehend büßten meine Luxusgüteraktien und Tourismuswerte am meisten ein, teilweise deutlich über ein Drittel. Noch schlimmer traf es einige Automobiltitel. Vom Jahreshoch gesehen ist dies ein Absturz um knapp die Hälfte. Die Luxusgüterbranche befindet sich schon wieder in der Erholungsphase, weil China, das Ausbruchland der Coronavirus-Pandemie, wohl das Schlimmste hinter sich zu haben scheint. Ich bin überzeugt, dass sich meine Qualitätsaktien erholen. Ich betrachte diesen heftigen Crash als Ausgangsbasis, nicht nur die zweite Million zu festigen, sondern mich auf dem Weg zur dritten Million aufzumachen. Ob dies gelingt, hängt wohl vorrangig davon ab, wie lange ich noch lebe. Mein Depot muss sich durch Teilverkäufe bester Aktien nahe dem Jahreshoch, Wiederanlage der Dividenden und Einstieg oder Zukauf von Qualitätstiteln zu niedrigen Kursen selbst finanzieren.

Sie verfolgen ja die Börsen quasi rund um die Uhr. Wie viele schlaflose Nächte verbrachten Sie in den vergangenen zwei Wochen? Viele Anleger wurden in den vergangenen Wochen von panischer Angst getrieben. Wie schaffen Sie es, cool zu bleiben, auch wenn die Kanonen donnern?

Schlaflose Nächte kenne ich bis zum Überdruss. Sie haben aber nichts mit der Börse zu tun. Eher sind es die Nachwirkungen von drei Krebsoperationen und dem Oberschenkelhalsbruch. Ich habe im Crash 2000 bis 2003 und während der Weltwirtschaftskrise 2008/09 meine Hoch-/Tief-Mut-Strategie erprobt und verfeinert. Mein Ziel ist es, im Crash Schritt für Schritt an schwankungsfreudigen Tagen mit Dividenden und Teilverkäufen bei Siegeraktiven den preiswerten Zukauf meiner Favoriten zu finanzieren. Dies heißt, nicht all sein Pulver auf einmal zu verschießen. Aber in Panikstarre zu verfallen und nur zögernd und zaudernd abzuwarten, ist auch nicht viel besser.

Haben Sie Ihr Depot der jetzigen Marktlage angepasst, sich von vielen Ihrer 120 Aktien getrennt oder gar schon nachgekauft?

Ich passe mein Depot fortlaufend den Marktbewegungen und Zukunftstrends an. Deshalb stieg ich beim Technologiecrash im Dezember 2018 beherzt bei Technologiewerten aus den USA zu. Dies finanzierte ich mit Teilverkäufen von nahe dem Jahreshoch notierenden Immobilienaktien.

Seit Jahresbeginn bin ich verstärkt in nachhaltige Aktien vor allem aus Skandinavien eingestiegen. Momentan stammen die meisten meiner Favoriten aus dem Gesundheitswesen, also Pharma, Biotec und Medtech, mit Blick auf den Coronaviruscrash. Desinfektionsmittel, Hygieneartikel, Schutzmasken, Schutzkleidung, Nahrungsergänzungsmittel zur Stärkung der eigenen Immunabwehr, Diagnostik, Impfstoffe, neuartige Wirkstoffkombinationen. All diese Geschäftsmodelle sind und bleiben noch eine ganze Weile chancenreich. Ich habe mich von drei oder vier Verlustbringern komplett getrennt, um den Steuerausgleich Aktienverlust mit zuvor erzielten Veräußerungsgewinnen zu nutzen und damit Neukäufe zu finanzieren. Von meinen besten Rennpferde-Aktien verkaufe ich nur dann einen kleineren Teil, wenn es sich nicht um Dividendenaristokraten handelt und – sofern überhaupt – der Kursverlust nur einstellig ist.

Je länger die Einschränkungen dauern und für die Risikogruppen, allein vom Alter ausgehend, verschärft werden, umso stärker steigt die Furcht vor der Corona-Pandemie.

Isolierung, soziale Abgrenzung sind gar nicht gut für die Gesundheit. Angst lähmt die Abwehrkräfte und macht erst richtig krank oder aggressiv, bis hin zu Gewalthandlungen.

Dazu schreibt der Arzt und Finanzmanager Alexander Dibelius unter dem *Handelsblatt*-Beitrag „Eine teuflische Spirale“: *Die so entstehende, sich weiter erhöhende Unsicherheit wird den Konsum und die Investitionsbereitschaft nach unten drücken. Die Folge ist eine weiter einbrechende Wirtschaft. Eine teuflische Spirale, die am Ende auch die Bevölkerung in Ausnahmezustände versetzen wird. – In den USA haben nach wenigen Tagen Hamsterkäufe in den Waffenshops begonnen. Das heißt doch, dass die Leute mit Diebstählen, Plünderungen und Schusswaffengebrauch auf offener Straße rechnen. Schlimmer kann's eigentlich kaum noch werden. – Irgendwann wird ein abwägender Umgang mit den Konsequenzen des Shutdowns die derzeitige teilweise irrationale Panik und die Hauruck-Strategien ersetzen. Ich hoffe nur, dass es nicht zu lange dauert.“*

Weiter mit den am häufigsten gestellten Fragen:

Wie sehen die Auswirkungen für den BEACH-Sektor – nämlich Booking, Entertainment, Airlines, Cruises und Casinos sowie Hotelketten – aus?

Der BEACH-Sektor präsentiert wohl die größten Leidtragenden. Die zahlreichen Absperrungen, Reise- und Versammlungsverbote, Verlegungen und komplette Absagen von Messen, Großveranstaltungen, Konzerten, Fußballbundesliga, Europameisterschaft, Olympiade usw. führen im Zuge der Coronavirus-Pandemie zu starken Absatz- und Ertragseinbußen. Dies betrifft kleine, mittlere und größere Unternehmen, Freiberufler, Künstler und Selbstständige. Vor dem dritten Quartal 2020 – also erst im Spätsommer und Frühherbst – ist kaum mit einer nachhaltigen Erholung zu rechnen. Aber dann besteht gewaltiger Nachholbedarf, wenn auch nicht durchgehend. Verreisen werden die Menschen wieder, sobald es erlaubt ist und sich Angst und Furcht legen.

Besonders stark stürzten die Aktien vom Tourismuskonzern **Booking Holding** in die Tiefe, obwohl mittelfristig Erholungspotenzial besteht. Empfindlich trifft es die Aktien der Kreuzschifffahrtunternehmen. Die wochenlange Quarantäne in großteils engen Kabinen hinterlässt bleibende Spuren von Unbehagen. Sehr schlimm hat es die Aktien der Fluglinien erwischt. Die Flugzeuge bleiben am Boden. Und der Binnenflugverkehr stößt auf scharfe Ablehnung nicht nur seitens der Umweltschützer. Hinzu kommt, dass **Lufthansa** die Dividende streicht.

Wenig zu lachen gibt es für die Modehändler und die Hersteller und Vermarkter von Luxusgütern wie LVMH, Kering und Hermes. Auch bei den Hotelketten und Casinos kommt keine Freude auf. Die gesamte Tourismusbranche leidet durch geschlossene Läden, abgesagte Messen und die zahlreichen Reiseverbote. Trotz unbürokratischer staatlicher Hilfeleistungen werden viele Unternehmen zahlungsunfähig. Wird bei der Rückführung in die Normalität zu lange gezögert und gezaudert, ist mit weitaus mehr Geschäftsaufgaben zu rechnen als im Zuge der Weltwirtschaftskrise 2008/09.

Wie schätzen Sie die aktuelle Krise ein – auch im Vergleich zu 2008/09?

Dieser Crash ist noch gefährlicher, weil die drastischen Absperr-, Reise- und Ausgehverbote, geschlossenen Kindertagesstätten, Schulen und Universitäten, verbotene Vorträge, Messen, Sport- und Musikveranstaltungen zur Rezession führen. All die Einschnitte der persönlichen Freiheit beschwören neue Ängste herauf, die sich an der Böse widerspiegeln. Medizinisch ist es vernünftig, das Infektionsrisiko zeitlich zu strecken, damit mehr Intensivplätze zur Beatmung bei schweren Lungenkrankheiten verfügbar sind. Aber die volkswirtschaftlichen Auswirkungen sind verheerend. Vielen Firmen droht die Insolvenz. Ich fahre überall hin, wo es nicht strikt verboten ist, um zu signalisieren, dass auch Mut und Zuversicht die Abwehrkräfte stärken. Angst, Frust, Besorgnis und Verzweiflung lähmen. Das gilt auch für die Börse. Den Crash verschulden weder Politik noch Medien. Sondern Anleger verkaufen viel mehr als sie ordern. Und je massiver und unkontrollierter dies geschieht, umso schlimmer sind die Folgen. Schauen wir uns nur den deutschen Leitindex an. Binnen vier Wochen von 13.800 Punkten ein zeitweiliger Absturz bis auf 8.200 Zähler – an Heftigkeit in solch kurzer Zeit in diesem Jahrtausend kaum zu überbieten.

Bleiben Sie Ihrer Hoch-/Tief-Mut-Strategie treu? Oder passen Sie an?

Selbstverständlich bleibe ich meiner Hoch-/Tief-Mut-Strategie treu. Und erneut gilt für mich: *Ein Crash ist nur gut – für Leute mit Mut!"* Ergänzend achte ich bei Kauf und Teilverkauf auf die Entwicklung der Dividende. Ein Beispiel mit gerundeten Zahlen: Ich kaufe die DAX-Aktie Munich Re für 300 €. Sie stürzt um ein Drittel auf 200 €. Die Dividende bleibt gleich bei 10 €. Beim Kauf von 300 € beträgt die Dividendenrendite über 3,3 %. Beim Erwerb zu 200 € sind es 5 %. Wer Fuchs Petrolub vom MDAX für 40 € kaufte, erzielt bei einer Dividende von 1 € eine Rendite von 2,5 %. Wer für 4 € zugriff, freut sich über 25 %. Und dies Jahr für Jahr! Wie dumm, jetzt zu verkaufen!

Sehen Sie irgendwo günstige Kaufgelegenheiten? Haben Sie mögliche Krisengewinner Drägerwerk, Biontech, Roche oder Qiagen gekauft? Umgekehrt: Wovon sollten vor allem unerfahrene Anleger die Finger lassen?

Da ich schrittweise zukaufe, habe ich den Absturz von Freenet und MTU, Fresenius und HeidelZement, Deutsche Post und Royal Dutch, SolarEdge, Intuitive Surgical, Medtronic, Thermo Fisher und Samsung in letzter Zeit zum Zukauf genutzt. Da günstige Ergänzungen auch als Grundlage für spätere Teilverkäufe wichtig sind, investiere ich über 1.000 € bis maximal 2.000 €. Umgekehrt rate ich dringend ab von Geschlossenen Fonds für Immobilien, Schiffe, Filme usw., Optionsscheinen und Zertifikaten mit hohem Hebel. Es ist riskant, sich an jeder Neuemission zu beteiligen. Lieber eine Weile abwarten, die Kursentwicklung verfolgen und dann günstig einsteigen. So habe ich es bei Varta, Dermapharm und aktuell auch bei Teamviewer gemacht.

Pharma, Medizintechnik und Biotechnologie gehören zu Ihren Lieblingsaktien. Welche Werte bieten darüber hinaus jetzt große Chancen?

Nachhaltigkeitsaktien vor allem aus Skandinavien zählen zu meinen Favoriten. Ich habe preiswert die Reiseaktie Booking, die kanadische Onlinehandelsaktie Shofity, die Luxusgüteraktien LVMH, Kering, Hermes sowie Datagroup, Atoss Software, LPKF Laser, Mensch & Maschine ergänzt.

Wird der Crash die Angst der Deutschen vor Aktien weiter befördern und die Aktienkultur darunter leiden?

Auch dieser Crash wird dazu führen, dass noch mehr Menschen einen hohen Bogen um Aktien machen. Die Politik könnte hier ein Signal setzen, indem sie Einsteigern und Senioren für 5 Jahre Steuerfreiheit anbietet und bei einer Aktienhaltedauer ab 5 oder 10 Jahren generell keine Steuer einzieht. Aber was ist dagegen geplant? Eine Aktientransaktionssteuer ab 2021! Damit wird das zarte Pflänzchen Aktienkultur mit Füßen zertreten.

Ich wünsche mir eine Rückkehr zu einem normalisierten Leben. Je eher, umso geringer sind die wirtschaftlichen, seelischen und körperlichen Schäden und Verwerfungen, wie sie derzeit um sich greifen. Ist jede freiheitsberaubende Maßnahme nötig im Vergleich mit den Todesquoten bei früheren schweren Grippewellen? Ich bin gespannt, wie eine abschließende Bilanz und Analyse, sofern aufrichtig und ungeschönt, aussehen wird. Möge sich die Verhältnismäßigkeit der Mittel in einem angemessenen Rahmen bewegen!

Und jetzt noch zu den zuletzt gestellten Fragen:

Nachdem Ihre Vorträge, Univorlesungen in Berlin und VHS-Kurse wegen der Corona-Pandemie für die nächsten Monate abgesagt wurden: Wie gehen Sie in Ihrem Alter mit dem aktuellen Notstand um? Meiden Sie jeglichen Kontakt und gehen nicht mehr vor die Haustür? Treiben Sie dafür Sport im eigenen Fitnessraum?

Ich handle insofern verantwortungsbewusst, indem ich Berührungen vermeide, mir mehrmals täglich die Hände wasche und Abstand halte auch bei Privatunterricht und Besuch meiner beiden Kinder. Aber keineswegs meide ich Kontakte oder lasse mir Konsumgüter ins Haus liefern. Ich laufe zu Fuß die zwei Kilometer zum Einkaufen oder Briefkasten und fahre überall dort noch hin, wo TV-Auftritte und andere Aktivitäten noch nicht streng verboten sind.

SDR TV kam mit seinem Kamerateam zu mir nach Hause in Ulm. Aber ich hatte schon die Fahrkarte nach Stuttgart gebucht und wäre gern bei der erneuten Livesendung nicht zugeschaltet, sondern lieber im Studio selbst dabei gewesen. Sport treibe ich im eigenen Fitnessraum – allerdings nicht mehr täglich, weil ich von frühmorgens bis spätabends bis zum Anschlag zu tun habe.

Wie schätzen Sie den Markt und das Geschehen an den Börsen ein? Wird der Börsenhandel womöglich eingestellt?

Die internationalen Börsen, die das Marktgeschehen widerspiegeln, werden auch künftig schwankungsfreudig bleiben und sich vorerst kaum nachhaltig erholen. Dafür sind die durch das Coronavirus und die damit verbundenen staatlichen Maßnahmen verursachten Verwerfungen mit tiefen Einschnitten in das globale Wirtschaftswachstum viel zu gravierend.

So breitet sich auch in Amerika das Coronavirus immer weiter aus. Und sobald sich das Virus in Afrika mit dem dort herrschenden desolaten Gesundheitswesen festsetzt und es dort zu prozentual erschreckend hohen Todesquoten kommt, werden Angst, Furcht, Besorgnis und Panikstarre weiter zunehmen und die Börsenplätze weltweit belasten. Wie stark dies insgesamt und an bestimmten Börsentagen geschieht, hängt auch von den Einschätzungen angesehener Experten, den Aktivitäten der Investoren und den Meldungen großer Unternehmen ab. Die Mitteilungen der Fed wie auch der EZB spielen eine Rolle, auch das Festhalten oder Aufgeben der sogenannten „schwarzen Null" seitens der Politik.

Bei DAX & Co. dürfte es zum weiteren Kurseinbruch sogar unter der 8000er-Marke kommen, sobald ein totales Ausgehverbot verhängt würde. Umgekehrt hätte eine Lockerung der starken Einschränkungen bezüglich persönlicher Freiheit positive Auswirkungen auf die Börsenkurse. Vielleicht stellt sich die Frage: Ist eine Umkehr zur „Herdenimmunität" denkbar, wie sie in Schweden noch gilt.

FAZIT: Wie am besten auf diesen in solch kurzer Zeit heftigsten Crash seit der Jahrtausendwende reagieren, der den deutschen Leitindex von 13.800 auf 8.200 Punkte abstürzen ließ? Alles verkaufen? Oder brav aussitzen? Weiter mit dem Einstieg und Zukauf abwarten und auf noch tiefere Kurseinbrüche spekulieren? Oder Schritt für Schritt das Marktgeschehen aufmerksam beobachten und die Kursturbulenzen für Teilverkäufe von Aktien nahe dem Jahreshoch und Zukauf zu extrem niedrigen Kursen nutzen?

Sich von all seinen Aktien zu trennen, ist sicherlich der größte Fehler, den ein Anleger machen kann. Niemand weiß, wie lange der Coronacrash dauert, ob wir bereits die tiefsten Kurse erlebt haben oder ob es noch weiter abwärts geht. Im Nachhinein, *„Hätte ich doch"*, sieht alles anders aus als im wirklichen Börsenleben. Natürlich wäre es toll gewesen, zum DAX-Höchststand von fast 13.800 Punkten alles zu verkaufen und bei exakt 8.200 Zählern zuzugreifen. Aber ich kenne niemand, der tatsächlich mit einem solch glücklichen Händchen gehandelt hat. Viel wahrscheinlicher war es, nach dem Crash 2008/09 mit Tiefstand 3.600 Punkten schon in erneuter Crasherwartung bei 10.000 Punkten sein Depot auszuräumen und sich dann abwartend am Börsenfeldrand aufzuhalten und auf noch niedrigere Einstiegskurse zu hoffen.

Das Aussitzen, das Füße stillhalten ist für all jene Anleger vertretbar, denen es an Börsenwissen, verfügbarem Geld, Zeit und Lust fehlt, jetzt aktiv zu handeln. Ebenso ist das Aussitzen vernünftig, wenn das gesamte Anlagekapital in passive ETFs und aktiv gemanagte Aktienfonds gesteckt wurde. Durch die breite Streuung bei Index- und Aktienfonds bietet sich außer bei finanzieller Notlage kein Verkauf an. Möglicherweise ist nun der richtige Zeitpunkt gekommen, den Depotbestand durch erstklassige Einzelaktien zu niedrigen Kursen zu nutzen. Wer immer nur abwartet, um noch günstigere Einstiegs- und Zukaufkurse zu nutzen, verpasst möglicherweise die besten Chancen. Wer dazu neigt, sollte darüber nachdenken, wie sein Verhalten während der schweren Weltwirtschaftskrise 2008/09 aussah, sofern damals schon an der Börse aktiv.

Wurde 2008/09 auch nur zögerlich und zaudernd abgewartet? Die meisten Menschen wiederholen ihre Verhaltensmuster und lernen deshalb auch nur wenig aus gemachten Fehlern. Gäbe es nicht dieses Festhalten an wiederkehrenden Verhaltensweisen, würde die Charttechnik nicht funktionieren. Umgekehrt würden vermutlich mehr gute Vorsätze zum Jahreswechsel befolgt.

Es hat sich bewährt, das Marktgeschehen vor allem im aktuellen Crashszenario genau zu beobachten. Es gilt, die heftigen Kursturbulenzen für Teilverkäufe von Aktien nahe dem Jahreshoch und Zukauf zu extrem niedrigen Kursen zu nutzen.

Freilich verschieben sich die Auswahlkriterien entscheidend. Im Bullenmarkt, wenn die Kurse nach oben springen, gibt es eine Riesenauswahl an Aktien, die nahe dem Jahreshoch notieren oder sogar einen Allzeitrekord schaffen. Umgekehrt halten sich preiswerte Zukaufmöglichkeiten dann in ziemlich engen Grenzen. Momentan würde ich gern mindestens 50 preiswerte Aktien bei einer Auswahl von über tausend Titeln zukaufen. Aber ich finde nur wenige Aktien, die nahe dem Jahres- oder sogar Allzeithoch notieren.

Dies gilt beispielsweise für den in den MDAX aufgestiegenen Essenszulieferer mit individuell zusammengestellten Mahlzeitensets HelloFresh, den Medizintechnikkonzern Drägerwerke für Schutzkleidung und Schutzmasken und den Pharma- und Chemiekonzern Stratec SE. Ebenso trifft dies durch Übernahmeangebote für ISRA Vision und RIB Software aus dem SDAX zu sowie den von Thermo Fisher umworbenen Diagnostikkonzern Qiagen, TecDAX und MDAX. Aktuell schwingt sich auch der MDAX-Neuling Teamviewer, Spezialist für Computerfernwartung, zum Höhenflug auf. Auch die Entwicklung des patentfreien Markenarzneimittelanbieters Dermapharm vom SDAX, erfolgsreichste Neuemission 2018, erfreut mit guter Kursentwicklung in diesen schwierigen Zeiten.

Die meisten erfolgreichen Mittelständler sind Familienunternehmen und arbeiten an nachhaltigen Geschäftsmodellen im Kampf gegen den uns bedrohenden Klimawandel. Innovative Schnellboote reagieren oft flexibler auf neue Trends und Herausforderungen als die Traditionsdickschiffe aus dem deutschen Leitindex DAX, der im bisherigen Crashverlauf besonders viele Federn ließ.

Orientieren Sie sich am Verhalten eines fachkundigen Gärtners, der genau zur richtigen Zeit säen und pflanzen, hacken, düngen und bewässern muss, um eine reichliche Ernte einzufahren. Jetzt befinden wir uns in einer Crash-Bodenphase, die es Schritt für Schritt, Zug um Zug für den klugen Zukauf und Teilverkauf zu nutzen gilt.

3.2 Eine weitere Fragerunde auf der Grundlage von Interviews, um die ich gebeten wurde

Was tun beim Crash? Abwarten? Im Bereich Bodenbildung preiswert wieder einsteigen? Oder doch lieber alles verkaufen?

Seit Jahren vertreiben die Untergangspropheten mit ihren Ankündigungen *„Der heftigste, schlimmste Crash aller Zeiten"* Angst und Schrecken. Dies geschieht schon seit 2013; denn der Abstand zwischen dem Crash um die Jahrtausendwende bis zur weltweiten Finanz- und Wirtschaftskrise von Herbst 2008 bis Frühjahr 2009 betrug gerade mal fünf Jahre. Bis auf Japan gab es nach jedem Crash neue Höchststände. Gute Aktien erholen sich wieder. Es ist deshalb grottenschlecht, alles zu verkaufen. Am besten ist es, erstklassige Aktien günstig nachzukaufen oder dort neu einzusteigen. Finanziert wird mit Geldreserven oder mit einem Teilverkauf von Aktien, die nahe dem Jahreshoch notieren (dies gibt es auch in jedem Crash) und deren Bestand ansehnlich ist. Meine besten Rennpferde bleiben im Stall. Sogenannte „Schrotthaufen" verkaufe ich komplett. Hier ist ein Steuerausgleich bei Verlusttiteln vom Finanzamt genauso hoch wie meine Abgeltungssteuer plus Solidaritätszuschlag und eventuell Kirchensteuer, also rund 27 bis 28 %.

Es ist besser, die Füße stillzuhalten und Ruhe zu bewahren, als in Hektik und nervöser Spannung große Fehler zu machen. Bei ETFs und Aktienfonds bietet sich mit Ausnahme schlechter Produkte ohnehin jahrzehntelanges Halten an.

Ist es möglich, einen Crash früher als andere zu erkennen und mit Absicherungssystemen rechtzeitig darauf zu reagieren?

Erfahrene Börsianer erkennen Krisenherde oft früher. Vor allem aber reagieren sie meist klug und rasch, wenn aufgrund eines unerwarteten Schreckensszenarios die Kurse stark einbrechen.

Absicherungsstrategien kosten unnötig viel Geld und bringen meistens gar nichts. Daran verdienen nur die Anbieter, während Sie vermutlich verlieren – noch mehr als mit Strafzinsen. Finden Sie sich damit ab, dass auch die Wissenschaft den von wiederkehrenden menschlichen Verhaltensweisen und Herdentrieb geprägten Crash nicht vermeiden kann. Für mich selbst gilt: *„Ein Crash ist nur gut – für Leute mit Mut!"* Ich kaufe günstig zu, finanziere dies mit Dividenden und Teilverkäufen von Aktien, die gar nicht oder kaum verloren haben. Dies gibt es immer – auch im unvergleichlich heftigen Coronacrash in solch kurzer Zeit.

Auch mit kleinem Geldbeutel in gute Einzelaktien investieren oder als vorsichtiger Einsteiger nur ETFs auswählen?

Ich empfehle Neulingen mit einem Kapital unter 10.000 €, die ersten Erfahrungen mit guten ETFs wie MDAX, SDAX, MSCI World, S&P 500 zu machen. Dies garantiert schon breite Streuung als Risikominderung. Ab dann ist der Weg für die ersten Einzelaktien gangbar. Wählen Sie möglichst „thesaurierend" aus. Dann werden Dividenden fortlaufend in neue Anteile angelegt. Sie nutzen den Zinseszinseffekt bestmöglich und bemerken im Laufe der Zeit, dass Sie ohne erneute Transaktionskosten immer mehr Anteile erwerben.

Wann sind Sparpläne richtig? Was spricht für Einmalanlagen?

Sparpläne eignen sich bestens bei längerfristiger Kapitalanlage für Kinder und Enkel. Außerdem sind monatliche Sparpläne ab 25 € gut, wenn Sie Ihre guten Sparvorsätze zum Monatsanfang nicht einhalten und am Monatsende alles ausgegeben haben. Bei Disziplin und Verlässlichkeit können Sie die Summe für einen Aktien- oder ETF-Kauf von über 1.000 Euro bis 2.000 Euro auf dem Girokonto belassen bis sie verfügbar ist und wählen dann die Einmalanlage. Dabei sollten Sie Kursschwächen für Einstieg und Zukauf nutzen. Wer seine guten Vorsätze nicht einhält, schließt die Sparpläne zum Monatsanfang ab. So können Sie den Cost-Average-Effekt ideal nutzen. Mehr Anteile bei Kursschwäche – weniger Anteile, wenn die Kurse zur Decke springen.

Was tun, wenn die Rente niedrig ist und das Geld vermutlich kaum für einen finanziell sorgenfreien Ruhestand ausreicht?

Gerade bei niedriger Rente ist die Wertpapieranlage unverzichtbar. Wer will schon auf Grundsicherung angewiesen sein und unter Altersarmut leiden? Sinnvolles Sparen bedeutet Konsumverzicht. Wer bei einem Rabatt von 50, 60 oder 70 % zugreift, spart nicht diesen Prozentsatz, sondern gibt 30, 40 oder 50 % weniger aus. Nur bei Sachen, die man wirklich braucht, sind hohe Rabatte sinnvoll. So wird beispielsweise fast die Hälfte aller gekauften Klamotten nie getragen, sondern führt zu übervollen Kleiderschränken. Beginnen Sie Ihre Altersvorsorge so früh wie möglich – sei es mit Sparplänen oder Einmalanlage. Weg vom schleichenden Kapitalvernichter Sparbuch – hin zu Einzelaktien, ETFs und aktiven Aktienfonds in den Zeiten der Null- und Strafzinsen. Dafür ist es nie zu früh, aber in Zeiten des demografischen Wandels auch nicht zu spät. Wenn Sie in 50 Jahren zehn Jahre länger leben und in 75 Jahren im Schnitt 15 Jahre geschenkt bekommen, soll dies nicht in Armut geschehen.

Sind Frauen die besseren oder schlechteren Anleger?

Teils – teils, Ausgang unentschieden wie beim Fußballspiel, das 2:2 endet. Einerseits schützt und bewahrt Frauen ihre Vorsicht mit dem Ziel des Kapitalerhalts vor spekulativen Finanzprodukten mit hohem Hebel (Führungstor 1:0). Andererseits ist die Liebe und Treue zum schleichenden Kapitalvernichter Sparbuch noch ungebrochen (Gegentreffer 1:1). Die Männer legen prozentual nur halb so viel in Sparbüchern zugunsten von Wertpapieren an. (Zwischenstand 1:2). Aber das nicht selten zu beobachtende riskante Zocken Long/Short, Hebelderivate macht die Abkehr vom Sparbuch wieder zunichte und bedeutet ein Gegentor (Endstand 2:2).

Wie lässt sich das längere Leben durch den demografischen Wandel sinnvoll für die Geldanlage nutzen?

Im Schnitt leben Deutsche pro Jahrzehnt zwei Jahre länger, vorausgesetzt: nicht saufen, nicht rauchen, sich viel bewegen und gesund ernähren. In 50 Jahren ist dies ein Jahrzehnt, in 75 Jahren sind es 15 Jahre geschenktes Leben. So wächst die Rentenbezugsdauer auf ungefähr 30 Jahre an. Diese lange Zeit wollen Sie, lieber Leser, doch reich statt arm sein. Auch mit 60 oder 70 Jahren ist es nicht zu spät für die Aktienanlage. Besser spät als gar nicht. Erstklassige Aktien von Unternehmen, die Nutznießer des längeren Lebens sind, gelten als Favoriten. Dazu zählen das Gesundheitswesen mit Pharmazie, Biotechnologie und Medizintechnik. Firmen, die Beatmungsgeräte und Schutzkleidung herstellen wie **Drägerwerk** aus dem SDAX oder mit Computerfernwartung beim Homeoffice aufwarten wie **Teamviewer** vom MDAX, sind die Sieger. Auch Essenszulieferer **HelloFresh,** Aufsteiger in den MDAX, profitiert. Zukunftsmusik wird aber auch gespielt bei Künstlicher Intelligenz mit Robotik, der Anwendung Industrie 4.0, dem Internet der Dinge, der digitalisierten und vernetzten Welt mit Hochtechnologie, Softwareneuheiten und Cloud-Computing.

Ist eine nachhaltige Anlage möglich, ohne Rendite einzubüßen?

Bis zum Jahr 2017 waren die Renditeunterschiede gering. 2018 gab es schon ein Renditeplus. 2019 wurden nachhaltige Geldanlagen mit beachtlichem Zugewinn belohnt. Der Greta-Effekt kommt zum Tragen. Junge Leute interessieren sich für familiengeführte Unternehmen, die nachhaltig wirtschaften. Die Nachfrage nach Aktien, ETFs und Aktienfonds, die ethische Standards umsetzen, steigt. Es geht um Umwelt- und Naturschutz, den Kampf gegen Klimawandel durch Erderwärmung mit sich häufenden Katastrophen.

Nichts spricht gegen einen sozialverträglichen Kapitalismus. Auf der Wunschliste stehen Unternehmen mit intakter Firmenkultur, denen das Wohl der Mitarbeiter und Kunden sowie der Region durch Unterstützung sozialer Projekte am Herzen liegt. Das durch Aktienverkauf eingenommene Eigenkapital soll in Infrastruktur und Projekte investiert werden, die helfen, den CO_2-Ausstoß zu verringern.

Helfen Stoppkurse bei Krisen und längerer Abwesenheit?

Bei riskanten Aktien der Sektoren Biotechnologie, Hochtechnologie, Künstliche Intelligenz mit Robotik ist nichts dagegen einzuwenden, wenn Sie bei monatelanger Abwesenheit Stoppkurse zwischen 15 und 25 % setzen. Dabei sollten Sie daran denken, Ihre Stop-Loss-Orders der allgemeinen Kursentwicklung anzupassen. Aber Vorsicht! Dies kann gebührenpflichtig sein! Ich lasse mir meine freie Handelsentscheidung nicht durch Computerprogramme wegnehmen. Außerdem garantieren Stoppkurse keinen Ausführungskurs. Die erste Kursfeststellung auf oder unter dem Stoppkurs gilt.

Stürzt beispielsweise ein Biotechunternehmen nach Bekanntgabe des Scheiterns der Klinischen Studie III nach abendlicher Mitteilung schon beim ersten Kurs im Morgenhandel um 95 % ein, fliegt Ihre Aktie zu diesem Kurs aus Ihrem Depot. Da nützen auch keine beschwichtigenden Worte wie: *„Leider wurde die Aktie XX ausgestoppt. Wir nutzen bei insgesamt positiver Einschätzung den niedrigen Preis zum Nachkauf aus."* Im Klartext heißt es: Doppelte Transaktionskosten und Ärger. Auch die Psychologie spielt mit. Unangenehmes wird gern verdrängt und um die Aktie einen hohen Bogen gemacht.

Warum bei Siegeraktien nur Teilverkauf statt Komplettrennung?

Die meisten Anleger verkaufen ihre Aktien schon bei Kursgewinnen von 20, 30, 40, 50 %. Gelegentlich geschieht dies im dreistelligen Bereich, extrem selten erst bei vierstelliger Rendite. Verkauft wird in den meisten Fällen alles. Der Teilverkauf bezweckt einerseits eine Gewinnsicherung. Er ermöglicht aber andererseits, dass die besten Aktien, darunter Dividendenstars, mehrheitlich im Depot bleiben. Der Wert vom Restbestand sollte den Einstandspreis übertreffen.

Fallbeispiel: *Mit dieser Strategie halte ich immer noch den größten Teil meiner Aktien Sartorius, Nemetschek, Eurofins, Bechtle, Rational, Samsung, MUM und Datagroup im Depot. Sie liegen aktuell trotz Crash zwischen 500 % und 4.000 % im Plus. Hinzu kommt bei langer Haltedauer die Chance, dass auch die Dividenden bei verlässlich angehobener Ausschüttung zweistellig notieren.*

Bei Dürr und Fuchs sind es über 25 %, bei Rational rund 35 %, bei Hochtief sogar 45 %. Da wäre es dumm, diese Aktien zu verkaufen, nachdem die Dividende jährlich anfällt. 3M, McDonald's, Procter & Gamble sowie Johnson & Johnson erhöhen seit über einem halben Jahrhundert fortlaufend ihre Ausschüttung.

Diese breit gestreute Langzeitstrategie mit zahlreichen Titeln funktioniert besonders gut, wenn preiswert zugekauft und nahe dem Jahres- oder Allzeithoch ein Teil verkauft wird. Komplettverkauf ist ratsam bei schlechten Aktien, die dauerhaft enttäuschen. Taktisch klug ist es, den Steuerausgleich für Veräußerungsverluste zu nutzen. Aber die Veräußerungsgewinne müssen stets die Verluste übertreffen. Dividenden zählen nicht mit.

Wie viel Stunden sind im Schnitt wöchentlich aufzuwenden, um mit Aktienanlagen überhaupt erfolgreich zu sein?

Das hängt von der Größe des Depots bezüglich Aktienanzahl und eingesetztem Kapital ab. Es spielt aber auch eine Rolle, ob Sie mehrheitlich in Aktien, ETFs und/oder in aktive Aktienfonds investieren. Viele Anleger vergeuden unnötig Zeit, indem sie in Erbsenzählermanier stundenlang in der Vergangenheit herumwühlen, ohne zielstrebig und zukunftsgerichtet nach vorn zu schauen. Was soll es bringen, das KGV über einen Zeitraum von 5 Jahren zurückzuverfolgen? Wie viele Geschäftsberichte wären daraufhin durchzusehen? Was nützt es, die durchschnittlichen Kursschwankungen eines Titels mathematisch exakt auszurechnen?

Die Spieltheorie beweist, dass es nicht genügt, die Regeln zu kennen und dass es ablenkt, die Vergangenheit bis ins letzte Detail aufzurollen. Es geht um zukunfts- und zielgerichtete strategische Entscheidungen mit möglichen Auswirkungen. Um wesentliche Trends aus der Charttechnik abzulesen, brauchen Sie kein Lineal. Konzentrieren Sie sich auf die wesentlichen Aussagen.

Warum nicht mehr Geld in wenige Aktien stecken, als sich viele Aktien zuzulegen? Das spart doch Zeit und Transaktionskosten.

Wer 14 Jahre lang breit gestreut in Aktien angelegt hat, zählt immer zu den Siegern. Wer große Summen in wenige Titel anlegt, läuft Gefahr, riesige Verluste zu erleiden, z. B. mit hohem Einsatz bei Steinhoff, SolarWorld, Centrotherm, Intershop, PAION, um nur einige Titel zu nennen. Kauft der Ein-Wert- oder Wenig-Werte-Fan eine hervorragende Aktie wie Hannover Rück oder VISA, wird er aus Angst vor Verlusten und wegschmelzenden Gewinnen sicherlich nicht warten, bis seine Aktie über 300 % zugelegt hat.

Er wird in der Regel frühzeitig verkaufen. Da Verlustängste stärker ausgeprägt sind als die Freude über schöne Gewinne, werden die „Schrott-Aktien"-Verluste gern verdrängt: *„Der Titel wird sich schon wieder erholen!"* – Nicht jeder, der zu Boden geht, steht wieder auf.

Wie mit einem geerbten sechsstelligen Aktiendepot umgehen?

Bei geringem Börsenwissen, wenig Zeit und Lust, ist es besser, ein paar Stunden bei einem seriösen Vermögensverwalter zu buchen (Durchschnittspreis rund 200 €) als die groben Fehler zu machen. In meinem Buch: *„Wie finde ich die besten ETFs und Aktienfonds"?* bringe ich umfassende Beispiele für vorsichtige, erfolgsorientierte, risikofreudige Anlegertypen bei 30.000, 50.000, 100.000 Euro-Depotvermögen und mehr. Kürzere Beiträge zu diesem wichtigen Thema bietet diese Neuerscheinung. Ohne Literatur geht gar nichts und bedeutet Sparen am falschen Fleck, wenn es um Summen von 100.000 € oder um Millionen geht. Eine erfolgreiche, einfache Schnellanalyse zu einzelnen Aktien läuft über die drei Wege: Buch – Internet – Onlinehandel.

Sind Immobilien nicht die bessere Alternative gegenüber Aktien?

Dies gilt sicherlich bei dicker Vermögensdecke für die selbst zu nutzende Eigentumswohnung oder das selbst bewohnte Haus. Wegen Mietpreisbremse und anderer Unannehmlichkeiten kann die Investition in ein Mietshaus sehr unerfreulich verlaufen. Das gilt insbesondere bei schlechter Lage und weiter Entfernung. Streitigkeiten mit Mietern um den Preis, zu reparierende Schäden bei Sturm, Überflutung und Feuerausbruch bringen viel Ärger und zusätzliche Belastungen mit sich. Da sind Aktien, ETFs und aktiv gemanagte Aktienfonds gewiss die bessere Alternative, um auch Strafzinsen zu entgehen.

Wie können Sie Kinder und Enkel für kluges Sparen und den Vermögensaufbau mit Aktien begeistern?

In meinen neuen Büchern und Kolumnen spreche ich dieses Thema an, unterlegt mit zahlreichen Fallbeispielen. Aktuell geht es mir darum, über Spiel, Sport und moderne Spieltheorie mit spannenden Vorgabesystemen einen noch besseren Zugang zur Aktienwelt bei Jugendlichen, Heranwachsenden, jungen Erwachsenen herzustellen. Schade, dass unsere Regierung, unser Staat rein gar nichts für die Förderung der Aktienkultur tut. Die geplante Aktien-transaktionssteuer ab 2021 ist ein Schlag ins Kontor. Dies ist einer der Hauptgründe, dass so wenig Bundesbürger in Aktien anlegen und dem schleichenden Kapitalvernichter Sparbuch die Treue halten.

Wann Einzelaktien? Wann ETFs? Wann Aktienfonds?

Die meisten Bundesbürger parken ihr Geldvermögen zinslos auf Sparbüchern, Girokonten usw. Warum nicht endlich breit gestreut in Aktien anlegen? Über DAX und Dow Jones mit je 30 Titeln gibt es umfassende Informationen. Nutzen Sie niedrige Kurse für günstigen Einstieg und Zukauf. Zu Einzelaktien rate ich, wenn Sie über genug Geld, Zeit und Wissen verfügen. Wer sich auskennt, sollte in „Marathonaktien" und gute Nebenwerte mit langjährigem Kursplus und verlässlicher Dividende investieren. Falls möglich, erwerben Sie Belegschaftsaktien. Es lohnt sich, in Zukunftsmärkte zu investieren, wie Hightech, Software, Internet, Robotik.

Fehlt es an Motivation, Wissen und Geld für breite Streuung, sind die preiswerten ETFs mit niedriger Gebühr allererste Wahl. So decken Sie wichtige Märkte langfristig ab. Ein ETF gewinnt zwar gegen keinen Vergleichsindex. Aber er verliert auch nicht. Starinvestor **Warren Buffett** empfahl seiner Frau Astrid, nach seinem Tod mit einem ETF in den S&P-500-Index zu investieren.

Die aktiv gemanagten Aktienfonds zu verdammen, ist nicht gerechtfertigt. Für Langzeitanleger mit wenig Interesse an ständiger Kontrolle sind sie geeignet. Es gibt hervorragende Aktienfonds, die sich auf deutsche und internationale Nebenwerte spezialisieren oder sich auf bestimmte Branchen konzentrieren.

Wie funktioniert Ihre Hoch-/Tief-Mut-Strategie? Wollen Sie die Grundzüge der diversifizierten Langzeitstrategie kurz erklären?

1. Ich kaufe Aktien breit gestreut nach Ländern, Branchen, Indizes und vom Zeitpunkt her, große, mittlere und kleine, Value und Growth. Es können mehr als 50 Titel sein, bei gutem Gedächtnis und dickem Geldbeutel auch 100 Titel.
2. Ich tätige keinen Kauf unter 1.000 Euro, damit die Gebühren nicht die Gewinne wegfressen. Durchschnittlich investiere ich 1.500 € in jeden Kauf.
3. Chancenreiche Aktien erwerbe ich zu günstigen Kursen wie in der ersten Augusthälfte 2019, als die Kurse zeitweilig in den Keller rauschten.
4. Teilverkäufe der besten Aktien ab dreistelligem Kursgewinn gibt es nur in Augenhöhe zum Jahreshoch. Meine besten Rennpferde bleiben also im Stall. Ausnahmen bestehen bei hohem, unerwartetem Kapitalbedarf.
5. Alle Dividenden lege ich konsequent in bisherige oder neue Aktien wieder an. Mir liegt an verlässlichen Ausschüttungen, die möglichst fortlaufend steigen, zumindest aber nicht gekürzt oder zeitweilig sogar ausgesetzt werden.

6. Etwa ein Drittel fließt in substanz- und dividendenstarke, nachhaltige, defensive, und fair bewertete **Value**-Aktien. Hier orientiere ich mich an Warren Buffett, der nur kauft, was er mag, kennt und versteht. Ähnlich große Anteile gehen in weltweite Titel mit Blick auf Kurs, Dividende und Zukunftschancen.
7. Fehlt noch das letzte Drittel: Ich investiere in wachstumsstarke, offensive, konjunkturabhängige **Growth**-Aktien. Dazu zählen Zukunftsmärkte wie Hochtechnologie, Künstliche Intelligenz mit Robotik, Biotechnologie, Medizintechnik und IT-Software. Diese Branchen sind für mich Kurstreiber in Zeiten des Demografie- und Klima-Wandels sowie des Nullzins- und Strafzinsmonsters.

Wie lassen sich „Einhörner“ mit viel Kursgewinn aufspüren?

Für mich sind dies nicht die milliardenschweren, überschuldeten Start-ups aus Amerika. Ich suche junge, nachhaltig wirtschaftende familiengeführte Firmen mit Alleinstellungsmerkmalen, die frühzeitig mit hohem Kursgewinn erfreuen. Die Gründer arbeiten mit Elan, entwickeln innovative Geschäftsmodelle und bringen das wichtige Erfinder- und Entdecker-Gen ein. Quartalsberichte interessieren kaum. Entscheidend sind nachhaltige Geschäftsmodelle, Alleinstellungsmerkmale und Strategien im Kampf gegen den Klimawandel mit den sich häufenden Katastrophen infolge Erderwärmung durch zu hohen CO_2-Ausstoß.

Das gilt für die Bausoftware **SE Nemetschek**, den Medizintechniker **Sartorius**, das Cloud-Computing-Unternehmen **Bechtle**, das IT-Softwaresystemhaus **Cancom**, Frankreichs Labortester **Eurofins**, den Marktführer für Augenheilkunde **Carl Zeiss Meditec**, den Pionier thermischer Speisenzubereitung für Gewerbeküchen **Rational** und **VARTA**, Knopfzellen für Hörgeräte und aufladbare Mikrobatterien bei kabellosem Musikhören und Unterhaltungselektronik. Ebenso verdient Ihr Augenmerk der Strahlenspezialist aus der Pharmazie, SDAX-Aufsteiger **Eckert & Ziegler**.

Ein kaum auszurottendes Vorurteil: Raus aus Aktien im Mai, rein in Aktien im Spätherbst

Der Mai 2019 war grottenschlecht mit einem Verlust von rund 5 %. Danach war Erholung angesagt. Wer Ende April bzw. Anfang Mai aussteigt, büßt bei vielen deutschen Aktien die Dividende ein, finden doch die meisten Hauptversammlungen im Mai und Juni statt. Ein DAX-Liebhaber verliert im Schnitt üppige Ausschüttungen von fast 3,5 % – darunter die steuerfreien **Ertragsgutschriften**, die vor allem bei Immobilienaktien häufig vorkommen.

Bei den DAX-Dividendenstars Allianz, BASF, BMW, Continental, Covestro, Deutsche Post und Deutsche Telekom, den MDAX-Dividendenaristokraten Aareal Bank, Deutsche Pfandbrief, Hochtief, ProSiebenSAT1 und RTL Group sowie der TecDAX-Aktie Freenet sind es über 5 bis 10 % – vorausgesetzt es wird weder gekürzt noch gestrichen. Jeder Ein- und Ausstieg ist mit Gebühren verbunden und widerspricht der mutigen antizyklischen Strategie. Bis 2008 ließ sich ein steuerfreier Altbestand aufbauen. Ich kann nur ahnen, wieviel Anlegerleid dieser Tipp verursachte. Behalten Sie also Ihre Aktien im Mai. So wahren Sie Ihre Chance auf zweistellige Dividendenrenditen und mehrstellige Kursgewinne bei einem Zeithorizont von mindestens einem Jahrzehnt.

Ein unsinniger Rat: 100 minus Lebensalter: Anteil an Aktien

Kann es einen schlechteren Rat geben, als einem 80-Jährigen zu empfehlen, seinen Aktienanteil auf ein Fünftel zu reduzieren? Ist es klug, einem 20-Jährigen zu raten, rund 80 % seiner Ersparnisse in Aktien anzulegen? Das meiste Geld besitzt und verdient im Schnitt die Altersgruppe der 50- bis 65-Jährigen. Wer reich ist und seinen Aktienanteil deutlich herunterschraubt, muss mit Strafzinsen rechnen, im Allgemeinen ein halbes Prozent.

Wer dagegen auf erstklassige dividendenstarke internationale Aktien setzt oder als vorsichtiger Anlegertyp aussichtsreiche passive ETFs und aktiv gemanagte Aktienfonds vorzieht, macht bei einem langfristigen Anlagezeitraum alles richtig. Also bietet es sich eher an, den Aktien- und Aktienfondsanteil zu erhöhen, zumal mit Renteneintrittsalter die freie Zeit steigt und es im Ruhestand wichtig ist, sich neue Aufgaben und Ziele zu setzen. So entgehen auch Sie der Altersarmut.

Umgekehrt wollen junge Leute oft, können aber nicht aufgrund vielfältiger Umstände: Studium oder Berufseintritt mit noch bescheidenem Verdienst, große Anschaffungen, weg von zu Hause, eigene Wohnung, Familien- und Firmengründung. Da ist man froh, wenn jährlich 1.500 bis 2.000 Euro zurückgelegt werden. Hier sind ETF-Sparpläne erste Wahl. Einzelaktien sind wegen des höheren Risikos erst ratsam, sobald breit gestreut werden kann.

Mein Notfallfahrplan bei Kurseinbruch mit Crashgefahr

Mein Notfallplan will Sie nicht knebeln, sondern mithelfen, dass Sie gelassen und nervenstark bleiben und auch in Krisen vernünftig handeln. Dann können Ihnen weder gierige Gurus, Kriminelle vom Grauen Kapitalmarkt noch Herdentrieb und Vorurteile etwas anhaben. Ihr Selbstwertgefühl steigt, wenn Sie schwierige Krisen meistern.

1. **Der größte Fehler ist, jetzt alle Aktien zum Tiefpreis aus dem Depot zu schleudern.** Nach jedem Crash haben sich über Jahrhunderte die Börsenkurse erholt und waren höher als vor dem Kurseinbruch, Ausnahme Japan.
2. **Wer als Einsteiger keine Erfahrung und wenig Börsenwissen hat, macht am besten gar nichts.** Ruhe bewahren, Füße stillhalten und abwarten!
3. **Wer Geld übrig hat und über Börsenwissen verfügt, sich vielleicht auch über eine große Erbschaft freut, kann jetzt günstig einsteigen und zukaufen.** Vorsichtige Anleger mögen ETFs und Aktienfonds. Risikofreudige wählen Aktien aus, die sie kennen und deren Geschäftsmodell sie verstehen.
4. **Wer Kindern und Enkeln etwas Gutes tun will, macht jetzt eine Einmalanlage statt Sparplan, um hohe Kursabschläge voll zu nutzen.** Jetzt gilt: *Was du heute kannst besorgen, das verschiebe nicht auf morgen!*
5. **Selbst im Crash kürzen oder streichen nur wenige Unternehmen die Dividende.** Sie schütten wie gewohnt aus, manche Konzerne sogar mehr. Die Dividendenformel lautet: Ausschüttung mal Hundert geteilt durch den aktuellen Kurs oder Ihren Einstandspreis.
6. **Im Crash empfehlen sich dividendenstarke Aktien, ETFs und Aktienfonds.** Hohe Ausschüttungen sichern ab. Da halten sich die Kursverluste eher in Grenzen. Kaufen Sie einen Fonds, nehmen Sie **„thesaurierend“**. Die Ausschüttung wandert in neue Anteile. Mit jeder Dividende steigt die Anzahl.
7. **Besitzen Sie viele Aktien, so wenden Sie die von mir entwickelte Hoch-/Tief-Mut-Strategie mit Teilverkauf und Zukauf an.** Warum kein Komplettverkauf? Sie behalten Ihre besten Titel und haben nicht nur Mitläufer im Depot. Kaufen und verkaufen Sie in der Regel nicht unter 1.000 €. Sonst fressen die Kosten Ihren Gewinn weg und es lohnt sich später kein Teilverkauf.

Wie wirkt sich der demografische und klimatische Wandel auf eine kluge Anlagestrategie aus?

Betrug die Lebenserwartung in Deutschland vor 200 Jahren gerade mal 35 Jahre, 1900 rund 45 Jahre, Mitte des 20. Jahrhunderts 60 Jahre, so feiern heute im Schnitt Männer ihren 78. und Frauen ihren 83. Geburtstag. 2050 dürften Männer 84 und Frauen 89 Jahre alt werden. Seit 1970 verlängerte sich das Leben im Schnitt um ein ganzes Jahrzehnt. Wer heute 65 Jahre alt ist, kann im Allgemeinen damit rechnen, als Frau den 85. Geburtstag und als Mann den 80. Geburtstag zu feiern.

Der Zugewinn um 15 Lebensjahre führt durch Wohlstand, höheren Lebensstandard und medizinischen Fortschritt zu mehr gesunden Lebensjahren. Ein 70-Jähriger fühlt sich heute eher wie ein 60-Jähriger und weist ein ungefähr gleiches biologisches Alter auf. Bei betagten Menschen aber steigen Krebs, Herz-Kreislauf-Erkrankungen, Alzheimer-Demenz und andere schwere Erkrankungen spürbar an – also kein Jungbrunnen bis zum Lebensende.

Bei der Frage nach den Zukunfts- und Wachstumsmärkten und einer angepassten Geldanlage spielen die Digitalisierung, das Internet der Dinge und die Industrie 4.0 mit der vernetzten Welt eine dominante Rolle. Die Auslagerung von Firmendaten, das Cloud-Computing, die Datenwolke, zählt zu den großen Hoffnungsträgern. Im Privatleben gelten Computerspiele als Zukunftsmarkt nicht nur für männliche Jugendliche, sondern auch für Mädchen und Erwachsene aller Altersgruppen. Das längere Leben sollte Sie ermutigen, sich mit all diesen neuen Errungenschaften auseinanderzusetzen und bei der Geldanlage mit guten Aktien, ETFs und Aktienfonds wichtige Zukunftsmärkte abzudecken.

Warum sind Medizintechnik, Biotechnologie und Bauwirtschaft Nutznießer des demografischen und klimatischen Wandels?

Medizintechnik profitiert vom längeren Leben. Entwickeln sich doch viele ältere Menschen zum Ersatzteillager von den Haarspitzen bis zu den Fußsohlen: Perücke, Brille, Hörgerät, Hüft- und Kniegelenk, Prothetik, Rollstuhl, Krücken, Rollator und weitere Hilfsmittel zur Erleichterung des Lebens im häuslichen Umfeld.

Der Zukunftssektor Biotechnologie ist ein Füllhorn neuer Wirkstoffe und Behandlungsformen. Aktuelle Forschungsergebnisse wecken Hoffnungen, wenn es um die Heilung schwerster Krankheiten geht. Die forschende innovative Biotechindustrie mit Einsatz der Künstlichen Intelligenz bildet den Vorreiter.

Die Bauwirtschaft ist infolge des Klimawandels, aber auch aufgrund maroder Infrastruktur bei Schienennetz, Brücken und Kanalisation ein Zukunftsmarkt. Da gibt es interessante, nachhaltig wirtschaftende Unternehmen. Hier erobert die Künstliche Intelligenz mit Robotik immer mehr Geschäftsfelder. Wie sieht ein kluges Immobilieninvestment aus? Den Grundstock kann eine Eigentumswohnung oder ein Reihenhaus zur Eigennutzung bilden. Entscheidend sind die Lage, die Infrastruktur mit Bildungs-, Freizeit- und Kulturangebot und schnellem Internet für Familien mit Kindern. Altersgerechte barrierefreie Wohnungen mit Aufzug, moderner Bad- und Küchengestaltung, öffentlichem Nahverkehr und medizinischer Versorgung sind begehrt.

3.3 Dividendenaristokraten bieten sich nicht nur im Crash zum Einstieg und Zukauf an

Für langfristig anlegende Investoren, aber auch in Krisenzeiten wie aktuell wegen der Coronavirus-Pandemie, sind verlässlich ausschüttende Firmen besonders begehrt. Sie sichern einerseits die Kurse etwas nach unten ab. Andererseits steigen die Dividendenrenditen um einige Prozente an, wenn der Aktienkurs sinkt. Aus 5 bis 6 % können beim Kauf zum Tiefkurs 7 bis 10 % werden.

Handelt es sich zudem um ertragreiche Nachhaltigkeitsaktien, wächst die Freude. Da verliert selbst der Kursverlust im Crash an Schrecken und wirkt als Bremse, ja nicht den größten Fehler zu machen, nämlich alle Aktien aus dem Depot zu werfen.

Wer langfristig dividendenstarke Aktien übergewichtet, wird im Laufe von einem Jahrzehnt und darüber hinaus merken, dass die Dividende allmählich zweistellige Höhenflüge erreicht – und dies Jahr für Jahr. Den Dividendensegen gibt es fortlaufend. Hinzu kommen mögliche Kursgewinne. Beim Verkauf wären die Dividenden weg und auch die Aktien. Dieser Zusammenhang wird oft übersehen.

Ein Fallbeispiel zum Verständnis: Fuchs Petrolub gerundet: *Wer heute diese Aktie zum Kurs von unter 40 € kauft und eine Dividende von etwas mehr als einem Euro bezieht, streicht eine Dividendenrendite von 2,5 % ein. Dabei lautet die Formel: Dividende mal 100 durch den aktuellen Aktienkurs bzw. den Einstandspreis. Wer wie ich die Aktie für unter 4,00 € erworben hat, streicht bereits 25 % Dividende ein.*

Beim Fuchs-Einstieg am 31. März 2003 exakt zu 3,80 € und einer heutigen Dividendenerwartung von 1,10 € sieht die Rechnung folgendermaßen aus: *110 geteilt durch 3,80 = 28,9 %. In weniger als vier Jahren wird mit der wieder angelegten Dividende der gesamte Einstandspreis bezahlt. Nachdem ich jeden Kauf und Verkauf dokumentiere, Aktiensplits und Kapitalerhöhungen berücksichtige, habe ich mit Allianz, Deutsche Pfandbrief, DÜRR, Freenet, Hochtief, Lukoil, Mensch & Maschine, Munich Re bzw. Münchner Rück, Norilsk Nickel, Samsung, Sberbank und Tatneft weitere Dividendenaristokraten im Depot mit einer bereits zweistelligen Ausschüttung.*

Musterdepot Dividendenaristokraten: Internationale Nachhaltigkeitsauswahl, Dividende ab 3,0 %				
Aktien/Unternehmen	**WKN**	**Kurs am 25.2.20**	**Hoch/Tief 52 Wochen**	**Kursverlauf 1, 3, 5 Jahre**
Allianz	**840 400**	215,90 €	232,6/193,0 €	**+15/+36/+49 %**
DAX: KGV 11, Div. 4,1 %; führender Erstversicherer und Vermögensverwalter				
Amgen	**867 900**	195,65 €	203,6/200,9 €	**+26/+35/+65 %**
Nasdaq 100: KGV 17, Div. 3,0 %; Biotechkonzern, Arzneimittel Krebs, Rheuma				
AXA	**855 705**	22,80 €	25,60/20,55 €	**+12/+21/+37 %**
EURO Stoxx 50: FR, KGV 9,0, Div.-Rendite 5,6 %; Erstversicherungskonzern				
BP PLC	**850 517**	5,10 €	6,75 €/5,20 €	**-10/+19/+19 %**
Stoxx 50, GB: KGV 11, Div. 7,0 %; Strom, Heizung, Wärme, auch Biodiesel				
GlaxoSmithKline	**940 561**	19,45 €	22,05/17,10 €	**+16/+16/+22 %**
GSK, Stoxx 50, GB: KGV 18, Div. 4,8 %; Medikamente HIV/AIDS, Tuberkulose				
GRIEG Seafood	**A0MUHR**	11,65 €	15,00/9,90 €	**+1/+34/+274 %**
Norwegen: KGV 10, Div. 4,9 %; weltweiter Fischzüchter atlantischer Lachs				
Merck & Co.	**A0Y D8Q**	68,00 €	82,80/64,80 €	**-2/+20/+52 %**
Dow Jones, KGV 16, Div. 3,0 %; Medikamente, Impfstoffe, Tiergesundheit				
MOWI ASA	**924 848**	19,30 €	23,70/18,00 €	**-5/+18/+69 %**
Norwegen: Marine Harvest, KGV 17, Div. 4,8 %; Fischzucht/Meeresfrüchte				
Swisscom	**916 234**	438,60 €	445,5/400,0 €	**+17/+14/-7 %**
Schweiz, KGV 19, Div. 3,9 %; Telekommunikation/Festnetz/Mobilfunk/Internet				
Stora Enso	**871 004**	10,60 €	13,05/9,10 €	**-9/+16/+46 %**
Finnland: KGV 16, Div. 4,3 %; Herstellung Papier, Biomaterialien, Holzprodukte				
Unilever	**A0J NE2**	48,80 €	58,50/48,50 €	**+3/+8/+20 %**
Stoxx 50, GB: KGV 20, Div. 5,0 %; Konsumgüteranbieter für täglichen Bedarf				
UPM Kymmene	**881 026**	27,30 €	31,30/21,75 €	**+8/+38/+103 %**
Finnland: KGV 16, Div. 4,4 %; Europas größter Holz- und Papierverarbeiter				
Veolia Environ.	**501 451**	26,00 €	29,00/19,25 €	**+35/+69/+52 %**
Frankreich: KGV 20, Div. 3,4 %; Wasseraufbereitung/Abfallentsorgung/Energie				

Welche Gemeinsamkeiten zeigen die Dividendenaristokraten mit Ausnahme des US-Biotechunternehmens Amgen?

Es handelt sich um niedrig bewertete, defensive, substanzstarke, weitgehend konjunkturunabhängige Aktien. Auch in Krisen wird gegessen, getrunken, geheizt, das Licht eingeschaltet, geputzt, gewaschen, sich selbst gepflegt. Dies sind alles Aktien, wie sie die Anlegerikone Warren Buffett, hochbetagt, aber nach wie vor mit vollem Elan aktiv, liebt.

Bei scharfer Korrektur und Crash, aktuell verursacht durch die Coronavirus-Epidemie, fallen selbst gute Aktien um 20 oder 30 %, vielleicht sogar um die Hälfte, wenn der Crash länger dauert. Umgekehrt steigt die Dividendenrendite beispielsweise von 4 oder 5 % auf 6 bis 8 %. Es sei denn, die Dividende wird gekürzt wie jetzt von Daimler gemeldet. Nachhaltigkeitsunternehmen wie Johnson & Johnson (J&J) oder Procter & Gamble (P&G) hoben seit über einem Jahrhundert die Dividende alljährlich an. Dies dürfte auch jetzt geschehen. Vertrauensverlust und Wut würden sonst zum massiven Aktienverkauf führen, sodass der Schaden für das Unternehmen weitaus größer wäre, als wie gewohnt etwas mehr auszuschütten.

Wie mit den abgestürzten Aktien im Börsencrash umgehen?

Bei positiver Einschätzung eignen sich Dividendenaristokraten für den preiswerten Einstieg und Zukauf, finanziert mit Dividenden, Rücklagen oder Teilverkauf erstklassiger Aktien mit Kursgewinnen auch im Crash. Hilfreich kann der Komplettverkauf von Aktien sein, die schon länger enttäuschen, bei denen die Erwartungen negativ sind und ein Steuerausgleich mit zuvor erzielten Veräußerungsgewinnen möglich ist. Der DAX-Konzern Siemens mit Hochtechnologie und KI dürfte sich sicherlich wieder erholen, weil in Zukunftsmärkten aktiv. Schlechter sieht es dagegen schon für das Euro Stoxx-Unternehmen TOTAL aus. Fossile Energien sind im Kampf gegen den Klimawandel kaum begehrt. Also müssen diese Unternehmen überzeugende alternative Geschäftsmodelle entwickeln.

Es folgt ein Musterdepot mit den Dividendenstars aus dem DAX, MDAX und SDAX, Stand April 2020

Nutzen Sie die Chancen im Corona-Crash, sich noch vor der Hauptversammlung mit dividendenstarken deutschen Aktien einzudecken. Sinkt der Kurs um die Hälfte, verdoppelt sich umgekehrt die Ausschüttungsrendite.

Musterdepot Dividendenaristokraten: Deutsche Spitzenreiter aus DAX, MDAX und SDAX, Ausschüttung ab 5,3 %				
Aktien/Unternehmen	**WKN**	**Kurs am 03.04.20**	**Hoch/Tief 52 Wochen**	**Kursverlauf 1, 3, 5 Jahre**
Die Dividendenstars aus dem deutschen Leitindex DAX				
Allianz	**840 400**	148,80 €	232,5/116,5 €	**-24/-1/+14 %**
KGV 7,2, Div. 6,5 %; führender Erstversicherer und Vermögensverwalter				
BASF	**BAS F11**	41,00 €	74,65/37,40 €	**-38/-50/-46 %**
KGV 10,1, Div. 8,0 %; führender Chemiekonzern, auch Desinfektionsmittel				
BAYER	**BAY 001**	53,20 €	79,00/45,00 €	**-7/-44/-55 %**
KGV 6,5, Div. 5,6 %; Pharmakonzern, durch Monsanto in Kritik geraten				
Deutsche Post	**555 200**	24,50 €	35,00/19,00 €	**-14/-14/+1 %**
KGV 9,5, Div. 5,3 %; Auftrieb durch das große Onlinegeschäft mit Paketen				
HeidelCement	**604 700**	37,50 €	73,25/29,10 €	**-43/-54/-43 %**
KGV 5,5; Div. 6,5 %, Baukonzern für Zement, Zuschlagstoffe, Sand, Kies				
Munich RE	**843 002**	171,00 €	284,2/141,1 €	**-20/-6/-15 %**
KGV 8,5; Div. 5,7 %; Marktführer Rückversicherungen, neuartige Policen				
Siemens	**723 610**	76,30 €	119,9/58,95 €	**-21/-33/-9 %**
KGV 10,3, Div. 5,3 %; Elektrotechnik und Elektronik, Künstliche Intelligenz				
VW Vorzüge	**766 403**	98,90 €	187,7/79,40 €	**-33/-27/-59 %**
KGV 4,3, Div. 6,2 %; Hersteller Pkw und Nutzfahrzeuge, Elektromobilität				
Die Dividendenstars vom MDAX, TecDAX beigemischt				
AroundTown	**A2D W8Z**	4,25 €	8,90 €/2,90 €	**-42/-4 %**/IPO
KGV 6,6, Div. 7,0 %; Gewerbe-/Wohnimmobilien Deutschland/Niederlande				
Dt. Pfandbrief	**801 900**	6,50 €	15,75/5,85 €	**-37/-28 %**/IPO
KGV 6,8, Div. 12,6 %; Spezialist für gewerbliche Immobilienfinanzierung				
DÜRR	**556 520**	17,95 €	42,25/15,75 €	**-54/-56/-65 %**
KGV 7,6, Div. 6,0 %; Produktions- und Lackiertechnik für Automobilkarossen				
EVONIK	**EVN K01**	19,55 €	27,6015,50 €	**-24/-36/-43 %**
KGV 9,1, Div. 6,5 %; Spezialchemiekonzern mit Hochleistungsmaterialien				

Aktien/Unternehmen	WKN	Kurs am 03.04.20	Hoch/Tief 52 Wochen	Kursverlauf 1, 3, 5 Jahre
Die Dividendenstars vom MDAX, TecDAX beigemischt (Forts.)				
Hochtief	**607 000**	63,15 €	235,0/41,60 €	**-54/-61/-17 %**
KGV 5,8, **Div.** 11,3 %; globaler Dienstleister mit Netzwerk für Infrastruktur				
Hugo Boss	**A1P HFF**	23,65 €	65,20/19,10 €	**-64/-67/-81 %**
KGV 6,7, **Div.** 13,1 %; Herren-/Damenmode oberes Preissegment, 5 Marken				
METRO	**BFB 001**	7,95 €	16,5/6,10 €	**-47 %**/keine Ang.
KGV 9,3, **Div.** 9,8 %; Geschäftsmodell: Konsumgüterhandel, Kaufhäuser				
ProSiebenSat.1	**PSM 777**	7,20 €	15,95/5,70 €	**-45/-79/-80 %**
KGV 5,5; **Div.** 6,5 %, starker Fernsehsender im deutschsprachigen Raum				
RTL Group	**861 149**	29,65 €	52,55/26,90 €	**-39/-54/-58 %**
KGV 7,1; **Div.** 13,2 %; europäischer Unterhaltungskonzern, 60 TV-Sender				
Uniper	**UNS E01**	21,85 €	30,65/20,75 €	**-18/+53 %**
KGV 12,7, Div. 5,9 %; Energieversorger mit klimaneutraler Stromproduktion				
Die Dividenden-Stars vom SDAX, TecDAX beigemischt				
Befesa	**A2H 5Z1**	26,15 €	40,00/22,75 €	**-32 %**/keine Ang.
KGV 10,0, Div. 6,4 %; Spezialist für Rückgewinnung Edel-/Industriemetall				
Bilfinger	**590 900**	14,30 €	35,35/12,65 €	**-58/-64/-77 %**
KGV 5,9, **Div.** 7,9 %; Baukonzern Immobilien, Industrieanlagen, Infrastruktur				
Corestate Cap.	**A14 1J3**	26,05 €	45,80/21,20 €	**-32/-9 %**/IPO
KGV 4,0, **Div.** 10,5 %; Immobilienfinanzierung, institutioneller Kundenstamm				
Dt. Beteiligung	**A1T NUT**	26,80 €	42,50/22,20 €	**-27/-21/-17 %**
KGV 9,2, **Div.** 5,9 %; Beteiligung wachstumsstarke deutsche Mittelständler				
Dt. Euroshop	**748 020**	11,50 €	27,75/9,45 €	**-58/-70/-76 %**
KGV 4,6, **Div.** 16,1 %; Shoppingcenteranlagen an erstklassigen Standorten				
DEUTZ	**630 500**	3,50 €	9,05 €/2,65 €	**-60/-49/-21 %**
KGV 7,5, **Div.** 5,9 %; Dieselmotoren/Service-Netzwerk LKW, Traktoren				
DIC Asset	**A1X 3XX**	9,75 €	17,40/6 70 €	**-12/+12/+24 %**
KGV 9,5, **Div.** 7,3 %; Schwerpunkt Gewerbeimmobilien, Büro/Einzelhandel				

Aktien/Unternehmen	WKN	Kurs am 03.04.20	Hoch/Tief 52 Wochen	Kursverlauf 1, 3, 5 Jahre
Die Dividendenstars vom SDAX, TecDAX beigemischt (Forts.)				
DWS Group	DWS 100	22,00 €	40,00/16,75 €	-24/-34 %/IPO
KGV 7,9, Div. 8,3 %; Fondstochter Deutsche Bank erhöht Div. um 30 Cent				
Hamborner Reit	601 300	7,90 €	10,70/7,20 €	-14/-17/-23 %
KGV 6,7 Div. 13,1 %; Gewerbeimmobilien deutsche Groß- und Mittelstädte				
INDUS	620 010	25,00 €	47,60/20,75 €	-47/-60/-49 %
KGV 6,5, Div. 6,5 %; Beteiligung leistungsstarke Mittelständler Industrie				
JOST Werke	JST 400	22,50 €	39,60/18,60 €	-32 %/IPO
KGV 5,8; Div. 5,4 %, Zulieferer Nutzfahrzeuge, Getriebeteile, Komponenten				
TRATON	TRA T0N	12,80 €	27,35/11,00 €	-47 %/IPO
KGV 5,1; Div. 6,4 %; LKW-Tochter VW; Zusammenfassung Nutzfahrzeuge				
Wacker Neuson	WACK01	10,50 €	25,50/8,00 €	-55/-49 %/IPO
KGV 7,1, Div. 6,2 %; Baugeräte, Kompaktmaschinen KI, Dienstleistungen				
WashTec	750 750	36,15 €	72,80/29,15 €	-49/-31/+133 %
KGV 12,5, Div. 7,3 %; Waschanlagen für Pkw, Lkw und Schienenfahrzeuge				

Was sagen die niedrigen Bewertungen und die hohen Dividenden aus? Welche Rückschlüsse können Sie daraus ziehen?

Die einstelligen Kurs-Gewinn-Verhältnisse (KGV) mit den großteils extrem hohen Ausschüttungen kommen vor allem dadurch zustande, dass die Aktienkurse stark eingestürzt sind. Für einen so heftigen Crash wie wir ihn durch die Corona-Epidemie erleben, ist dies ein typisches Merkmal. Aus Angst und Besorgnis werden Aktienfondsanteile heruntergefahren und komplette Depots ausgeräumt. Würden sich Käufe und Verkäufe in etwa die Waage halten, gäbe es gar keinen Crash. Wenn eine dividendenstarke Aktie um die Hälfte einbricht, verdoppelt sich umgekehrt die Ausschüttung

Dazu ein Beispiel mit gerundeten Zahlen: Gehen wir davon aus, dass die Rückversicherungsaktie Munich Re vom Ausgangskurs 300 € nun für 150 € zu haben ist. Die Ausschüttung wird nicht gekürzt. Sie beträgt 12 €. Bei 300 € ist die Rendite 4,0 %. Beim Preis von 150 € sind es 8,0 % (Formel: Dividende multipliziert mit 100 dividiert durch 12; also 1200:300=4; 1200:150=8).

❹ Die Hoch-/Tief-Mut-Strategie auch im Crash als Grundlage für Wohlstand und Reichtum

4.1 Das Erfolgsrezept meiner breit gestreuten Langzeitstrategie

Zwar heißt es „Viele Wege führen nach Rom". Aber es gibt angenehme und beschwerliche, schnelle und langsame Routen, ungefährliche und strapaziöse Strecken, um zum Ziel zu gelangen. Ähnliches gilt auch für die Kapitalanlage. Mit schnellem Rein und Raus, mit hohem Hebel können Sie möglicherweise in kurzer Zeit hohe Renditen einfahren, was bei der von mir entwickelten Hoch-/Tief-Mut-Strategie kaum möglich ist.

Aber extrem hohe Verluste, die ebenfalls drohen, gibt es bei meiner breit gestreuten Langzeitstrategie eben nicht. Es funktioniert, wenn Sie auch in Krisen wie der Coronavirus-Epidemie die Ruhe bewahren, diszipliniert handeln und Ihren Vorsätzen treu bleiben. Die Hoch-/Tief-Mut-Strategie als „Nachhaltigkeitsstrategie" ist auf einen langen Zeitraum zugeschnitten. Die wesentlichen Merkmale auf den Punkt gebracht:

- Viele internationale Einzelaktien klein, mittelgroß, groß – breit gestreut
- Berücksichtigung etlicher Branchen, nicht nur DAX-Heimatliebedepot
- Langfristiger Anlagehorizont, nur kaufen, was man immer behalten will
- Einstieg und Zukauf zu niedrigen Kursen, bevorzugt in Krisen
- Teilverkäufe bei hohem, möglichst dreistelligem Kursgewinn
- Komplettverkäufe gewöhnlich nur bei Geldmangel und Fehleinschätzung

- Im Allgemeinen Orderumfang 1.000 bis 5.000 €, Spielraum für Zukauf
- Hauptanteil fair bewerteter Dividendenaristokraten vom Value-Sektor
- Unbedingt auch höher bewertete Wachstumsaktien aus Zukunftsmärkten
- Eigene Depotführung, um jeden einzelnen Kauf/Verkauf zu erfassen

Was tun in unsicheren, von Angst, Panik und Herdentrieb geprägten Börsenzeiten? Seit dem dreijährigen Crash 2000 bis 2003 sind praxisnahe Lösungsmodelle gefragt. Man denke an das Absturzszenario 2008/09 wegen der zum Finanzdesaster aufgeplusterten Subprime-Krise mit der Pleite Lehman Brothers. Auch der große Absturz der Technologie- und Internetaktien im Dezember 2018 gibt zu denken.

Ungleich dramatischer verläuft der aktuelle Corona-Pandemie-Crash. Der Kursabsturz, beeinflusst durch die weitgehende Lahmlegung des öffentlichen und gesellschaftlichen Lebens, verursacht die heftigsten Kurseinbrüche in diesem Jahrtausend. Die sich ausbreitende Angst vor Ansteckung und Erkrankung schlägt sich auf das Börsengeschehen nieder. Es kommt zu gewaltigen Kettenreaktionen, gekennzeichnet von Komplettausräumungen vieler Depots. Da kann der mutige Einstieg und Zukauf nicht gegenhalten.

Ich berichte über mein eigenes Anlageverhalten, um den Lesern Mut zu machen. Die Dokumentation ist anhand der Kauf- und Verkaufsorder exakt überprüfbar. Es handelt sich nicht um fiktive, sondern tatsächlich vorgenommene Transaktionen. So nutzte ich beispielsweise den katastrophalen Jahresstart 2016 mit Kurseinbrüchen bei einzelnen Titeln bis zu 40 % für Zukäufe und Koppelgeschäfte.

Aktieneinkauf auf Kredit – alles andre als ein Hit! Was aber tun, wenn das Guthaben aufgebraucht ist, jedoch ein Aktienkauf auf Pump kein Thema sein darf? Dann ist nur über das gleichzeitige Veräußern ein attraktiver Zukauf möglich. Doch wie soll dies gehen? Also kam ich auf die Idee des Hoch-/Tief-Tradings. So verkaufte ich von solchen Aktien einen Teil, die sich bezüglich des Kursgewinns möglichst verdoppelt und aktuell kaum etwas verloren hatten. Sie sollten bevorzugt zum steuerpflichtigen Neubestand zählen.

Bedingung beim Zukauf abgestürzter Titel ist und war, dass die Fundamentaldaten stimmen. Es bringt nichts, eine Aktie mit geringem Abschlag im Crash zu verkaufen, um sie durch eine andere mit schlechten Kennzahlen und negativer Prognose zu ersetzen. Dies schränkt von vornherein die Wahl ein. Im Nachhinein ist es einfach, aber unehrlich und unfair, die besten Aktien auszuwählen und sich damit zu brüsten. Eine fiktive „Hätte"-Strategie – gern für fragwürdige Börsenbriefwerbung genutzt – steht der eigenen Glaubwürdigkeit im Wege.

Entscheidend ist die Gesamtperformance im Depot – vergleichbar mit der Fußballbundesligasaison. Es kommt nicht darauf an, dass jeder Spieler stets seine Höchstform abruft. Die Teamleistung muss stimmen, damit die drei Siegpunkte eingefahren werden und der erhoffte Tabellenplatz zum Abschluss der Saison erreicht wird – sei es Meisterschaft und europäischer Wettbewerb oder Nichtabstieg.

Ein Crash ist nur gut – für Leute mit Mut! Ich wollte daraus Vorteile ziehen und in Marktlagen gewinnen, wo ängstliche Anleger panikartig alles verkaufen. So hoffe ich, dass Sie bei Kurseinbruch nicht die Nerven verlieren, sondern im Rahmen verfügbaren Kapitals solche Börsenphasen nutzen. Es gilt, die Chancen in Krisen beherzt wahrzunehmen. Das gilt aktuell für den Corona-Crash: Pharma-, Biotech- und Medtech-Aktien mit überzeugenden Geschäftsmodellen, aber auch für übertrieben abgestürzte Aktien aus der Tourismusbranche, dem Luxusgütersektor und dem Versicherungsbereich.

Besonders interessant sind jetzt dividendenstarke Titel. Dazu ein Beispiel: Die Aktie X stürzt von 150 auf 100 € ab. Die Ausschüttung liegt bei 6 €. Beim Kurs von 150 € sind dies 4 %, beim Preis von 100 € sogar 6 %. Stürzt der Aktienkurs bei unveränderter Dividende um die Hälfte auf 75 € ab, steigt die Dividendenrendite auf stolze 8 %. Da häufen sich im Laufe der Jahre die Ausschüttungen zu erheblichen Summen an – immer unter der Voraussetzung, dass nicht gekürzt und gestrichen wird, was beim Corona-Crash infolge einbrechender Gewinne und zunehmender Verluste bei existenziellen Sorgen viel öfter als früher eintritt. Augenblicklich funktioniert dies bei Allianz, Munich Re, Hannover Rück, Deutsche Pfandbrief, Sberbank, Norilsk Nickel, um nur einige Titel zu nennen.

Die Teilverkaufsmethode mit Zukaufkoppelgeschäften bei Kapitalbedarf und Übergewichtung MDAX, TecDAX, SDAX, Nasdaq bilden die Grundlage. Technologie mit Künstlicher Intelligenz dürfte künftig wieder boomen. Der Biotech-, Software- und Bausektor erscheinen chancenreich, ebenso das „blaue Gold“ Wasser durch Verknappung bei wachsender Weltbevölkerung. Der Gesundheitsbereich profitiert vom demografischen Wandel, angetrieben durch neuartige Wirkstoffe und Behandlungsformen wie Immuntherapie, Gentherapie und personalisierte Medizin. Der Ölpreis hängt von der Konjunktur und der politischen Lage ab. Er befindet sich derzeit im tiefen Kellerloch wegen geringer Nachfrage. Die Zukunftsmärkte werden von der Industrie 4.0, Cloud-Computing, Automatisierungsprozessen mit Robotik und Künstlicher Intelligenz, der digitalisierten und vernetzten Welt geprägt.

4.2 Preiswerter Zukauf und teurer Teilverkauf als Kern der Hoch-/Tief-Mut-Strategie

Wählen Sie einerseits Aktien aus, die in Zukunftsmärkten aktiv, exportstark, fair bewertet und gering verschuldet sind. Dazu zählen ein im Branchenvergleich niedriges KGV, ein ansehnlicher Buchwert, eine stabile Eigenkapitalquote, ein verlässlicher Ergebnisanstieg und eine bei Value-Titeln attraktive Dividende. Umgekehrt seien Sie beim Teilverkauf geduldig. Der Gewinn sollte möglichst dreistellig und der Restbestand durch erfolgte Zukäufe ansehnlich sein.

Es folgen meine dokumentierten Käufe von 2018 bis 2020, um starke Kursschwankungen zu nutzen. Der Corona-Crash führt zu scharfen Verwerfungen. Es wird Jahre dauern dies aufzuholen.

Kauf globaler Aktien mit gutem Gewissen 2018 bis 2020					
Zukauf verbunden mit Teilverkauf und Koppelgeschäft bei hohem Kursgewinn. Lohn für Mut: üppige Rendite in kurzer Zeit.					
Aktie, Unternehmen	**Index Land**	**WKN**	**Kauftag ab 2018**	**Kaufpreis €**	**Kurs am 06.04.20**
Adobe	Nasdaq	871 981	09.02.18	**151,50**	**289,0 €**
Alibaba	Nasdaq	A11 7ME	03.04.18	**143,35**	**180,2 €**
Alphabet A	Nasdaq	A14 Y6F	23.03.18	**848,50**	**1.067 €**
Alphabet C	Nasdaq	A14 Y6H	28.03.18	**807,00**	**1.071 €**
Amazon	Nasdaq	906 866	29.03.18	**1160,0**	**1.819 €**
Apple	Dow Jon.	865 985	**06.08.19**	**172,20**	**234,8 €**
ASML	Euro Stoxx	A1J 4U4	15.10.18	**148,30**	**246,1 €**
Atoss Software	Prime St.	510 440	05.09.18	**76,80**	**146,5 €**
Ballard Power	Kanada	A0R ENB	**13.01.20**	**7,95**	**7,50 €**
BAYER	DAX	BAY 001	10.12.18	**58,20**	**56,30 €**
Beiersdorf	DAX	520 000	**27.02.19**	**82,00**	**90,45 €**
Carl Zeiss Med.	M/TecDAX	531 370	**11.04.19**	**71,50**	**89,40 €**

Aktie, Unternehmen	Index Land	WKN	Kauftag ab 2018	Kaufpreis €	Kurs am 06.04.20
Coloplast	Dänemark	A1K AGC	**28.10.19**	**108,40**	**135,8 €**
Facebook	Nasdaq	A1J WVX	07.04.18	**125,70**	**150,7 €**
Infineon	DAX	623 100	**03.06.19**	**14,70**	**14,20 €**
Intuitive Surgi.	Nasdaq	888 024	**03.05.19**	**427,00**	**460,0 €**
Johnson & Jo.	Dow Jon.	853 260	18.12.18	**114,20**	**127,0 €**
Merck KGaA	DAX	659 990	15.05.18	**79,80**	**93,50 €**
NEL ASA	Norwegen	A0B 733	**03.04.19**	**0,62**	**0,93 €**
Nemetschek	TecDAX	645 290	17.12.18	**32,05**	**49,00 €**
Netflix	Nasdaq	552 484	03.04.18	**228,00**	**344,5 €**
Norilsk Nickel	RTX Russ.	A14 0M9	10.04.18	**12,60**	**23,60 €**
Orsted	Dänemark	A0N BLH	**22.10.19**	**84,20**	**86,65 €**
NXP Semicon.	Holland	A1C 5WJ	**05.04.20**	**70,10**	**75,50 €**
PLUG Power	Amerika	A1J A81	**05.07.19**	**2,09**	**3,35 €**
PowerCell	Schweden	A14 TK6	**01.07.19**	**7,75**	**19,50 €**
PUMA	MDAX	696 960	27.07.18	**42,70**	**50,15 €**
Salesforce	S&P 500	A0B 87V	11.10.18	**117,10**	**132,1 €**
Samsung	Südkorea	881 823	18.12.18	**621,00**	**775,0 €**
SAP	DAX	716 460	26.11.18	**90,20**	**101,8 €**
Sartorius St	Prime St.	716 560	23.10.18	**97,20**	**207,0 €**
SolarEdge	Israel	A14 QVM	**19.11.19**	**69,75**	**78,35 €**
Sony	Nikkei	853 687	**07.02.19**	**38,00**	**56,00 €**
Symrise	MDAX	SYM 999	14.03.18	**61,40**	**87,10 €**
Teamviewer	M/TecDAX	A2Y N90	**07.01.20**	**29,50**	**37,45 €**
Tencent	China	A11 38D	**01.10.19**	**38,15**	**46,15 €**
Thermo Fisher	S&P 500	857 209	**14.10.19**	**258,00**	**276,0 €**
Tomra Syst.	Norwegen	872 535	**23.09.19**	**24,00**	**26,00 €**
UPM Kymmene	Finnland	881 026	27.12.18	**22,30**	**23,85 €**
VARTA	Prime St.	A0T GJ5	21.12.18	**24,75**	**62,25 €**
VISA	Dow Jon.	A0N C7B	**05.08.19**	**149,80**	**153,1 €**

Warum gab es neben so vielen Käufen ab dem Jahr 2018 auch etliche Teilverkäufe? Was waren die hauptsächlichen Gründe? Wie wurde dies alles abgewickelt? Letztendlich besteht ja das Ziel, dass sich das Depot selbst finanziert – auch mithilfe von Dividenden.

Im 2. Halbjahr 2018 stürzten neben US-Hightechtiteln die Aktien aus Deutschland und China gewaltig ab. Selbst gute Titel wurden plötzlich wegen verhaltener Prognosen und sinkender Erträge übertrieben hart abgestraft, teilweise um 30 oder 40 %, ja sogar 50 bis 60 % verprügelt. Statt Logik war oft genug der Herdentrieb mit hoher Ansteckungsgefahr Hauptursache. Ich griff zu, wenn ich es finanzieren konnte. Ohne Erbschaft und gehortetem Geld auf Girokonto, Tagesgeld oder Sparbuch ging dies mit Teilverkauf und Dividenden. Glücklicherweise gab es immer einige Aktien, die gegen den Trend kaum verloren, manchmal sogar auf Jahreshoch notierten. Aber der jetzige Corona-Crash-Einbruch ist deutlich stärker. Der anschließende Aufschwung mit neuem Allzeithoch beim DAX nahe 13.800 Punkten ist längst verpufft. Bis zu 8.200 Punkten sackte der deutsche Leitindex zwischenzeitlich ab.

Mein Geld muss langfristig arbeiten, mein Depot sich mit Koppelgeschäften selbst finanzieren. Dass dies tatsächlich mit einem breit gestreuten Depot möglich ist, zeigen die Käufe wie auch die folgenden Teilverkäufe selbst im bislang heftigsten Crashszenario dieses Jahrtausends. So wächst mein Aktienbestand Jahr für Jahr. Bei einem realisierten Kursgewinn von gut 300 % brauche ich nur ein Drittel vom Bestand zu verkaufen, um die Summe für den Neukauf beisammen zu haben. Beim Kursgewinn von 500 % reicht ein Viertel. Es fällt ja Steuer an. Freilich nimmt in einem Crash die Anzahl der Aktien mit üppigen Kursgewinnen rapide ab. Und wenn dann auch noch die Dividende gestrichen oder gekürzt wird, ist Geduld angezeigt.

Grundlage der Hoch-/Tief-Mut-Strategie: Teilverkäufe 2019/20

Im „Salamicrash“ 2000 bis 2003, im Herbst 2008 und Frühjahr 2009, im Januar/Februar 2016 sowie für kurze Zeit durch den Brexit und Überraschungswahlsieg von Donald Trump gab es heftige Kurseinbrüche. Schlimm verlief das zweite Halbjahr 2018. Zum Jahresschluss lagen der DAX mit über -18 %, der MDAX ebenso mit -18 %, der SDAX sogar mit -20 % in der Verlustzone. Nur der TecDAX schlug sich mit -5 % wacker. **Wirecard**, **Ströer** und **Aurelius** stürzten 2016 durch Leerverkauf und Verdacht auf Kursmanipulation in den Keller.

Im Nachhinein konnten im Herbst 2018 Handelstechniken eingeübt werden, die sich nun im großen Corona-Crash bewähren: nämlich schrittweiser Teilverkauf und Zukauf. Wählen Sie Aktien aus, die chancenreich, in Zukunftsmärkten aktiv, export- und finanzstark, fair bewertet und gering verschuldet sind. Dazu zählen ein im Branchenvergleich niedriges KGV, ein möglichst hoher Buchwert, eine ansehnliche Eigenkapitalquote, ein Ergebnisanstieg und eine attraktive Dividendenrendite. Es ist riskant, nur auf Verlierer zu setzen. Bankberater raten zwar zu Stop-Loss-Orders zwecks Verlustbegrenzung. Aber sie weisen selten darauf hin, dass bei scharfen Kurseinbrüchen die Ausführungskurse weiter unter der Stoppmarke liegen können. Mitunter werden Depots komplett ausgeräumt. Die Aktien sind weg und damit auch die Dividenden.

Teilverkaufsauswahl 2019/20 zum Finanzieren der Käufe					
Nur Teilverkauf statt Komplettverkauf von Aktien seit 2019: Die besten Aktien bleiben so als Kurs- und Dividendenstars im Depot.					
Aktie, Unternehmen	**WKN**	**Kaufjahr & Preis in €**	**Teilverkaufstag**	**Preis bei Verkauf**	**Kurs am 09.04.20**
Alibaba	A11 7ME	**2017: 90,60**	12.09.19	**160,60 €**	**181,60 €**
Amadeus	509 310	**2010: 22,00**	21.05.19	**125,20 €**	**75,10 €**
Amazon	906 866	**2014: 261,0**	**31.01.20**	**1.837,0 €**	**1.890,0 €**
AMD	863 186	**2018: 13,65**	05.11.19	**32,70 €**	**45,35 €**
Amgen	867 900	**2015: 129,5**	12.08.19	**185,00 €**	**201,15 €**
Apple	265 985	**2017: 70,00**	23.10.19	**216,90 €**	**247,00 €**
ASML	A1J 404	**2016: 92,20**	17.07.19	**199,95 €**	**257,40 €**
Atoss Softw.	510 440	**2013: 26,50**	**14.01.20**	**160,50 €**	**149,50 €**
Ballard Power	A0R ENB	**2014: 3,30**	**20.02.20**	**13,85 €**	**8,55 €**
Biogen	789 617	**2013: 155,5**	**05.02.20**	**304,50 €**	**284,30 €**
Booking Hold.	A2J EXP	**2016: 980,0**	16.08.19	**1.703,0 €**	**1.290,0 €**
Brenntag	A1D AHH	**2011: 23,00**	10.09.19	**47,00 €**	**37,00 €**
Cancom	541 910	**2013: 11,50**	11.09.19	**53,55 €**	**45,00 €**
Carl Zeiss Me.	531 370	**2015: 14,75**	10.12.19	**113,60 €**	**92,20 €**
CompuGroup	543 730	**2015: 30,00**	**05.02.20**	**68,50 €**	**63,75 €**
Datagroup	A0J C8S	**2017: 34,40**	**06.02.20**	**70,80 €**	**56,40 €**

Aktie, Unternehmen	WKN	Kaufjahr & Preis in €	Teilverkaufstag	Preis bei Verkauf	Kurs am 09.04.20
DEUTZ	630 500	2015: 2,95	19.03.19	7,00 €	3,45 €
Dialog Semi.	927 200	2018: 19,40	07.11.19	43,90 €	26,05 €
DIC Asset	A1X 3XX	2011: 5,90	26.11.19	15,25 €	11,15 €
Drillisch	554 550	2011: 6,75	13.06.19	30,55 €	19,40 €
DÜRR	556 520	2012: 20,60	19.03.19	35,85 €	20,55 €
Eckert & Zieg.	565 970	2019: 79,50	02.12.19	201,00 €	130,10 €
Eurofins	910 251	2014: 188,0	20.12.19	496,40 €	451,20 €
Evotec	566 480	2015: 9,80	22.01.19	20,30 €	22,25 €
Freenet	A0Z 2ZZ	2010: 8,90	08.11.19	21,60 €	16,15 €
GEA Group	660 200	2009: 8,10	10.09.19	26,40 €	21,30 €
Hypoport	549 336	2017: 111,0	12.06.19	219,50 €	303,00 €
Infineon	623 100	2014: 8,50	25.01.19	19,75 €	16,35 €
Micron Tech.	869 020	2017: 23,40	02.01.20	49,00 €	45,05 €
Netflix	552 484	2015: 106,4	27.02.20	350,65 €	341,55 €
Novo Nordisk	A1X A8R	2012: 24,50	06.02.20	58,65 €	54,95 €
Nvidia	918 422	2016 : 61,30	26.11.19	200,75 €	245,15 €
Power Cell	A14 TK6	2019: 7,75	03.01.20	16,00 €	22,80 €
PUMA	696 960	2018: 42,70	14.01.20	74,75 €	56,15 €
Qiagen	A2D KCH	2019: 23,40	27.02.20	33,50 €	36,70 €
Rheinmetall	703 000	2014: 38,60	10.05.19	102,60 €	62,00 €
Samsung	881 823	2016: 504,0	20.01.20	1002,0 €	795,00 €
Sartorius St	716 560	2018: 115,5	11.02.20	216,00 €	209,00 €
SIXT VZ	723 133	2014: 22,50	04.03.19	63,30 €	43,10 €
Software AG	A2G S40	2014: 14,70	06.02.20	34,50 €	28,45 €
Tradegate	521 690	2017: 16,95	04.03.20	33,00 €	34,00 €
VARTA	A0T GJ5	2017: 20,95	05.09.19	90,00 €	68,90 €
XING New W.	NWRK01	2016: 150,4	27.11.19	309,50 €	204,50 €

Warum so viele Teilverkäufe? Um damit preisgünstige Zukäufe in einem sich selbst finanzierenden Depot zu ermöglichen!

Den richtigen Zeitpunkt für geschickte Aktienkäufe zu finden ist nicht einfach. Aber es ist viel schwieriger, klug und weitsichtig zu verkaufen und dabei große Fehler zu vermeiden. Es spielen etliche Einflussfaktoren eine Rolle. So taucht ein Bündel von Fragen auf:

- Befinden wir uns im Bullenmarkt, wo es sich hier und da anbietet, dreistellige Kursgewinne mitzunehmen? Bleiben noch genügend Aktien im Depot übrig? Es ist dumm, sich von seinen besten Aktien komplett zu trennen.
- Sind die Kursschwankungen extrem häufig und heftig? Deutet das unruhige Börsenklima auf einen überfälligen Crash hin? Dann lohnt es sich auch aus diesem Blickwinkel betrachtet, die Ernte bei guten Aktien einzufahren.
- Steigt bei starkem Kursrückgang die Dividendenrendite auf mehr als 4 % bis fast 10 %? Dann sollten Sie zumindest noch die Hauptversammlung abwarten und überlegen, ob ein Teilverkauf überhaupt ratsam ist.
- Werden manche Aktien nur abgestraft, weil der Marktführer gepatzt hat? Oder erleben wir gerade einen Branchencrash? Dann können Sie sich beim Teilverkauf zurückhalten. Früher oder später werden sich die Kurse erholen.
- Müssen Sie einen Teil verkaufen, weil große Rechnungen zu bezahlen sind? Stehen dagegen größere Erträge an, können Sie weniger Titel veräußern.
- Gilt auch beim Teilverkauf „Breit gestreut – nie bereut"? Da niemand eine Glaskugel besitzt und auch ich nur spekulieren kann, ob das momentane Hoch ein Strohfeuer oder ein Signal für Trendumkehr ist, mache ich pro Woche nur wenige Geschäfte. Ich suche Aktien, die sehr stark gestiegen sind.
- Die Hoch-/Tief-Mut-Strategie mit Zukauf und Teilverkauf funktioniert nur bei einem Depot mit einer Aktienanzahl von über 30, möglichst 50 Titeln. Es können auch 100 Werte sein. Die wichtigsten Voraussetzungen sind aber ein langer Zeithorizont, Börsenwissen, Marktbeobachtung, Geduld und Disziplin.

Bei steigender Inflation wird das Sparbuch zum Geldvernichter

Bei einer Preissteigerungsrate von 1,0 % verlieren die Bundesbürger mit ihren Sparbüchern alljährlich 50 Mrd. €. Legt die Inflationsquote um 2,0 % zu, sind es bereits 100 Mrd. €, die pro Jahr vernichtet werden. Niemand muss sich enteignet fühlen, wenn er langfristig in Aktien anlegt und sich vom gewohnten Anleihesparen verabschiedet.

Aber es ist schwierig, sein Anlageverhalten der veränderten Welt anzupassen. Mein Vorgehen bietet Ihnen Orientierungshilfen.

Auch das beliebte Tagesgeldkonto bringt nur eine spärliche Rendite von unter einem Prozent.

Nach wie vor horten die meisten Privathaushalte über 40 % ihres Finanz-Vermögens auf Sparbüchern, Tagesgeld- und Festgeldkonten, obwohl es so gut wie keine Zinsen gibt. Derzeit sind dies rund 2,5 Billionen Euro, die ganz oder fast zinslos angespart werden. Die „neue Normalität" sind Null- und Strafzinsen in Höhe von durchschnittlich 0,5 % mitunter sogar schon als „Verwahrungsgeld" bei unter 100.000 € erhoben. Das Tagesgeldkonto dient schlicht als Aufbewahrplatz für Geld, das nicht zu Hause herumliegen soll. Auf Dauer ist es jedoch ein Ort, an dem Geld nach Abzug der Geldentwertung bzw. Inflationsrate verbrannt wird. Es wirkt insofern beruhigend, als es hier nicht zu gewaltigen Einbrüchen kommt wie beim derzeitigen Corona-Crash.

Je nach Anbieter ohne oder mit Vermittler gibt es bei Tagesgeld einen Zinssatz von 0,12 % bis 0,60 %. Bei Festgeld für einen Anlagezeitraum von 12 Monaten und einer Anlagesumme von 5.000 € sind Zinssätze von 0,25 % bis 0,95 % üblich, auch wieder davon abhängig, ob dies mit oder ohne Vermittler geschieht.

Fallbeispiel Labortechnik Sartorius: Als Sartorius Vorzüge ein Allzeithoch von 240 € erreichten und ich freudig verglich, im Altbestand für 5,40 € gekauft zu haben, wurde ich gefragt: *„Weshalb verkaufen Sie nicht alles bei über 4.000 % steuerfreier Rendite?"* Meine Antwort lautete: *„Beim Kaufpreis von 5,40 € beträgt bei einer Ausschüttung von 0,85 € die jährliche Dividendenrendite fast 16 %, also rund ein Achtel vom Kaufpreis. Da Sartorius die Dividende seit Jahren verlässlich anhebt, würde bei 10 Cent mehr die Ausschüttung bereits auf knapp 18 % ansteigen – und dies alljährlich. Diese Entwicklung setzt sich fort. Bald werden es 20 % sein. Schon von daher verbietet sich ein Komplettverkauf eines meiner Rennpferde.*

Aber ein paar kleine Teilverkäufe gab es – allein, um einen hohen Buchgewinn in einen echten Ertrag umzuwandeln. Selbst wenn die Aktie nur noch 225 € kostet wie gegenwärtig im Corona-Crash, sind es noch 4.000 % Buchgewinn im steuerfreien Altbestand. Notiert sie bei 170 € wie im Mai 2019, sind es 3.000 %. Freilich habe ich im Laufe der Zeit auch meinen steuerpflichtigen Neubestand bei Sartorius bei niedrigen Kursen aufgestockt und habe nicht nur Vorzugs-, sondern auch Stammaktien zugekauft.

Spannend ist es, wie sich neben Sartorius auch meine seit über einem Jahrzehnt gehaltenen Spitzenaktien **Nemetschek** *und* **Eurofins** *weiterentwickeln und die jüngeren Kurstreiber Hypoport, Alphabet, Amazon, Adobe, Carl Zeiss Meditec, Dermapharm, Eckert & Ziegler, Varta, Shopify und Power Cell, in die ich vor ein paar Jahren einstieg."*

Die schrittweise durchgeführten preiswerten Zukäufe während der gesamten Bodenbildungsphase auch in diesem heftigen Crashszenario betrachte ich als Ausgangsbasis für künftige Kursgewinne. Dies hat sowohl 2000 bis 2003, 2008/09 als auch im kurzen Technologiecrash im Dezember 2018 bestens funktioniert. Hätte ich damals nur abgewartet, stände auf meinem Depot als Gesamtwert weder eine Million, erst recht keine zwei Millionen Euro.

Fallbeispiel Bausoftware Nemetschek: *Ich war von Professor Georg Nemetschek, dem Gründer der Bausoftware „Planen – Bauen – Nutzen – Medi", so begeistert, dass ich mir 2005 im März für 1,33 € und im Juni für 1,28 € splitbereinigt Nemetschek-Aktien ins Depot legte. Ich orderte jeweils für gut 1.000 €. Bei Kursen über 50 € machte ich zwei Teilverkäufe. Der Kursgewinn betrug über 3.000 %. Ich musste, um rund 1.500 € für einen Zukauf verfügbar zu haben, nur 30 Aktien veräußern. Auch hier lautete die Frage: „Warum verkaufen Sie nicht alles?" Ich erklärte: „Meine besten Rennpferde bleiben im Stall." Hier und da ein Teilverkauf, um günstig neue Aktien zu erwerben, ist Kern meiner Hoch-/Tief-Mut-Strategie.*

Obwohl Nemetschek kein Dividendenstar ist, beträgt bei einer Ausschüttung von 33 Cent meine Dividendenrendite mittlerweile rund 25 %. Wo bekomme ich sonst eine solch hohe Rendite Jahr für Jahr mit der realistischen Chance, dass sie weiterhin angehoben wird? Durch die häufigen Aktiensplits von Nemetschek im Laufe der Jahre im Verhältnis 1:3 oder 1:4 änderte sich zwar nicht der Wert. Aber die Aktie war besser handelbar. Und ein Unternehmen stückelt in der Regel nur bei positivem Geschäftsausblick. Bei einem Aktiensplit verhält es sich so, als ob ich eine Torte in mehrere Stücke aufteile. Die Menge bleibt gleich, solange sie nicht aufgegessen wird.

Wer ein großes Depot aufbaut, kann mithilfe der Ausschüttungen zumindest den Unterschied zwischen dem Einkommen als Berufstätiger und der späteren Rente oder Pension voll ausgleichen. Dies gilt für meine beiden Kinder, die mein Depot erben und weiterführen wollen. Also hüte ich den Altbestand wie einen Schatz. Aber auch künftig warten „Einhörner" auf Sie.

Diese beiden Charts im Rahmen eines Interviews mit „Trading-Ideen“ am 20.August 2019, bezogen auf meine Fallbeispiele Nemetschek und Sartorius mit den Markierungen für Ein- und Ausstieg, bestätigen die Qualität der Hoch-/Tief-Mutstrategie.

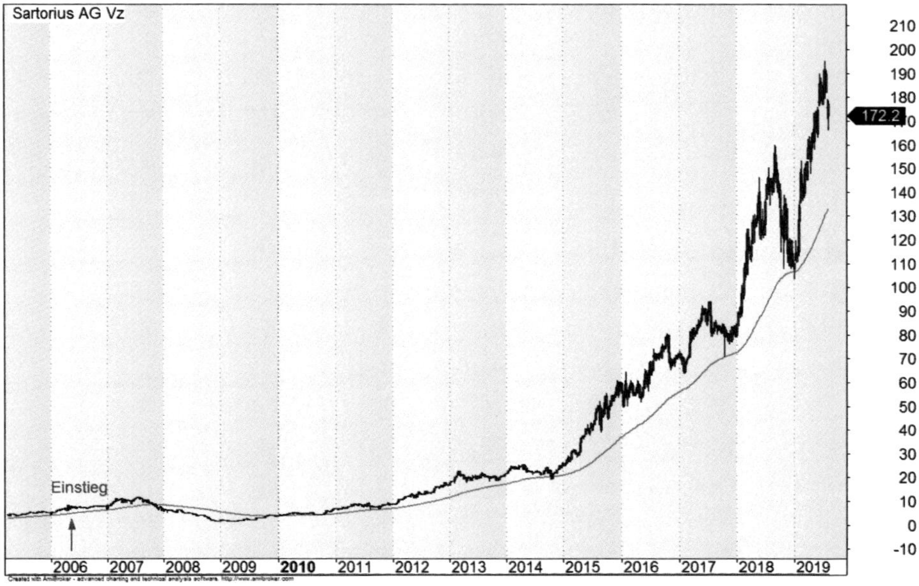

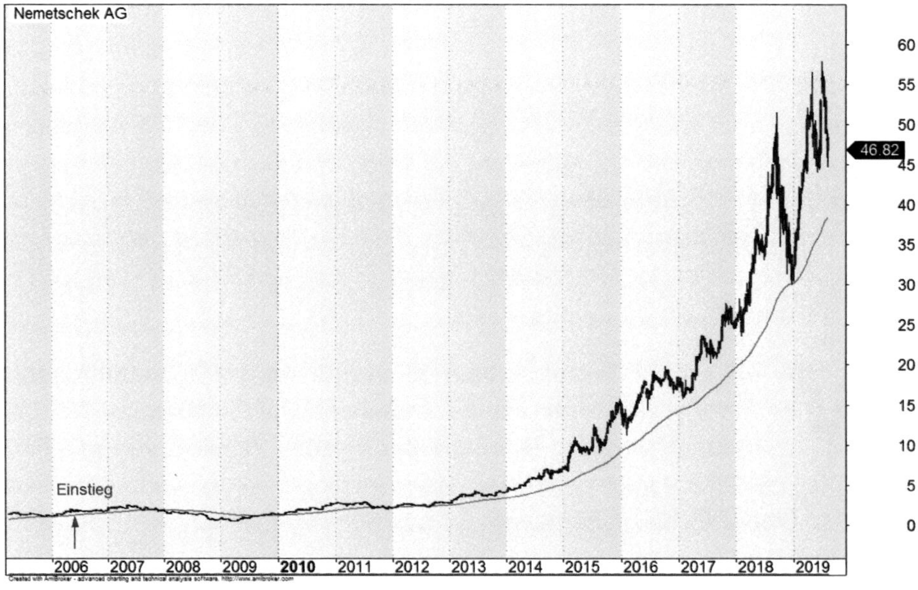

Die Voraussetzung für langfristig kluges und erfolgreiches Handeln ist die elektronische Depotführung, wie ich sie in meinen Büchern ***„Die besten Aktienstrategien für Fortgeschrittene"*** und ***„Der Aktien- und Börsenführerschein"*** mit Beispielen abgebildet habe. Die Depotbanken zeigen üblicherweise immer nur den Gesamtbestand an. Mein an jedem Handelstag vorzunehmender Eintrag, der kein Verschieben auf später zulässt, sorgt seit der Jahrtausendwende für eine lückenlose Dokumentation. Ein großer, häufig vorkommender Fehler besteht darin, den Alt- und Neubestand nicht klar durch das Führen von zwei Depots zu trennen. Automatisch muss immer zuerst verkauft werden, was zuerst gekauft wurde: ***„First in – first out!"***

Fallbeispiel Eurofins aus Frankreich: Das überprüfbare Chartbeispiel vom Laborkonzern Eurofins zeigt nicht nur, wann und wie Teilverkäufe funktionieren. Vor allem beweist die genaue Dokumentation, dass neben Kursgewinnen eine Dividendenstrategie beste Bedingungen für eine erfolgreiche passive Altersvorsorge schafft. Insbesondere beim deutschen Leitindex zeigt sich, dass im Laufe der Zeit mehr Rendite mit der immer wieder angelegten Dividende erzielt werden als mit Kursgewinnen. Werden bei Eurofins beispielsweise 4,25 € ausgeschüttet, beträgt die Dividendenrendite bei einem Kurs von 460 € am 7. November 2019 kaum 1 %. Lege ich meinen Einstiegskurs von 15,90 € zugrunde, sind es beträchtliche 26,5 %. Die hohen Ausschüttungen finanzieren die wichtigen Teilverkäufe also mit.

Wenn Aktienkursträume von 450 – 4.000 % wahr werden					
Aktien/Unternehmen	**WKN**	**Kauftag**	**Kaufpreis**	**Kurs am 31.10.19**	**Kursgewinn**
Amazon	**906 866**	04.02.14	**220,00 €**	1.600,2 €	**750 %**
Bechtle	**515 870**	26.08.05	**8,60 €**	98,75 €	**1.150 %**
Carl Zeiss Medit.	**531 370**	26.10.06	**10,10 €**	98,50 €	**950 %**
Datagroup	**A0J C8S**	15.01.07	**3,10 €**	54,00 €	**1.750 %**
Dürr	**556 520**	16.09.08	**5,08 €**	26,80 €	**500 %**
FUCHS Vz	**579 043**	31.03.05	**3,80 €**	36,00 €	**900 %**
Grenke	**A16 1N3**	14.11.01	**9,95 €**	83,30 €	**850 %**
Hermle	**605 283**	28.04.11	**59,05 €**	278,00 €	**450 %**
Isra Vision	**548 810**	28.04.04	**2,60 €**	43,90 €	**1.650 %**
Mensch & Ma.	**658 080**	15.07.08	**4,90 €**	37,60 €	**750 %**
Nemetschek	**645 290**	10.06.05	**1,27 €**	51,95 €	**4.100 %**
Rational	**701 080**	08.05.03	**33,80 €**	701,00 €	**2.100 %**
Samsung	**881 823**	11.03.03	**2,05 €**	781,00 €	**3.800 %**
Sartorius Vz	**716 563**	10.01.06	**5,40 €**	178,60 €	**3.300 %**
Symrise	**SYM 999**	29.12.08	**9,80 €**	87,00 €	**850 %**
VARTA	**A0T GJ5**	01.11.17	**20,45 €**	105,80 €	**500 %**

Betrachte ich diese Aktienkurse im Laufe des Corona-Crash-Szenarios, so stimmen die drei- und vierstelligen Kursgewinne augenblicklich nicht mehr. Es ist aber zu erwarten, dass sich die meisten Aktien in dieser Liste wieder deutlich erholen. Erste Anzeichen dafür gibt es bereits in der ersten Aprilhälfte. Umgekehrt ist zu erwarten, dass insbesondere meine Neukäufe im Medizinbereich und in der Technologiebranche auch in einigen Jahren solche Kurslisten zieren. Ich kann mir dies gut bei **Medtronic, Intuitive Surgical, Illumina, Stryker und Thermo Fisher** vorstellen. Ebenso halte ich dies für möglich bei **Shofity** aus Kanada, dem Computerfernwartedienstleister **Teamviewer** aus dem MDAX sowie den drei SDAX-Aufsteigern **Dermapharm, Elmos Semiconductor** und **LPKF Laser.** Im Brennstoffzellenbereich sorgen bereits die schwankungsfreudigen Aktien von **Ballard Power, NEL ASA; PowerCell** und **Plug Power** für wesentlich mehr Kurssprünge nach oben statt nach unten. Vielleicht sorgt auch die Neuemission **ZOOM,** Spezialist für Videokonferenzen, für angenehme Überraschungen.

❺ Wie 5.000, 10.000, 20.000, 30.000, 50.000 und 100.000 Euro am besten anlegen?

5.1 Das Erfolgsrezept meiner breit gestreuten Langzeitstrategie

Worauf es ankommt, damit Sie jetzt erfolgreich sind: In der dreiteiligen Kolumnenfolge geht es um kluge Geldanlagen im aktuell heftigsten Börsencrash dieses Jahrtausends. Er wurde vorwiegend ausgelöst durch Angst und Panik in Verbindung mit der sich so rasch ausbreitenden Coronavirus-Pandemie.

Weder die oft beschimpften Medien noch die Politik haben den Kurseinbruch verschuldet. Unser deutscher Leitindex DAX stürzte von seinem Allzeithoch im Februar 2020 von knapp 13.800 Punkten auf 8.200 Zähler ab – im Schnitt ein Minus bis zu 40 %. Es sind die Anleger selbst, die mit ihrem massenhaften Abverkauf diese verheerende Kettenreaktion auslösten. Wer wie ich voll investiert bleibt und gewinnreiche Teilverkäufe nur vornimmt, um sehr niedrige Kaufkurse zu nutzen, macht alles richtig. Die folgenden Hinweise zeigen Ihnen, worauf es letztlich ankommt, um erfolgreich zu sein. Börse ist kein Glücksspiel. Aber Zufall und Glück spielen eine gewisse Rolle. Wichtig sind die fünf G vom Börsenaltmeister André Kostolany: **Geld – Geduld – Glück – gute Gedanken.**

1. **Breit gestreut – nie bereut. Niemals dürfen Sie das gesamte Ersparte in einen Aktientitel – beispielsweise aus dem DAX – anlegen.**
2. **Mit einer Anlage von nur 5.000 € kommen für Sie Einzelaktien, um Chancen zu erhöhen und das Risiko zu senken, kaum in Frage.** Es bieten sich eigentlich nur ETFs an, um breiter streuen und besser schlafen zu können. Dies gilt für Einsteiger mit wenig Börsenwissen und geringen Ersparnissen.

3. Ebenso will ich damit ältere Menschen kurz vor dem Ruhestand oder schon im Rentenalter ansprechen. Bei einer Rentenbezugsdauer von durchschnittlich 25 Jahren ist es für eine Wertpapieranlage immer noch nicht zu spät. Dabei geht es nicht nur um mehr Rendite, sondern ebenso um ein sinnvolles, neues Aufgabenfeld, oft verbunden mit sozialen Kontakten. Börse ist spannend und kann zum ausfüllenden Hobby werden.

4. **Eine Anlage unter 1.000 € pro Titel rechnet sich kaum.** Die Gebühren sind dann prozentual zu hoch. Und selbst bei einem Gewinn von 10 bis 30 % wächst Ihr Vermögen nur in einem eher lahmen Schneckentempo.

   Bei einem Verkauf reicht es vielleicht gerade noch zum gemütlichen Abendessen in einem netten Restaurant, sofern noch nicht geschlossen. Je größer Ihre Ersparnisse sind, umso höher kann die einzelne Order sein. Ich empfehle 1.200 € bis 2.500 €.

5. **Lassen Sie sich nicht am Stammtisch oder von einem Berater Produkte aufdrängen, woran nur der Gesprächspartner verdient.** Je weniger Sie wissen, umso eher werden Sie über den Tisch gezogen. Beherrschen Sie Onlinebanking, können Sie über das Internet ohne Beratung kostengünstig Wertpapiergeschäfte tätigen.

6. **Machen Sie die ersten Börsenschritte am besten mit Ihrer Hausbank, sofern Sie zufrieden sind und ein Vertrauensverhältnis besteht.** Sie vereinbaren ein Beratungsgespräch, lassen sich in Ihrem Computer das Onlinehandelssystem installieren und klären alle Einzelheiten für den Internetstart ab. Später können Sie dann immer noch zu einem Discountbroker überwechseln, wenn dies vorteilhaft erscheint.

7. **Eigentlich spricht bei den jetzt so niedrigen Kursen alles für eine Einmalanlage. Falls Sie nicht doch auf Sparbuch, Rücklagen, Geld unter der Matratze zurückgreifen können, sind Sparpläne eine gute Sache.** Sie können monatlich oder vierteljährlich ab 25 € anlegen und bei Notlage pausieren. Da machen Sie kaum etwas falsch, wenn Sie jetzt preisgünstig einsteigen.

8. **Bei einem kleinen Geldbeutel, der nur zwei oder drei Einzelaktien zulassen würde, wäre es fatal, in der Liste des Schreckens vertreten zu sein.** Aus dieser Übersicht der Deutschen Schutzvereinigung für Wertpapierbesitz (DSW) nenne ich die 10 größten Verlustbringer. Dies sind Sleepz (-989 Pkt.), Steinhoff (-901 Pkt.), LEONI (-748), Delticom (-684), Petro Welt (-628), Epigenomics (-626), Ahlers (-608), Singulus (-574), Deutsche Bank (-506) und SGL Carbon (-499). Nur bei einer großen Aktienanzahl ist das gut zu verkraften.

5.2 Der Börsenstart mit 5.000 € bei kleinem Geldbeutel

Der Börsenstart mit einem Anlagekapital von 5.000 €: Millionäre handeln anders als Einsteiger, auch wenn Sie sich von den Superreichen einiges abschauen können. Börseneinsteiger sind oft schon froh, 5.000 € für den Start in eine langfristige Kapitalanlage übrig zu haben. Ziel ist, Vermögen aufzubauen, finanziell unabhängig zu sein und der Altersarmut zu entgehen. Aber mit einem so kleinen Startkapital verstreichen wohl zwei Jahrzehnte, bis daraus ein sechsstelliges Anlagedepot wird. Es sei denn, Sie stocken im Laufe der Zeit kräftig auf. Auch die Weltwirtschaftslage, ein Bullen- oder Bärenmarkt sind entscheidend. Einzelaktien haben bei 5.000 € wegen höheren Risikos kaum einen Platz.

Vorsichtige Anleger sind risikoscheu. Sofern sie überhaupt Aktien auswählen, kommen nur niedrig bewertete Value-Titel in Frage. Erfolgsorientierte Anleger bevorzugen auch defensive Titel, greifen aber ebenso in Zukunftsmärkten zu.

Startgeld 5.000 €, vorsichtiger & erfolgsorientierter Typ				
Name, Gesellschaft	**WKN**	**Kurs am 20.03.20**	**Hoch/Tief 1 Jahr €**	**Kursentwicklung 1, 3, 5, 10 Jahre**
ETF iShares MDAX	**593 392**	163,80 €	249,1/147,1	**-29/-26/-16/+108 %**
	Umfang 932 Mio. €, Alter 19 J., Gebühr **0,51 %,** thesaurierend. Der ETF bildet den MDAX mit 60 mittelgroßen Konzernen nach.			
ETF LYXOR World Water	**LYX 0CA**	33,70 €	47,40/31,90	**-5/+1/+19/+179 %**
	Umfang 808,5 Mio. €, Alter 13 Jahre, Jahresgebühr **0,60 %,** ausschüttend. Eine Anlage „blaues Gold Wasser“ ist risikoarm.			
ETF ComStage MSCI World	**ETF 110**	45,50 €	63,50/42,15	**-14/+1/+13/+80 %**
	Umfang 1,7 Mrd. €, Alter 12 J., Gebühr **0,20 %,** ausschüttend. Größte Anteile: Apple, Amazon, Microsoft, Alphabet, Facebook.			
ETF iShares S&P 500	**A0Y EDG**	223,90 €	313,5/204,4	**-13/+5/+24 %**
	Umfang 29 Mrd. €, Alter 10 J., Gebühr **0,07 %,** thesaurierend. Wichtige Branchen: Software, Finanzen, Konsumgüter.			

Startgeld 5.000 €, erfolgsorientiert und risikofreudig				
Name, Fonds-gesellschaft	**WKN**	**Kurs am 20.03.20**	**Hoch/Tief 1 Jahr €**	**Kursentwicklung 1, 3, 5, 10Jahre**
ETF iShares MDAX	**593 392**	163,80 €	249,1/147,1	**-29/-26/-16/+108 %**
	Umfang 932 Mio. €, Alter 19 J., Gebühr **0,51 %,** thesaurierend. MDAX 60 Titel. Hauptanteile: Airbus, Dt. Wohnen, Symrise, LEG.			
ETF ComStage MSCI World	**ETF 110**	45,50 €	63,50/42,15	**-14/+1/+13/+80 %**
	Umfang 1,72 Mrd. €, Alter 12 J., Gebühr **0,20 %,** ausschüttend. Größte Anteile: Apple, Amazon, Microsoft, Alphabet, Facebook.			
ETF iShares S&P 500	**A0Y EDG**	223,90 €	313,5/204,4	**-13/+5/+24 %**
	Umfang 28,7 Mrd. €, Alter 10 J., Jahresgebühr **0,07 %,** thesaurierend. Wichtige Branchen: Software, Finanzen, Konsumgüter.			
ETF ComStage SDAX TR	**ETF 005**	74,70 €	116,6/70,00	**-27/-22/-7 %**
	Umfang 73 Mio. €, Alter 9 Jahre, Gebühr **0,70 %,** ausschüttend. Hauptanteile: Talanx, Ströer, Fielmann, Stabilus, Hypoport.			
ETF iShares Nasdaq 100	**A0F 5UF**	66,70 €	88,10/59,40	**-1/+35/+66/+290 %**
	Umfang 1,14 Mrd. €, Alter 14 J., Gebühr **0,31 %,** ausschüttend. US-Technologie mit KI. Hauptanteile: Microsoft, Apple, Amazon.			
Einzelaktie BB Biotech, Schweiz	**A0N FN3**	50,00 €	64,60/39,55	**-22/+3/-3 %**
	Die Schweizer Beteiligungsfirma mit 30 Biotech-Aktien investiert in europäische und nordamerikanische Firmen mit neuer Arznei.			

Erfolgsorientierte und risikofreudige Anleger mögen wachstumsstarke Growth-Aktien. Ich denke an Industrie 4.0, Hochtechnologie mit Digitalisierung, Vernetzung, Internet der Dinge, Künstliche Intelligenz mit Robotik. Deshalb empfehle ich bei einem Anlagekapital über 5.000 € bis 10.000 € schon die erste Einzelaktie.

Warum habe ich mich für BB Biotech aus der Schweiz entschieden? Bei diesem fondsähnlich aufgebauten Geschäftsmodell sind 30 mittelständische Biotechunternehmen vertreten. Dadurch sinkt das Risiko gewaltig. Und statt des sonst üblichen Ausgabeaufschlags winkt eine üppige Dividende. Allerdings reihen etliche Depotbanken die BB-Biotech-Aktie in die Gruppe der aktiv gemanagten Aktienfonds ein. Auswirkungen bestehen nur für Aktionäre mit einem hohen Altbestand. Allerdings bewahrt der hier gewährte Freibetrag im Allgemeinen vor Schaden.

5.3 Die Chancen nutzen mit einem Startkapital von 10.000 Euro

Bei 10.000 Euro Startkapital für die Zielgruppe vorsichtige und erfolgsorientierte Anleger bieten sich ebenfalls ETFs bei langfristig geringem Risiko und vergleichsweise recht erfreulicher Rendite als ausbaufähige Grundlage an. Nachdem sich insbesondere die junge Generation, aber zunehmend alle Altersgruppen für eine Kapitalanlage mit gutem Gewissen interessieren, biete ich jetzt zwei Nachhaltigkeits-ETFs an.

Vorrangig werden Ausschlusskriterien wie Waffen, Rüstung, Rauschgift, Kinderarbeit, Verstoß gegen Menschenrechte und Missachtung von Pflanzen- und Tierwohl beachtet. Es ist wichtig, das mit Aktien erworbene Eigenkapital im Kampf gegen CO_2-Ausstoß und Klimawandel einzusetzen.

Es spricht nichts dagegen, nach dem langfristig risikoarmen ETF-Unterbau auch einige Aktien ins Depot zu nehmen. Das gilt vor allem, wenn die 10.000-Euro-Marke aufgestockt werden kann und Einzelaktien als interessant und spannend eingeschätzt werden. Es geht auch um eine höhere Rendite, stets jedoch verbunden mit mehr Risiko.

Startkapital 10.000 €, vorsichtig & erfolgsorientiert

Name, Gesellschaft	**WKN**	**Kurs am 19.03.20**	**Hoch/Tief 1 Jahr €**	**Kursentwicklung 1, 3, 5, 10 Jahre**
ETF iShares MDAX	**593 392**	163,80 €	249,1/147,1	**-29/-26/-16/+108 %**
	Umfang 932 Mio. €, Alter 19 J., Gebühr **0,51 %,** thesaurierend. Der ETF bildet den MDAX mit 60 mittelgroßen Konzernen nach.			
ETF LYXOR World Water	**LYX 0CA**	33,70 €	47,40/31,90	**-5/+1/+19/+179 %**
	Umfang 808,5 Mio. €, Alter 13 Jahre, Jahresgebühr **0,60 %,** ausschüttend. Eine Anlage „blaues Gold Wasser" ist risikoarm.			
ETF ComStage MSCI World	**ETF 110**	45,50 €	63,50/42,15	**-14/+1/+13/+80 %**
	Umfang 1,72 Mrd. €, Alter 12 J., Gebühr **0,20 %,** ausschüttend. Größte Anteile: Apple, Amazon, Microsoft, Alphabet, Facebook.			
ETF iShares S&P 500	**A0Y EDG**	223,90 €	313,5/204,4	**-13/+5/+24 %**
	Umfang 28,7 Mrd. €, Alter 10 J., Gebühr **0,07 %,** thesaurierend. Wichtigste Branchen: Software, Finanzen, Konsumgüter.			

ETF UBS MSCI EMU Socially Res.	A1W 3BS	14,60 €	22,65/14,25 €	**-24 %** (erst 2 J. alt)
	Umfang 1,1 Mrd. €, Alter 2 J., Gebühr 0,28 %, thesaurierend. Größte Anteile: ASML, Siemens, L' Oréal, Allianz, SAP, Adidas.			
iShares Core MSCI Europe UCITS ETF	A0M ZWQ	18,30 €	26,80/16,75 €	**-20/-15/-16 %**
	Umfang 6,2 Mrd. €, Alter 13 J., Gebühr 0,12 %, ausschüttend. Dabei: BP, Nestlé, Roche, Novartis, AstraZeneca, SAP, LVMH.			
Einzelaktie Munich Re DAX	843 002	156,75 €	284,2/141,1 €	**-25/-12/-23 %**
	Der Weltmarktführer für Rückversicherungen ist bei kalkulierbaren Risiken in 160 Ländern aktiv mit 4.000 Erstversicherern.			
Einzelaktie Siemens DAX	723 610	67,00 €	119,9/58,80 €	**-31/-46/-33 %**
	Der Technikkonzern setzt auf KI und Innovation von der Industrie-Automation bis zur bildgebenden Diagnostik & Infrastruktur.			
Einzelaktie Microsoft Dow Jones	870 747	133,90 €	175,5/102,6	**+32/+134/+275 %**
	Die Produkte vom Marktführer für PC-Software umfassen Windows-Betriebssysteme, Serversoftware, Anwenderprogramme.			
Einzelaktie Apple Dow Jones	865 985	230,10 €	301,4/152,8 €	**+42/+83/+112 %**
	Der Weltmarktführer für Smartphones, MP3-Player und Computer bietet Plattformen für Musik, Filme, Videospiele, Apps.			
Einzelaktie Sartorius Tec/MDAX	716 563	203,00 €	243,2/144,8 €	**+37/+151/+566 %**
	Die Labor- und Prozesstechnologie-Produkte werden in der Biotech-, Pharma- und Nahrungsmittel-Industrie eingesetzt.			

Startkapital 10.000 €, erfolgsorientiert & risikofreudig

Name, Fondsgesellschaft	WKN	Kurs am 20.3.20	Hoch/Tief 1 Jahr €	Kursentwicklung 1, 3, 5, 10 Jahre
Aktienfonds Threadneedle Global Focus	**974 979**	55,10 €	75,50/53,30	**-1/+28/+40/+131 %**
	Umfang 643 Mio. €, Alter 24 J., Ausgabeaufschlag **5,00 %,** Geb. **1,50 %,** thesaurier. Dabei: Microsoft, Adobe, Alphabet.			
Aktienfonds Nordinternet EUR ACC	**978 530**	120,85 €	124,9/96,65	**-15/+23/+59/+290 %**
	Umfang 978 Mio. €, Alter 22 J., Ausgabeaufschlag **5,00 %,** Geb. **1,00 %,** thesaur. Dabei: Amazon, Facebook, Alphabet.			
Aktienfonds UniSector Biopharma	**921 556**	113,90 €	140,3/108,1	**-1/+1/+1/+154 %**
	Umfang 307 Mio. €, Alter 20 J., Ausgabeaufschlag **4,00 %,** Geb. **1,55 %,** ausschütt. Pfizer, Amgen, Biogen, J&J, Merck.			

<table>
<tr><td rowspan="2"><u>ETF</u>
iShares
Nasdaq 100</td><td>A0F 5UF</td><td>65,20 €</td><td>88,10/59,40</td><td>+-0/+37/+69/+298 %</td></tr>
<tr><td colspan="4">Umfang 1,15 Mrd. €, Alter 14 J., Geb. 0,31 %, ausschüttend. Hauptanteile: Microsoft, Apple, Alphabet, Amazon, Facebook.</td></tr>
<tr><td rowspan="2"><u>ETF</u>
iShares MSCI
USA Small</td><td>A0X8SB</td><td>198,45 €</td><td>340,1/188,8</td><td>-31/-20/-9/+84 %</td></tr>
<tr><td colspan="4">Umfang 330 Mio. €, Alter 11Jahre, Gebühr 0,43 %, thesaurierend. Branchen: Konsum, IT-Software, Telekommunikation.</td></tr>
<tr><td rowspan="2"><u>ETF</u>
iShares
TecDAX (DE)</td><td>593 397</td><td>25,55 €</td><td>28,10/21,60</td><td>-2/+70/+110/+314 %</td></tr>
<tr><td colspan="4">Umfang 852 Mio. €, Alter 18 Jahre, Gebühr 0,51 %, thesaurierend. Schwerpunkte: Technologie, IT, Biotech, Medtech.</td></tr>
<tr><td rowspan="2"><u>Einzelaktie</u>
Nemetschek
Vz Tec/MDAX</td><td>645 290</td><td>36,00 €</td><td>68,90/32,95</td><td>-21/+113/+266 %</td></tr>
<tr><td colspan="4">Marktführende Software und Dienstleistungen Architektur, Bauwirtschaft; 4 Segmente: Planen, Bauen, Nutzen, Media.</td></tr>
<tr><td rowspan="2"><u>Einzelaktie</u>
Hypoport
SDAX</td><td>549 336</td><td>219,00 €</td><td>381,0/166,6</td><td><u>+29/+145+1.106 %</u></td></tr>
<tr><td colspan="4">KGV: 36, Div.-Rendite: 0,0 %. Internationaler Anbieter von Immobilienfinanzierungen, Bausparprodukten, Ratenkrediten.</td></tr>
<tr><td rowspan="2"><u>Einzelaktie</u>
Amazon
Nasdaq 100</td><td>906 866</td><td>1.755,2 €</td><td>1.828/1.431</td><td>+12/+120/+401 %</td></tr>
<tr><td colspan="4">Größter Online-Einzelhändler mit KI und vielen Produkten: Bücher, CD, DVD, Elektronik, Videotechnik, Haustierbedarf.</td></tr>
<tr><td rowspan="2"><u>Einzelaktie</u>
Alphabet A
Nasdaq 100</td><td>A14Y6F</td><td>1.012,4 €</td><td>1.420/917,5</td><td>-5/+26/+93 %</td></tr>
<tr><td colspan="4">Die global meist genutzte Internet-Suchmaschine GOOGLE mit Werbung als Haupteinnahmequelle; zwei Aktienarten.</td></tr>
<tr><td rowspan="2"><u>Einzelaktie</u>
SAP
DAX</td><td>716 460</td><td>89,90 €</td><td>129,6/82,80</td><td>-9/+3/+44 %</td></tr>
<tr><td colspan="4">Weltweit führender Entwickler und Hersteller von Firmen-Software mit Service für 350.000 Kunden in 180 Ländern.</td></tr>
<tr><td rowspan="2"><u>Einzelaktie</u>
Norilsk Nickel, RTX</td><td>A140M9</td><td>26,20 €</td><td>33,10/16,90</td><td>+25 %/keine Angabe</td></tr>
<tr><td colspan="4">Der russische Bergbaukonzern mit Metallurgie zählt zu den weltweit größten Produzenten von Nickel, Platin, Palladium.</td></tr>
</table>

Im DAX, MDAX, TecDAX, SDAX gibt es 190 Aktien, darunter etliche Familienfirmen. Die höhere Anzahl kommt dadurch zustande, dass 26 TecDAX-Aktien zusätzlich im MDAX oder SDAX einen Platz finden. Tauschen Sie ruhig aus beiden Kurslisten nach Ihren Vorlieben aus. Auch risikofreudige Anleger mögen Value mit üppiger Dividende. Und vorsichtige Anleger greifen auch mal gern bei Growth zu. Bei genau 10.000 Euro sollten Sie 8 bis 10 Titel auswählen; bei deutlich über 10.000 € Startkapital vielleicht das komplette Angebot nutzen.

Bieten russische Aktien wegen niedrigem KGV und hoher Dividende im Crash gute Anlagechancen?

Einige Aktien aus dem russischen Leitindex RTX zählen seit Langem zu meinen Lieblingen. Dies liegt sowohl an der niedrigen einstelligen Bewertung als auch an der in Dollar berechneten und in Euro ausgezahlten ungewöhnlich üppigen Dividende. Sie wird mehrmals im Jahr verlässlich ausgeschüttet. Die zum Stillstand des sozialen und wirtschaftlichen Lebens führenden Reiseverbote, abgesagten Veranstaltungen, verhängten Geschäfts-, Kita-, Schul- und Universitätsschließungen im Kampf gegen die Coronavirus-Epidemie führten auch zum Ölpreisverfall. Davon sind russische Aktien stark betroffen.

Als der DAX Mitte März bis auf 8.200 Punkte einbrach, stürzten auch die meisten Russlandaktien um die Hälfte ab. Bei gleich hoher Ausschüttung verdoppelt sich beim Zukauf zum halben Preis die ohnehin üppige Ausschüttung auf ein zweistelliges Niveau. Solche Chancen bietet nur ein Crash. Zwar haben sich die russischen Aktien zwischenzeitlich von ihren Tiefständen wieder erholt, Aber auch jetzt ist es noch nicht zu spät, sich hier preiswert einzudecken. Ich will kurz schildern, welche russischen Aktien mein Depot schmücken, Zeitpunkt 09.04.2020:

Bei Gazprom, WKN 903 276, stieg ich am 19.11.2003 zu 3,70 € ein. Heute, am 09.04.2020, kostet Gazprom 4,75 €. Die Dividendenrendite wird mit 7,7 %, das KGV mit 4,4 angegeben, was ich natürlich selbst nicht überprüfen kann.

Lukoil-Aktien, WKN A14 204, kaufte ich am 16.06.2004 erstmals zum Preis von 20,10 €. Heute muss man trotz Absturz mit 65,60 € dreimal so viel bezahlen. Dennoch ist die Dividendenrendite mit 14 % zweistellig und das KG mit 7,5 fair.

Beim Bergbaukonzern Norilsk Nickel, WKN A14 0M9, griff ich ebenfalls am 16.06.2004 zum damaligen Preis von nur 4,15 € zu. Selbst beim derzeitigen Kurs von 26 € beträgt der Kursgewinn über 600 %. Die Dividendenrendite ist mit 11 % ungewöhnlich niedrig und das KGV mit 8,3 günstig.

Bei Sberbank, WKN A1J B8N, langte ich am 25.04.2014 zum Kurs von 6,00 € zu. Heute sind rund 10 € zu berappen. Auch hier ist die Dividendenrendite mit 11 % zweistellig und das KGV mit 4,5 rekordverdächtig niedrig.

Bei Tatneft, WKN A2A BS0, stieg ich am 30.01.2015 zum Kurs von 22,45 € ein. Nun kostet die Aktie doppelt so viel. Die Dividendenrendite ist mit 11 % hoch.

5.4 Mehr Spielraum und Vielfalt bei 20.000 Euro Startkapital – abhängig von Börsenwissen, Geldbeutel, Zeit und Lust

Bei meinen Modellen sollen Aktienfonds, ETFs und Einzelaktien an ein Symphonieorchester erinnern, in dem die Instrumente ein harmonisches Ganzes bilden. In der Musik erfordert Meisterschaft viel Übung. Dies gilt auch für die Börse. Die Zuordnung nach Anlegerprofilen ist bei 20.000 € nicht zementiert.

Jeder Typ findet gute Produkte in beiden Listen sowie in den Vorschlägen für 5.000 und 10.000 Euro. Das hängt auch davon ab, ob Sie massive Kurseinbrüche wie im jetzigen Corona-Crash nutzen oder auf Favoriten setzen, ob Sie ein Freund von Value sind oder US-Hochtechnologie mit KI schätzen. Insbesondere bei der Einzelaktienauswahl mit jeweils neuen Empfehlungen, sollten Sie Ihre Vorlieben berücksichtigen.

Faire Bewertung, verlässliche Dividenden mit nachhaltigen Geschäftsmodellen in klassischen Branchen sind Merkmale von defensiven, substanz- und dividendenstarken **Value-**Titeln. Offensive, wachstumsstarke Aktien aus Zukunftsmärkten wie Industrie 4.0, digitalisierte und vernetzte Welt, Internet der Dinge, Künstliche Intelligenz kennzeichnen **Growth** und wenden sich an Risikofreudige. Aber auch Konjunktur, demografischer Wandel und Börsenklima, die Kursentwicklung im Mehrjahresvergleich und eine hohe oder geringe Volatilität beeinflussen die Aktienauswahl entscheidend. Im Crash hat es auch ETFs stark erwischt.

Startkapital 20.000 €, vorsichtig & erfolgsorientiert				
Name, Gesellschaft	**WKN**	**Kurs am 20.3.20**	**Hoch/Tief 1 Jahr €**	**Kursentwicklung 1, 3, 5 Jahre**
ETF iShares MDAX	**593 392**	163,80 €	249,1/147,1	**-29/-26/-16/+108 %**
	Umfang 932 Mio. €, Alter 19 Jahre, Gebühr **0,51 %,** thesaurierend. Der ETF bildet den MDAX mit 60 mittelgroßen Firmen ab.			
ETF LYXOR World Water	**LYX 0CA**	33,70 €	47,40/31,90	**-5/+1/+19/+179 %**
	Umfang 808,5 Mio. €, Alter 13 Jahre, Jahresgebühr **0,60 %,** ausschüttend. Eine Anlage „blaues Gold Wasser" ist risikoarm.			

<table>
<tr><td rowspan="2">ETF ComStage MSCI World</td><td>ETF 110</td><td>45,50 €</td><td>63,50/42,15</td><td>-14/+1/+13/+80 %</td></tr>
<tr><td colspan="4">Umfang 1,72 Mrd. €, Alter 12 J., Gebühr 0,20 %, ausschüttend. Hauptanteile: Apple, Amazon, Microsoft, Alphabet, Facebook.</td></tr>
<tr><td rowspan="2">ETF iShares S&P 500</td><td>A0Y EDG</td><td>223,90 €</td><td>313,5/204,4</td><td>-13/+5/+24 %</td></tr>
<tr><td colspan="4">Umfang 28,7 Mrd. €, Alter 10 J., Jahresgebühr 0,07 %, thesaurierend. Wichtige Branchen: Software, Finanzen, Konsumgüter.</td></tr>
<tr><td rowspan="2">ETF UBS MSCI EMU Socially Res.</td><td>A1W 3BS</td><td>14,60 €</td><td>22,65/14,25</td><td>-24 % (erst 2 J. alt)</td></tr>
<tr><td colspan="4">Umfang 1,1 Mrd. €, Alter 2 J., Gebühr 0,28 %, thesaurierend. Größte Anteile: ASML, Siemens, L' Oréal, Allianz, SAP, Adidas.</td></tr>
<tr><td rowspan="2">ETF iShares Core MSCI Europe</td><td>A0M ZWQ</td><td>17,45 €</td><td>26,80/16,75</td><td>-20/-15/-16 %</td></tr>
<tr><td colspan="4">Umfang 4,9 Mrd. €, Alter 13 J., Gebühr 0,12 %, ausschüttend. Dabei: BP, Nestlé, Roche, Novartis, AstraZeneca, SAP, LVMH.</td></tr>
<tr><td rowspan="2">ETF Van Eck Vectors Sustainable</td><td>A12 HWR</td><td>64,50 €</td><td>97,70/64,40</td><td>-15/-14/-11 %</td></tr>
<tr><td colspan="4">Umfang 305 Mio. €, Alter 7 J., Gebühr 0,30 %, ausschüttend. Hauptanteile: Daiichi S., Apple, ASML, Tokyo Electron, Sony.</td></tr>
<tr><td rowspan="2">Aktienfonds DEKA Portf. nachhaltig global</td><td>658 871</td><td>40,75 €</td><td>55,60/40,50</td><td>-13/-4/+4/+4/+94 %</td></tr>
<tr><td colspan="4">Umfang: keine Angabe, Alter 19 Jahre, Ausgabeaufschlag 3,75 %, Gebühr. 1,53 %, ausschüttend. Hauptanteile: Allianz, Merck & Co., Coca-Cola, Allianz, Roche, Geberit, Swisscom, Vivendi.</td></tr>
<tr><td rowspan="2">Aktienfonds Uni 21. Jahrhundert-Net</td><td>975 787</td><td>26,45 €</td><td>38,45/26,20</td><td>-14/-7/-16/+46 %</td></tr>
<tr><td colspan="4">Umfang 353 Mio. €, Alter 21 J., Ausgabeaufschlag 0,0 %, Gebühr 1,90 %, ausschüttend. Klimawandel, Umwelt, Technik. Dabei: Apple, Alphabet, Microsoft, JPMorgan, P&G, Visa.</td></tr>
<tr><td rowspan="2">Aktienfonds Uni Nachhaltigkeit global</td><td>A0M 80G</td><td>86,10 €</td><td>122,9/85,30</td><td>-11/-1/+4/+93 %</td></tr>
<tr><td colspan="4">Umfang 547 Mio. €, Alter 11 J., Ausgabeaufschlag 5,0 %, Gebühr 1,20 %, ausschüttend. Hauptanteile: Apple, Microsoft, BostonScient., Alphabet, UnitedHealth, Mastercard, Adobe.</td></tr>
<tr><td rowspan="2">Einzelaktie Allianz DAX</td><td>840 400</td><td>157,30 €</td><td>232,5/116,5</td><td>-15/+6/+22 %</td></tr>
<tr><td colspan="4">Global führender Erstversicherer mit Netzwerk-Service in 160 Ländern, Schadens-, Unfall-, Lebens-, Krankenversicherung.</td></tr>
<tr><td rowspan="2">Einzelaktie Adidas DAX</td><td>A1EWWW</td><td>215,20 €</td><td>316,9/160,1</td><td>+2/+24/+226 %</td></tr>
<tr><td colspan="4">Führender Sportartikel-Hersteller und Händler mit Schwerpunkt Fußbälle, Sportschuhe, -Geräte, -Bekleidung und -Zubehör.</td></tr>
</table>

Einzelaktie **Symrise** **MDAX**	**SYM 999**	79,55 €	159,3/70,10	**+3/+38/+48 %**
	Marktführender Hersteller von Duft- und Geschmacksstoffen, aktiven Wirkstoffen für Kosmetik- und Nahrungsmittelindustrie.			
Einzelaktie **Bechtle** **Tec/MDAX**	**515 870**	103,00 €	149,2/79,95	**+38/+124/+237 %**
	Als IT-Dienstleister für Firmenkunden in Kernländern Deutschland, Österreich und Schweiz mit 65 Systemhäusern aktiv.			
Einzelaktie **Dermapharm** **SDAX**	**A2G S5D**	36,40 €	42,05/27,80	**+27 %**/Börsengang
	Hersteller patentfreier Markenarzneimittel, auch Biosimilars, und Gesundheitsprodukte wie Nahrungsergänzungsmittel.			
Einzelaktie **VISA** **Dow Jones**	**A0N C7B**	151,25 €	198,4/124,9	**+13/+87/+161 %**
	Der Weltmarktführer bei elektronischen Zahlungssystemen für Kreditkaten bietet Service wie Terminals für Einzelhändler an.			
Einzelaktie **Samsung** **Südkorea**	**881 823**	794,00 €	1.028/621,0	**+8/+19/+69 %**
	Der Technologiekonzern mit vielen Produkten ist führend bei Smartphones, Halbleitern, Elektronik-Unterhaltungsgeräten.			
Einzelaktie **SONY** **Nikkei 225**	**853 687**	54,05 €	66,80/37,30	**+43/+791/+116 %**
	Hersteller und Vermarkter von Elektronik-Geräten für Industrie und Konsumenten; Spielkonsolen, Software, TV, KI, Musik.			

In der vorstehenden Auswahl werden als aktueller Schwerpunkt einige Nachhaltigkeitsprodukte angeboten. Dies gilt sowohl für die erweiterte ETF-Auswahl, alle drei Fonds und die meisten Einzelwerte. Nachhaltigkeit ist kein zeitlich begrenzter Trend wie vor allem im Mode- und Spielesektor üblich. Bei einer ethischen Kapitalanlage mit gutem Gewissen geht es um eine lebenswerte Zukunft für die nachrückenden Generationen. Die Unternehmen müssen mit aller Kraft daran arbeiten, den Klimawandel mit den verheerenden Katastrophen aufzuhalten. Durch Ihren Aktienkauf kann das eingebrachte Eigenkapital dazu dienen, z. B. in eine umweltfreundliche Infrastruktur zu investieren.

Die Corona-Epidemie und der dadurch ausgelöste Corona-Crash beeinflussen das alltägliche Leben in Deutschland massiv. Dies zeigen die ständig angepassten statistischen Eckzeitdaten. Der Verkehr auf den Straßen wird weniger, die Luft – wohl der einzige Vorteil – wird schadstoffärmer, verbessert sich zusehends. Der Betrieb im Internet nimmt zu und damit die Anzahl der nationalen und internationalen Video-Konferenzen über Skype und Zoom. Die Aufforderung, Abstand zu halten und sich oft die Hände zu wachsen, wird akzeptiert. Dagegen stoßen die Einschnitte der persönlichen Freiheit, die Ausgeh- und Reiseverbote zunehmend auf Kritik. Die wirtschaftlichen Einbußen sind verheerend – gekennzeichnet von Existenzängsten.

Startkapital 20.000 €, erfolgsorientiert & risikofreudig				
Name, Fonds-gesellschaft	**WKN**	**Kurs am 26.3.20**	**Hoch/Tief 1 Jahr €**	**Kursentwicklung 1, 3, 5, 10 Jahre**
Aktienfonds	**A0N C68**	212,65 €	294,5/192,9	**-13/-10/-2/+93 %**
Quest Cleantec	Umfang 201 Mio. €, Alter 12 J., Ausgabeaufschlag **2,00 %,** Geb. **1,25 %,** thesaur. Wasseraufbereitung/Abfallentsorgung.			
Aktienfonds	**989 232**	42,30 €	64,40/36,00	**-13/+12/+7/+143 %**
Janus JHHF Immobilien	Umfang 318 Mio. €, Alter 22 Jahre, Ausgabeaufschlag **5,00 %,** Geb. **1,20 %,** thesaurierend. Aktien Immobilienfirmen Europa.			
Aktienfonds	**A0K EDF**	15,60 €	23,85/14,20	**-21/-24/-14/+76 %**
Franklin Mutual Value	Umfang 322 Mio. €, Alter 14 J., Ausgabeaufschlag **0,00 %,** Geb. **0,70 %,** thesaurierend. Anlage in Zukunftsmärkten.			
Aktienfonds	**515 248**	95,65 €	138,2/86,35	**-2/-11/+1/+103 %**
Deutsche AM Smart Industr.	Umfang 711 Mio. €, Alter 14 J., Ausgabeaufschlag **5,00 %,** Geb. **1,45 %,** ausschüttend. Infrastruktur/Logistik/Industrie.			
ETF	**A0X 8SB**	228,85 €	340,1/190,0	**-21/-13/-1/+87 %**
iShares MSCI USA Small	Umfang 338 Mio. €, Alter 11Jahre, Gebühr **0,43 %,** thesaurierend. Branchen: Konsum, IT-Software, Telekommunikation.			
ETF	**A0F 5UF**	68,60 €	87,90/60,25	**+9/+43/+81/+299 %**
iShares Nasdaq 100	Umfang 989 Mio. €, Alter 13 Jahre, Gebühr **0,31 %,** ausschüttend. Der ETF bildet die US-Hochtechnologiebörse mit KI ab.			
ETF	**593 397**	23,70 €	30,15/19,40	**-3/+25/+55/+192 %**
iShares TecDAX (DE)	Umfang 674 Mio. €, Alter 19 Jahre, Jahresgebühr **0,51 %,** thesaurierend. Technologie, Software, Biotech, Medtech.			
ETF	**A0M 2EH**	17,55 €	17,65/15,55	**+9/+16/+40 %**
Invesco Dynamic	Umfang 479 Mio. €, Alter 12 J., Gebühr **0,75 %,** ausschüttend. Verizon, Mastercard, AbbVie, Citrix, Microsoft, Amgen.			
ETF	**ETF 022**	33,05 €	40,45/29,75	**-12/+1/+5 %**
ComStage HSI China/Ostasien	Umfang 153 Mio. €, Alter 9 J., Geb. **0,55 %,** thesaurierend. Der ETF investiert in Blue Chips wie Tencent, China Mobile.			
Einzelaktie	**871 981**	287,60 €	357,3/229,8	**+24/+143/+329 %**
Adobe Nasdaq 100	Globaler Hersteller von Softwareprodukten für Digitalinhalte, Pionier PDF-Standards, Plattform Dokumentenaustausch.			

Einzelaktie Paypal Nasdaq 100	**A14 R7U**	90,80 €	115,2/76,65	**+2/+129 %**/IPO
	Weltweit führende Technologie-Plattform für den digitalen und mobilen Zahlungsverkehr für Verbraucher und Firmenkunden.			
Einzelaktie Intuitive Surgical Nasdaq	**888 024**	440,00 €	572,1/345,0	**-16/+81/+171 %**
	Marktführer Medizintechnik bei roboterunterstützter minimalinvasiver Chirurgie mit Geräten, Instrumenten und Zubehör.			
Einzelaktie ASML Euro Stoxx 50	**A1J 4U4**	246,30 €	293,8/162,6	**+52/+112/+171 %**
	Globaler Anbieter optischer Lithografiesysteme und komplexer Maschinen für Chips im Bereich der Halbleiterindustrie.			
Einzelaktie BMW DAX	**519 000**	46,70 €	78,00/36,90	**-27/-34/-48 %**
	Weltmarktführer bei Sportwagen und Motorrädern im Premiumbereich mit starken Marken; Ausrichtung Elektromobilität.			
Einzelaktie Mensch und Masch. MUM	**658 080**	40,10 €	56,00/26,90	**+36/+187/+596 %**
	Europaweiter Anbieter computerunterstützter Konstruktionssoftware CAM und CAD für Maschinenbau und Architektur.			
Einzelaktie Carl Zeiss M. TecDAX/MDAX	**531 370**	91,05 €	122,1/67,70	**+17/+140/+296 %**
	Hersteller medizinischer Produkte Augenheilkunde, Neuro- und HNO-Chirurgie, Diagnostik, Therapie, Microchirurgie.			
Einzelaktie VARTA TecDAX/MDAX	**A0T GJ5**	63,20 €	128,0/36,70	**+71 %**/Börsengang
	KGV: 29, Div.-Rendite: 0,3. Hersteller von Mikrobatterien für Hörgeräte, Unterhaltungselektronik, kabelloses Musikhören.			

Börse soll spannend sein, Freiräume schaffen und auch Spaß machen. Dies verträgt sich nicht mit Zwang, starrem Festhalten an Finanzkennzahlen, festgezurrten Grenzen im Hinblick auf Bewertung und sture Zuordnung bei Value und Growth, Marktkapitalisierung, Indizes, Branchen und anderen Auswahlkriterien. Es geht um Wachstum und Ertrag, langfristige Kursgewinne und Dividenden.

Zitat aus #contracorona, der *Handelsblatt*-Initiative

Trotzdem ist Optimismus angesagt (Heinrich Auer, Holzmanufaktur)

„Unternehmer! Stellt euch hin und redet mit euren Mitarbeitern, möglichst mit jedem Einzelnen und dann in der Gruppe, schenkt reinen Wein ein, wie es werden wird, und legt die Karten auf den Tisch. Ihr werdet es nach der Krise doppelt zurückbekommen. Sagt ehrlich, wie es euch und der Firma geht und was ihr vorhabt. Dann werden wir stärker aus der Krise hervorgehen als wir hineingingen."

5.5 Millionärstraum erfüllbar mit Startkapital von 30.000 Euro?

Mischfonds sind vor allem bei älteren sicherheitsbewussten Anlegern beliebter als Aktienfonds. Soweit es sich um erstklassig gemanagte moderne Produkte handelt, erfüllen sie auch in den Zeiten von Nullzinsen die Erwartungen.

Mischfonds: Ladenhüter oder Evolution? Geeignet im Crash?

Mischfonds legen weltweit in Aktien an, je nach Zielsetzung in Staats- und Firmenanleihen, Hochzinsanleihen, Währungen, Geld- und Rentenfonds, öfter auch Gold. Für Langzeitanleger kommt es weniger auf den nur einmal fälligen Ausgabeaufschlag als auf die jährliche Verwaltungsgebühr an. Deutsche Anleger mögen Mischfonds. Nur wer sich auf ein modernes **Multi-Asset-Konzept** mit flexiblem, marktgerechtem Anteil Aktien/Anleihen umstellt, kann sich weiterhin behaupten. Es gibt insgesamt 5.600 zugelassene Produkte. Im Inland sind es 1.200, im Ausland 4.200 Mischfonds. Die Aussage *„Charles Darwin lässt grüßen“* verkündet eine Evolution im Fondsmarkt. Gute Leistung bei fairen Gebühren sichert das Überleben. Mischfonds sind vor allem für Kinder und Enkel interessant; denn die Nullzinspolitik wird nicht „ewig“ anhalten.

Startkapital ab 30.000 €, vorsichtig und erfolgsorientiert				
Name, Fondsgesellschaft	**WKN**	**Kurs 09.04.20**	**Hoch/Tief 1 Jahr €**	**Kursverlauf 1, 3, 5, 10 Jahre**
Mischfonds Adelca Invest GI Multi Ass.	**A0M 6JK**	335,65 €	405,9/313,6	**-6/+37/+66/+233 %**
	Umfang 65 Mio. €, Alter 12 Jahre, Ausgabeaufschlag **5,00 %,** Gebühr **1,00 %,** thesaurierend. Anlageziel ist die Erwirtschaftung von hohem Wertzuwachs mit regionalen Schwerpunkten.			
Mischfonds FU Fonds Multi Asset	**DK1 CJ2**	811,90 €	951,7/790,3	**-3/+17/+36/+68 %**
	Umfang 80 Mio. €, Alter 12 Jahre, Ausgabeaufschlag **0,00 %,** Gebühr **0,70 %,** ausschüttend. Das Management passt die Renten-, Aktien-, Geldmarktfonds je nach Marktlage neu an.			
Aktienfonds Fidelity Global Consumer	**A0NGWX**	36,60 €	42,95/31,65	**+2/+22/+33/+271 %**
	Umfang 1,14 Mrd. €, Alter 11 J., Ausgabeaufschlag **0,00 %,** Geb. **0,80 %,** thesaurierend. Anlage in die Konsumgüterindustrie mit Familienkonzernen wie Amazon, L'Oréal, LVMH.			

Kategorie	Kennung	Kurs	Hoch/Tief	Entwicklung
Aktienfonds HGF Henderson Global Growth	**A0D NEW**	17,05 €	21,00/14,55	**-1/+16/+31/+164 %**
	Umfang 443 Mio. €, Alter 15 J., Ausgabeaufschlag **5,00 %,** Geb. **1,50 %,** thesaurierend. Hauptanteile: Microsoft, Alphabet, Unilever, American Express, Berkshire, Mastercard.			
Aktienfonds Uni 21. Jahrhundert-Net	**975 787**	30,65 €	38,95/25,60	**-5/+5/-5/+62 %**
	Umfang 391 Mio. €, Alter 21 J., Ausgabeaufschlag **0,0 %,** Gebühr **1,90 %,** ausschüttend. Klimawandel, Umwelt, Technik. Dabei: Apple, Alphabet, Microsoft, JPMorgan, P&G, Visa.			
Aktienfonds Uni Nachhaltig global	**A0M 80G**	98,30 €	122,9/83,30	**-3/+10/+16/+108 %**
	Umfang 611 Mio. €, Alter 11 J., Ausgabeaufschlag **5,00 %,** Gebühr **1,20 %,** ausschüttend. Hauptanteile: Apple, Microsoft, BostonScient., Alphabet, UnitedHealth, Mastercard, Adobe.			
ETF iShares MDAX	**593 392**	186,90 €	249,1/140,1	**-15/-12/0/+144 %**
	Umfang 1,13 Mrd. €, Alter 19 Jahre, Gebühr **0,51 %,** thesaurierend. Abbildung vom MDAX mit 60 mittelgroßen Firmen.			
ETF LYXOR World Water	**LYX 0CA**	33,70 €	47,40/31,90	**-5/+1/+19/+179 %**
	Umfang 808,5 Mio. €, Alter 13 Jahre, Jahresgebühr **0,60 %,** ausschüttend. Anlage „blaues Gold Wasser" ist risikoarm.			
ETF ComStage SDAX	**ETF 005**	89,30 €	116,6/70,60	**-11/-3/+10 %**
	Umfang 86 Mio. €, Alter 9 J., Gebühr **0,70 %,** ausschüttend. SDAX-Abbildung mit 70 Titeln. Talanx, Ströer, Fielmann usw.			
ETF ComStage Dow Jones	**ETF 010**	249,70 €	318,1/180,0	**-9/+19/+42/+150 %**
	66 Mio. €, Alter 12 J., Gebühr **0,45 %,** ausschüttend. Hauptanteile: UnitedHealth, Apple, Home Depot, VISA, Microsoft.			
ETF ComStage MSCI World	**ETF 110**	50,10 €	63,50/41,35	**-7/+12/+22/+96 %**
	Umfang 1,9 Mrd. €, Alter 12 J., Gebühr **0,2 %,** ausschüttend. Hauptanteile: Apple, Amazon, Microsoft, Alphabet, Facebook.			
ETF iShares S&P 500	**A0Y EDG**	249,50 €	313,5/203,4	**-3/+23/+44 %**
	Umfang 29 Mrd. €, Alter 10 J., Gebühr **0,07 %,** thesaurierend. Wichtige Branchen: Software, Finanzen, Konsumgüter.			
Einzelaktie HelloFresh MDAX	**A16 140**	27,10 €	32,00/7,75 €	**+240 %**/IPO
	Börsenwert: 4,8 Mrd. €, **KGV: 36,** EK: 43 %, **Div.-Rendite: 0,0 %.** Lieferung frischer nach persönlichen Wünschen zusammengestellter Mahlzeiten-Sets, 1,3 Mio. Kunden.			

Name, Fonds-gesellschaft	WKN	Kurs 09.04.20	Hoch/Tief 1 Jahr €	Kursverlauf 1, 3, 5 Jahre
Einzelaktie Alstria Reit MDAX	A0L D2U	14,25 €	19,10/9,90 €	+5/+37/+31 %
	Börsenwert: 2,3 Mrd. €, **KGV: 19, Div.-Rendite: 4,0 %.** Bürogebäude, Wohnimmobilien; Metropolen, Wachstumsstädte.			
Einzelaktie CompuGroup Tec/MDAX	543 730	64,20 €	74,80/46,45	+17/+61/+148 %
	Börsenwert: 3,4 Mrd. €, **KGV: 24, Div.-Rend.: 0,8 %.** Software, Kommunikationslösungen Kliniken, Ärzte, Zahnärzte.			
Einzelaktie Drägerwerk SDAX	555 063	86,50 €	108,5/38,35	+108/-9/-27 %
	Börsenwert: 597 Mio. €, **KGV: 19, Div.-Rendite: 0,3 %.** Medizin-/Sicherheitstechnik, Beatmungsgeräte, Schutzkleidung.			
Einzelaktie Dt. Telekom DAX/TecDAX	555 750	12,35 €	16,75/10,40	-17/-23/-28 %
	Börsenwert: 58 Mrd. €, **KGV: 10, Div.-Rendite: 4,9 %.** Telekommunikations-Dienste, Festnetz, Mobilfunk, Internet, TV.			
Einzelaktie LPKF Laser4,9	645 000	19,75 €	25,70/6,45 €	+131/+116/+79 %
	Börsenwert: 395 Mio. €, **KGV: 15, Div.-Rendite: 2,0 %.** Lasergestützte Anlagen für Leiterplatten/Metallschablonen usw.			
Einzelaktie MTU Aero-DAX	A0D 9PT	131,25 €	287,2/100,0	-34/+11/+53 %
	Börsenwert: 62 Mrd. €, **KGV: 13, Div.: 0,0 €,** Triebwerksmodule/Komponenten/Hochdruckverdichter, Reparaturverfahren.			
Einzelaktie Amgen Nasdaq 100	867 900	198,50 €	221,4/148,0	+15/+20/+33 %
	Börsenwert: 117 Mrd. €, **KGV: 22, Div.-Rendite: 3,00 %.** Pionier bei molekularbiologisch entwickelten Arznei-Wirkstoffen.			
Einzelaktie Daiichi Sankyo Nikkei	-A0F 57T	62,00 €	70,50/38,60	+49/+201/+322 %
	Börsenwert: 44,7 Mrd. €, **KGV: 45, Div.-Rendite: 1,0 %.** Ein internationaler japanischer Pharma- und Chemiekonzern.			
Einzelaktie Lukoil	A14 20E	64,30 €	99,30/41,05	-12/+57/+83 %
	Börsenwert: 44 Mrd. €, **KGV: 7,5, Div.-Rendite: 13,9 %.** International führender Konzern für fossile Energie Erdöl.			
Einzelaktie Medtronic Irland	A14 M2J	92,25 €	111,3/68,30	+20/+30/+44 %
	Börsenwert: 124 Mrd. €, **KGV: 14, Div.-Rendite: 2,5 %.** Weltmarktführer Medizintechnik: Herzschrittmacher, Herzklappen, Insulinpumpen mit Einsatz Künstlicher Intelligenz.			

Die meisten Anleger sind erfolgsorientiert mit einem Schwenk sowohl zum Sicherheitsbewusstsein wie auch zur Risikofreude. Bei höherem Startkapital wächst das Interesse, gut abzuschneiden, neue Strategien zu erproben und mehr Risiko einzugehen. Nicht selten entwickelt sich der Start in Aktien, Aktienfonds und ETFs zum Hobby mit dem Ziel, die Weichen für Vermögensaufbau und Altersvorsorge auf Grün zu stellen. Langfristig bringen beste Einzelaktien die höchste Rendite. Und was den deutschen Leitindex DAX betrifft, erzielten die Anleger meistens mit Dividenden mehr Rendite als mit den Aktienkursen.

Zitate #contracorona, eine *Handelsblatt*-Initiative

In einer Woche in ein neues Zeitalter gebeamt (Michael Käfer)

„Wir müssen Mut haben. Wir müssen an die Themen rangehen und auch diszipliniert sein. Und das ist auch meine Botschaft an die Politik: Bitte geben Sie 80 Millionen Menschen in diesem Land das Gefühl, dass wir diese Krise überstehen. Wir werden mit viel Kraft, vielen Ideen und großem Fleiß hoffentlich in einigen Jahren wieder denselben Wohlstand genießen, den wir heute haben."

Die richtige Zeit, über kreative, zukunftsweisende Möglichkeiten nachzudenken (Ralf Pichler, CEO Dt. Telekom-Gruppe, Detecon)

„Selbstverständlich ist dies eine Zeit, in der Gewohntes wegbrechen kann und wird. Wir lernen, dass viele Geschäftsmodelle umso robuster sind, wenn sie digitale Kanäle und Kundenerlebnisse konsequent mit anbieten. Etwa Anlagenbauer, die nun ihren Kunden Remote-Services zur Reparatur von Schäden anbieten oder Automobilhersteller und Handelsunternehmen, die ihre Showrooms und Virtual Reality ausstatten wollen. Im öffentlichen Bereich wollen Schulen ihren Lehrstoff digitalisieren. Und Stadtverwaltungen stellen auf digitale Angebote um, da sie ihren Publikumsverkehr massiv einschränken. Es gibt viele kreative Möglichkeiten, über die nachzudenken genau jetzt die richtige Zeit sein kann. Basierend darauf können gute digitale und zukunftsträchtige Geschäftsmodelle entstehen."

Mehr Konzentration auf das Wesentliche (Maren Spiller, Lufthansa)

„Vorausgesetzt, dass wir uns aus der Krise wieder frei kämpfen, wird sich – neben der Wirtschaft – aus meiner Sicht Folgendes in der Unternehmenskultur positiv verändern: Zweifler der virtuellen Zusammenarbeit arbeiten nun auch im Homeoffice und werden feststellen, dass dieser Weg gar nicht so unmöglich ist, wie er vorher schien. Kreative Lösungen der virtuellen Zusammenarbeit werden geschaffen, um sich auch in der Ferne doch nah zu sein als Team."

Startkapital ab 30.000 €, erfolgsorientiert; risikofreudig				
Name, Fonds-gesellschaft	**WKN**	**Kurs 10.04.20**	**Hoch/Tief 52 Wochen**	**Kursentwicklung 1, 3, 5, 10 Jahre**
Mischfonds	**A1H 72F**	103,95 €	122,9/87,30	**-3/+16/+34/+120 %**
ACATIS Datini Valueflex B	Umfang 241 Mio. €, Alter 9 Jahre, Ausgabeaufschlag **5,00 %,** Gebühr **0,00 %,** thesaurierend. Bevorzugte Anlage in Aktien Biotech-/Software-/Konsumsektor, z. B. Wirecard, Evotec.			
Mischfonds	**A0M 6JL**	316,45 €	384,5/292,3	**-7/+34/+65/+246 %**
Adelca Invest GVI Multi Ass.	Umfang 72 Mio. €, Alter 12 Jahre, Ausgabeaufschlag **5,00 %,** Gebühr **1,00 %,** thesaurierend. Ähnliche Ausrichtung wie bei Adelca GI (WKN A0M6JK); flexible Anlage in Aktien/Anleihen.			
Aktienfonds	**989 232**	47,25 €	64,40/36,05	**-4/+19/+16/+159 %**
Janus Henderson Hor. Immo	Umfang 140 Mio. €, Alter 22 J., Ausgabeaufschlag **5,00 %,** Geb. **1,20 %,** thesaurierend. Immobilienfirmen Europa: 10 %.			
Aktienfonds	**975 049**	147,10 €	192,9/117,1	**-4/+5/+17/+164 %**
Uni Deutschland XS	Umfang 1,3 Mrd. €, Alter 12 J., Ausgabeaufschlag **4,00 %,** Geb. **1,55 %,** thesaurierend. Mit SIXT, Grenke, Hypoport.			
Aktienfonds	**974 979**	63,80 €	75,50/52,55	**+5/+40/+50/+148 %**
Threadneedle Global Focus	Umfang 824 Mio. €, Alter 25 J., Ausgabeaufschlag **5,00 %,** Gebühr **1,50 %,** thesaurierend. Wichtige Branchen: Software. Größte Anteile: Microsoft, Mastercard, Adobe und Alphabet.			
Aktienfonds	**978 530**	141,40 €	143,2/97,50	**-3/+45/+90/+350 %**
Nordinternet	Umfang 68 Mio. €, Alter 22 J., Ausgabeaufschlag **5,00 %,** Gebühr **1,00 %,** thesaurierend. Die Internetweltspitze ist präsent mit Amazon, Alphabet, Netflix, Salesforce, Facebook, eBay.			
ETF	**A0F 5UF**	73,30 €	87,90/60,25	**+12/+50/+89/+299**
iShares Nasdaq 100	Umfang 1,24 Mio. €, Alter 14 Jahre, Geb. **0,31 %,** ausschüttend. Der ETF bildet die US-Technologiebörse mit KI ab.			
ETF	**593 397**	25,50 €	30,15/19,40	**+2/+35/+66 %**
iShares TecDAX (DE)	Umfang 762 Mio. €, Alter 19 Jahre, Jahresgebühr **0,51 %,** thesaurierend. Technologie, Software, Biotech, Medtech.			
ETF	**ETF 022**	33,05 €	40,35/29,75	**-15/+-0/-7 %**
ComStage HSI China/Ostasien	Umfang 153 Mio. €, Alter 9 J., Geb. **0,55 %,** thesaurierend. Der ETF investiert in Blue Chips wie Tencent, China Mobile.			

Name, Fondsgesellschaft	**WKN**	**Kurs 10.04.20**	**Hoch/Tief 52 Wochen**	**Kursentwicklung 1, 3, 5 Jahre**
ETF iShares S 600 Technologie	**A0H 08Q**	44,95 €	55,10/33,85	**+2/+17/+37 %**
	Umfang 191 Mio. €, Alter 19 J., Gebühr **0,46 %,** ausschüttend. Dabei: SAP, ASML, Infineon, Cap Gemini, Dassault.			
MSCI World ETF Socially Responsible	**A1J A1R**	83,40 €	101,7/66,65	**+1/+16/+26 %**
	Umfang 1,55 Mrd. €, Alter 9 J., Gebühr **0,25 %,** ausschüttend. Mit dabei: Microsoft, P&G, Walt Disney, Adobe, SAP.			
Einzelaktie Alibaba China	**A11 7ME**	179,40 €	208,0/132,0	**+8/+75/+121 %**
	Börsenwert: 465 Mrd. €, **KGV: 35, Div.-Rendite: 0,0 %.** Chinas größter Einzelhandelskonzern, zahlreiche Konsumgüter.			
Einzelaktie Kering Euro Stoxx 50	**851 223**	469,25 €	616,5/357,5	**-10/+88/+161 %**
	Börsenwert: 59 Mrd. €, **KGV: 17, Div.-Rendite: 2,4 %.** Luxusgüterkonzern, Puma-Mehrheitsaktionär, große Marken.			
Einzelaktie LVMH Euro Stoxx 50	**853 292**	348,00 €	443,0/279,5	**+8/+76/+127 %**
	Börsenwert: 340 Mrd. €, **KGV: 20, Div.-Rendite: 2,1 %.** Luxusgüterfirma: Wein, Parfüm, Lederwaren, Uhren, Schmuck.			
Einzelaktie NEL ASA Norwegen	**A0B 733**	1,03 €	1,54/0,44 €	**+37/+292/+647 %**
	Norwegischer Wasserstoffkonzern mit imposanter Kursentwicklung und Paradebeispiel für die ethische Geldanlage.			
Einzelaktie Netflix Nasdaq 100 Familienfirma	**552 484**	334,70 €	363,0/229,0	**+4/+148/+472 %**
	Börsenwert: 147 Mrd. €, **KGV: 40, Div.-Rendite: 0,0 %.** Portfolio für TV-Serien und Filme. Mit Internet-Abo-Service können die Kunden unbegrenzt Fernsehen und Filme streamen.			
Einzelaktie Nvidia Nasdaq 100	**918 422**	249,00 €	294,0/118,1	**+50/+166/+1.567 %**
	Börsenwert: 233 Mrd. €, **KGV: 28, Div.-Rendite: 0,35 %.** Hersteller von Grafik- und Medienkommunikationsprozessoren. Spiele, digitale Bildbearbeitung und Industriedesign.			
Einzelaktie Novo Nordisk Stoxx 50, DK	**A1X A8R**	55,05 €	49,85/41,50	**+24/+78/+21 %**
	Börsenwert: 133 Mrd. €, **KGV: 20, Div.-Rendite: 2,1 %.** Weltmarktführer bei Arzneimitteln/Impfstoffen gegen Diabetes.			
Einzelaktie Orsted Dänemark	**851 311**	92,00 €	104,0/64,95	**+36/+165 %**
	Börsenwert: 38 Mrd. €, **KGV: 19, Div.-Rendite: 1,7 %.** Zusammenschluss von sechs dänischen Energie-Versorgern.			

Name, Fondsgesellschaft	WKN	Kurs 10.04.20	Hoch/Tief 52 Wochen	Kursentwicklung 1, 3, 5Jahre
Einzelaktie SolarEdge Israel	A14 QVM	89,55 €	131,0/36,00	+145/+513/+288 %
	Börsenwert: 4,4 Mrd. €, **KGV: 20, Div.-Rendite: 0,0 %.** Führender internationaler Produzent Solarstrom-Wechselrichter.			
Einzelaktie Freenet TecDAX/MDAX	A0Z 2ZZ	16,30 €	21,65/13,65	-10/-32/-24 %
	Börsenwert: 2,03 Mrd. €, **KGV: 8,6, Div.-Rendite: 10,4 %.** Anbieter von Produkten für mobile Sprach- & Datendienste.			
Einzelaktie Heidel Cement DAX	604 700	43,90 €	73,50/29,00	-36/-49/-42 %
	Börsenwert: 7,9 Mrd. €, **KGV: 6,2, Div.-Rendite: 5,9%.** Bauindustrie; Beton-Grundstoffe, Zement und Zuschlagstoffe.			
Einzelaktie RWE DAX	703 712	25,05 €	34,65/20,05	+6/+61/+-0 %
	Börsenwert: 14,4 Mrd. €, **KGV: 11, Div.-Rendite: 3,6 %.** Globaler Strom- und Energiekonzern mit regenerativen Quellen.			
Einzelaktie WasTec TecDAX/MDAX	750 750	36,15 €	72,80/28,85	-49/-44/+69 %
	Börsenwert: 504 Mio. €, **KGV: 13, Div.-Rendite: 6,7 %.** Weltweiter Anbieter von Waschanlagen für Transportsysteme.			

Jeder Vorschlag bringt neue Aktien. Wählen Sie aus nach eigenen Vorlieben, abhängig von Börsenwissen, Zeit und Interesse. Tauschen Sie ruhig aus. Entscheiden Sie selbst, ob Sie in Krisen auf Verlierer oder Sieger setzen wollen.

Wo stecken die durch den Crashabsturz unterbewerteten Aktien aus DAX, MDAX, TecDAX und SDAX mit höherem Buchwert als dem aktuellen Aktienkurs?

Der heftige Corona-Crash hat dazu geführt, dass sehr viele börsennotierte Unternehmen durch den Absturz um ein Drittel, die Hälfte oder noch mehr nun unterbewertet sind. Dies ist vor allem daran erkennbar, dass der Buchwert, der die materiellen Vermögenswerte widerspiegelt, nun plötzlich den Aktienkurs deutlich übertrifft. Selbst jetzt, wo sich der DAX von seinem Tiefstand bei 8.200 Punkten Mitte März 2020 vier Wochen später immerhin wieder auf über 10.500 Punkte hochgerappelt hat, gibt es noch eine Reihe von Aktien, die noch so günstig zu haben sind wie schon seit langem nicht mehr. Die ungewöhnlichen Zeiten erfordern ungewöhnliche Maßnahmen. Bundeswirtschaftsminister Peter Altmaier von der CDU befürchtet, dass kapitalkräftige Konzerne aus dem Ausland die Chance nutzen könnten, sich die preiswerten Unternehmen einzuverleiben.

Buch- & Kurswert Deutscher Leitindex DAX, Stand: 06. April 2020

Allianz:	Buchwert: 167,65 €,	Aktienkurs: 158,35 €
BMW:	Buchwert: 86,55 €,	Aktienkurs: 48,55 €
Continental:	Buchwert: 72,22 €,	Aktienkurs: 66,58 €
Daimler:	Buchwert: 54,09 €,	Aktienkurs: 27,34 €
Deutsche Bank:	Buchwert: 29,17 €,	Aktienkurs: 5,89 €
HeidelbergCement:	Buchwert: 83,51 €,	Aktienkurs: 40,01 €
Lufthansa:	Buchwert: 19,06 €,	Aktienkurs: 8,65 €
Munich Re:	Buchwert: 201,80 €,	Aktienkurs: 181,80 €
RWE:	Buchwert: 26,65 €,	Aktienkurs: 23,37 €
Volkswagen Vz:	Buchwert: 237,15 €,	Aktienkurs: 112,96 €

Buch- & Kurswert MDAX mit TecDAX, Stand: 06. April 2020

Aareal Bank:	Buchwert: 45,40 €,	Aktienkurs: 14,70 €
Alstria Office Reit:	Buchwert: 17,35 €,	Aktienkurs: 12,95 €
AroundTown:	Buchwert: 7,72 €,	Aktienkurs: 4,51 €
Aurubis:	Buchwert: 56,10 €,	Aktienkurs: 40,25 €
Commerzbank:	Buchwert: 23,25 €,	Aktienkurs: 3,33 €
Deutsche Pfandbrief:	Buchwert: 22,80 €,	Aktienkurs: 6,78 €
Fraport:	Buchwert: 46,05 €,	Aktienkurs: 40,65 €
Grand City Properties:	Buchwert: 48,55 €,	Aktienkurs: 26,50 €
K&S:	Buchwert: 21,30 €,	Aktienkurs: 5,26 €
Rocket Internet:	Buchwert: 28,90 €,	Aktienkurs: 17,90 €
Uniper:	Buchwert: 30,20 €,	Aktienkurs: 21,80 €

Buch- & Kurswert SDAX mit TecDAX, Stand: 06. April 2020

1&1 Drillisch:	Buchwert: 28,80 €,	Aktienkurs: 18,70 €
Ado Properties:	Buchwert: 59,15 €,	Aktienkurs: 19,65 €
BayWa:	Buchwert: 27,30 €,	Aktienkurs: 26,00 €
Bertrandt:	Buchwert: 39,10 €,	Aktienkurs: 31,55 €
Bilfinger:	Buchwert: 25,15 €,	Aktienkurs: 14,45 €
Corestate Capital:	Buchwert: 28,90 €,	Aktienkurs: 26,15 €
Deutsche Beteiligung:	Buchwert: 29,15 €,	Aktienkurs: 26,75 €
Deutsche Euroshop:	Buchwert: 40,20 €,	Aktienkurs: 11,85 €
Deutz:	Buchwert: 5,25 €,	Aktienkurs: 3,24 €

Buch- & Kurswert SDAX/TecDAX, Stand: 06. April 2020 (Forts.)

DWS Group:	Buchwert:	32,75 €,	Aktienkurs:	22,20 €
Hornbach:	Buchwert:	77,00 €,	Aktienkurs:	41,00 €
INDUS:	Buchwert:	28,20 €,	Aktienkurs:	25,00 €
Klöckner & Co.:	Buchwert:	11,40 €,	Aktienkurs:	3,38 €
König & Bauer:	Buchwert:	26,80 €,	Aktienkurs:	18,90 €
LEONI:	Buchwert:	19,40 €,	Aktienkurs:	5,72 €
SAF Holland:	Buchwert:	6,27 €,	Aktienkurs:	4,00 €
Salzgitter:	Buchwert:	48,25 €,	Aktienkurs:	10,90 €
Südzucker:	Buchwert:	14,55 €,	Aktienkurs:	12,55 €
Takkt:	Buchwert:	8,97 €,	Aktienkurs:	6,99 €
Traton:	Buchwert:	25,50 €,	Aktienkurs:	12,85 €
Wacker Neuson:	Buchwert:	16,35 €,	Aktienkurs:	10,50 €
W&W AG:	Buchwert:	50,55 €,	Aktienkurs:	14,30 €

Wo ist der Kursabsturz gegenüber dem Buchwert am größten und dies trotz Erholung beim DAX von 8.200 auf über 10.500 Punkte?

Blick auf den DAX

Deutsche Bank:	Buchwert:	29,17 €,	Aktienkurs:	5,89 €
HeidelbergCement:	Buchwert:	83,51 €,	Aktienkurs:	40,01 €
Lufthansa:	Buchwert:	19,06 €,	Aktienkurs:	8,65 €

Blick auf den MDAX

Aareal Bank	Buchwert:	45,40 €,	Aktienkurs:	14,70 €
Commerzbank	Buchwert:	23,25 €,	Aktienkurs:	3,33 €
Deutsche Pfandbrief:	Buchwert:	22,80 €,	Aktienkurs:	6,78 €
K&S:	Buchwert:	21,30 €,	Aktienkurs:	5,26 €

Blick auf den SDAX

Ado Properties:	Buchwert:	59,15 €,	Aktienkurs:	19,65 €
Deutsche Euroshop:	Buchwert:	40,20 €,	Aktienkurs:	11,85 €
Klöckner & Co.:	Buchwert:	11,40 €,	Aktienkurs:	3,38 €
LEONI:	Buchwert:	19,40 €,	Aktienkurs:	5,72 €
Salzgitter:	Buchwert:	48,25 €,	Aktienkurs:	10,90 €
Traton:	Buchwert:	25,50 €,	Aktienkurs:	12,85 €
W&W AG:	Buchwert:	50,55 €,	Aktienkurs:	14,30 €

5.6 Mit 50.000 Euro Startkapital die wichtigsten Märkte abdecken

Es gibt viele Gründe, dass jemand plötzlich über ein Startkapital von 50.000 € verfügt, sich für Aktien, Fonds und ETFs interessiert und eine langfristige Geldanlage anstrebt. Oft führt eine Erbschaft zum Kapitalzuwachs, weil die Eltern oder Großeltern gestorben sind. Es kann sich auch um ein Abfindungsangebot vom Arbeitgeber, um Prämien und Bonuszahlungen handeln. Ebenso ist es möglich, dass ab Ruhestand das zu große Haus verkauft und eine kleinere Eigentumswohnung erworben wird. Nur selten ist ein Glücksspielgewinn der Grund für eine solch große Summe.

Jetzt sind Ihr Fachwissen und Interesse am Börsengeschehen gefragt. Meine Modelle zeigen, wie Sie chancenreich und mit überschaubarem Risiko anlegen sollten. Wohlgemerkt sind dies langfristige Bausteine für Vermögensaufbau und finanziell sorgenfreien Ruhestand. Das von mir entwickelte Modell wendet sich an Anleger, die über Kapitalreserven verfügen und außer bei Einzelaktien ihr Depot nicht ständig überprüfen wollen. Die Aktienfonds und ETFs wähle ich unter einer Vielzahl von Produkten aus. Sie decken Zukunftsmärkte ab und wenden sich an Anleger, die langfristig investieren wollen.

Startkapital 50.000 €: vorsichtig und erfolgsorientiert				
Name, Fondsgesellschaft	**WKN**	**Kurs am 10.04.20**	**Hoch/Tief 1 Jahr €**	**Kursentwicklung 1, 3, 5, 10 Jahre**
Mischfonds	**A1J 17U**	1.361,0 €	1.735/1.163	**-5/+15/+25/+52 %**
VM Long Term Value	Umfang 28 Mio. €, Alter 7 J., Ausgabeaufschlag **3,00 %,** Geb. **0,12 %,** ausschüttend. Value-Aktien, Geldmarkt, Banken.			
Mischfonds	**984 807**	42,90 €	50,65/37,40	**-5/+4/+14/+92 %**
DWS Dynamic Opportunity	Umfang 237 Mio. €, Alter 20 J., Ausgabeaufschlag **0,00 %,** Gebühr **0,85 %,** thesaurierend. Zukunftsfähige Konzerne. Größte Anteile: Dt. Telekom, Allianz, Bayer, Daimler, SAP.			
Mischfonds	**A0M 6JK**	335,65 €	405,9/313,6	**-6/+37/+66/+233 %**
Adelca Invest GI Multi Ass.	Umfang 65 Mio. €, Alter 12 Jahre, Ausgabeaufschlag **5,00 %,** Gebühr **1,00 %,** thesaurierend. Anlageziel ist die Erwirtschaftung von hohem Wertzuwachs mit regionalen Schwerpunkten.			

Name, Fondsgesellschaft	WKN	Kurs am 10.04.20	Hoch/Tief 1 Jahr €	Kursentwicklung 1, 3, 5, 10 Jahre
Mischfonds FU Fonds Multi Asset	DK1 CJ2	811,90 €	951,7/790,3	-3/+17/+36/+68 %
	Umfang 80 Mio. €, Alter 12 Jahre, Ausgabeaufschlag **0,00 %,** Gebühr **0,70 %,** ausschüttend. Renten-, Aktien-, Geldmarkt.			
Aktienfonds Fidelity Global Consumer	A0NGWX	36,50 €	42,95/31,65	+1/+21/+31/+203 %
	Umfang 1,14 Mrd. €, Alter 12 J., Ausgabeaufschlag **0,00 %,** Geb. **0,80 %,** thesaurierend. Anlage in die Konsumgüter-Industrie mit Familienkonzernen wie Amazon, L'Oréal, LVMH.			
Aktienfonds HGF Henderson Global Growh	A0DNEW	17,20 €	21,00/14,55	-1/+16/+31/+164 %
	Umfang 449 Mio. €, Alter 15 J., Ausgabeaufschlag **5,00 %,** Geb. **1,50 %,** thesaurierend. Hauptanteile: Microsoft, Alphabet, Unilever, American Express, Berkshire, Mastercard.			
Aktienfonds Uni Nachhaltig global	A0M 80G	98,30 €	122,9/83,30	-3/+10/+16/+108 %
	Umfang 611 Mio. €, Alter 11 J., Ausgabeaufschlag **5,00 %,** Gebühr **1,20 %,** ausschüttend. Hauptanteile: Apple, Microsoft, BostonScient., Alphabet, UnitedHealth, Mastercard, Adobe.			
Aktienfonds DNB Kommunikation/Med.	A0MWAN	528,70 €	649,7/433,2	0/+35/+82/+338 %
	Umfang 718 Mio. €, Alter 13 J., Ausgabeaufschlag **5,00 %,** Gebühr **1,50 %,** thesaurierend. Anlage in Technologie-, Kommunikations- und Medientitel aus Zukunftsmärkten.			
Aktienfonds Uni Favorit: Akt. Europa	847 707	151,40 €	156,3/125,4	+1/+31/+63/+244 %
	Umfang 4,13 Mrd. €, Alter 14 Jahre, Ausgabeaufschlag **5,00 %,** Gebühr **1,20 %,** ausschüttend. Investiert wird in Blue Chips wie VISA, Facebook, Alphabet A, Alibaba, Nestlé, Home Depot.			
ETF iShares MDAX	593 392	186,90 €	249,1/140,1	-15/-12/+-0/+144 %
	Umfang 1,13 Mrd. €, Alter 19 Jahre, Gebühr **0,51 %,** thesaurierend. Abbildung vom MDAX mit 60 mittelgroßen Firmen.			
ETF LYXOR World Water	LYX 0CA	33,70 €	47,40/31,90	-5/+1/+19/+179 %
	Umfang 808,5 Mio. €, Alter 13 Jahre, Jahresgebühr **0,60 %,** ausschüttend. Anlage „blaues Gold Wasser" ist risikoarm.			
ETF ComStage SDAX	ETF 005	89,30 €	116,6/70,60	-11/-3/+10 %
	Umfang 86 Mio. €, Alter 9 J., Gebühr **0,70 %,** ausschüttend. SDAX-Abbildung mit 70 Titeln. Talanx, Ströer, Fielmann usw.			

Name, Fondsgesellschaft	WKN	Kurs 10.4.20	Hoch/Tief 1 Jahr €	Kursentwicklung 1, 3, 5, 10 Jahre
ETF Com-Stage Dow Jones	ETF 010	249,70 €	318,1/180,0	-9/+19/+42/+150 %
	66 Mio. €, Alter 12 J., Gebühr **0,45 %,** ausschüttend. Hauptanteile: UnitedHealth, Apple, Home Depot, VISA, Microsoft.			
ETF ComStage MSCI World	ETF 110	50,10 €	63,50/41,35	-7/+12/+22/+96 %
	Umfang 1,9 Mrd. €, Alter 12 J., Gebühr **0,2 %,** ausschüttend. Dabei: Apple, Amazon, Microsoft, Alphabet, Facebook.			
ETF iShares S&P 500	A0Y EDG	249,50 €	313,5/203,4	-3/+23/+44 %
	Umfang 29 Mrd. €, Alter 10 J., Ge. **0,07 %,** thesaurierend. Wichtige Branchen: Software, Finanzen, Konsumgüter.			
ETF LYXOR MSCI World Information	LYX 0GP	297,00 €	362,1/240,0	+14/+58/+101 %
	351 Mio. €, Alter 10 Jahre, Gebühr **0,30 %,** thesaurierend. Vertreten: Microsoft, Apple, Visa, Mastercard, Intel, Cisco.			
Einzelaktie BayWa SDAX	541 910	44,45 €	57,10/25,60	+1/-1/-20 %
	Börsenwert: 890 Mio. €, **KGV: 21, Div.-Rendite: 4,4 %.** Handel/Logistik: Agrar, Bau, Energie, Innovation & Digitalisierung.			
Einzelaktie BASF DAX	BAS F11	46,90 €	74,60/37,35	-31/-49/-50 %
	Börsenwert: 40,6 Mrd. €, **KGV: 10, Div.-Rendite: 7,7 %.** Industrie-Chemikalien, Desinfektionsmittel, Auto-, Baubereich.			
Einzelaktie Basler AG Prime Stand.	510 200	41,10 €	58,30/32,95	-18/+54/+132 %
	Börsenwert: 400 Mio. €, **KGV: 25, Div.-Rendite: 1,5** Digitalindustriekameras Produktionsprozesse, Videoüberwachung.			
Einzelaktie Caterpillar Dow Jones	850 598	115,00 €	134,4/79,25	-5/+26/+52 %
	Börsenwert: 62 Mrd. €, **KGV: 12, Div.-Rendite: 3,4 %.** Führend bei Bautechnik, Motoren, industriellen Gasturbinen, Bau- und Untertagebaumaschinen, Marken Cat & Perkins.			
Einzelaktie Eckert & Ziegler	656 970	131,20 €	205,0/72,00	+55/+434/+593 %
	Börsenwert: 687 Mrd. €, **KGV: 21, Div.-Rendite: 1,0 %.** Radioaktive Komponenten für Medizin/Forschung/Messtechnik.			
Einzelaktie AstraZeneca Stoxx 50 GB	886 455	80,50 €	92,60/64,55	+13/+55/+49 %
	Börsenwert: 107 Mrd. €, **KGV: 17, Div.-Rendite: 3,2 %** Arzneimittel Krebs, Herz-, Gefäß-, Stoffwechselkrankheiten.			

Einzelaktie Infineon DAX	**623 100**	16,25 €	23,00/10,25	**-17/-10/+51 %**
	Börsenwert: 17,7 Mrd. €, **KGV: 15, Div.-Rendite: 1,9 %.** Breite Produktpalette Halbleiter, komplette Systemlösungen.			
Einzelaktie Siltronic MDAX	**WAF 300**	76,10 €	108,0/47,45	**-7/+22 %**
	Börsenwert: 2,15 Mrd. €, **KGV: 11, Div.-Rendite: 4,3 %.** Wafer aus Reinstsilizium für Mikro- und Nano-Elektronik.			
Einzelaktie Sberbank RTX Russland	**A1J B8N**	9,95 €	15,85/7,60 €	**-19/+9/+125 %**
	Börsenwert: 226 Mrd. €, **KGV: 4,5, Div.-Rendite: 11,5 %.** 14 territoriale Banken, 16.500 Filialen, 137 Mio. Privatkunden.			
Einzelaktie Ströer SDAX/ DAXplus Fam.	**749 399**	56,95 €	77,80/39,80	**+10/+22/+87 %**
	Börsenwert: 3,0 Mrd. €, **KGV: 13, Div.-Rendite: 4,5 %.** Außen-, Banden-, Online-Reklame, Kommunikationslösungen.			
Einzelaktie Stryker S&P 500	**864 952**	166,80 €	209,1/116,8	**-3/+35/+92 %**
	Börsenwert: 62 Mrd. €, **KGV: 16, Div.-Rendite: 1,4 %.** Implantate Gelenkersatz, Chirurgiegeräte/Navigationssysteme.			
Einzelaktie Tatneft RTX Russland	**A2A BS0**	44,00 €	73,45/24,85	**-19/+71/+110 %**
	Börsenwert: 105 Mrd. €, **KGV: 7, Div.-Rendite: 15 %.** Öl- & Gas, Raffinerien, Petrochemie, Tankstellen, Reifenherstellg.			
Einzelaktie Tencent China	**A11 38D**	46,10 €	49,60/36,00	**+7/+67/+136 %**
	Börsenwert: 434 Mrd. €, **KGV: 24, Div.-Rendite: 0,3 %.** Chinas größtes Internet-Service-Portal mit Zusatzfunktionen.			
Einzelaktie Thermo Fisher S&P 500	**857 209**	282,00 €	316,4/224,0	**+15/+94/+129 %**
	Börsenwert: 123 Mrd. €, **KGV: 20, Div.-Rendite: 0,3 %.** Wissenschaftspartner klinische/diagnostische Forschungslabore.			
Einzelaktie Tomra Syst. Norwegen	**872 535**	27,50 €	33,45/18,85	**+-0/+156/+236 %**
	Börsenwert: 3,4 Mrd. €, **KGV: 44, Div.-Rendite: 0,9 %.** Tomra entwickelt innovative Lösungen für Materialverwertung, Recycling und automatische Leergut-Rücknahmesysteme.			
Einzelaktie UPM Kymmene Finnland	**881 026**	25,10 €	31,10/20,90	**+1/+30/+74 %**
	Börsenwert: 13 Mrd. €, **KGV: 14, Div.-Rendite: 5,5 %.** Europas größter Holzverarbeitungskonzern Fein-/Zeitungspapier.			
Einzelaktie VINCI Euro Stoxx 50 FR	**867 475**	76,40 €	107,2/55,00	**-10//+12/+60 %**
	Börsenwert: 45 Mrd. €, **KGV: 36, Div.-Rendite: 1,4 %.** Globaler Baukonzern und Autobahnbetreiber mit Konzessionen.			

Die Zauberformel Dividende als passive Altersvorsorge

Bei vielen Value-Titeln steigt die Dividende alljährlich – bei Johnson & Johnson, 3M, Proct. & Gamble und McDonald's seit über einem Jahrzehnt in Folge. Im Laufe der Zeit kann auf den Kaufpreis bezogen die Ausschüttung zweistellig sein.

Schon um ihr hohes Ansehen nicht zu gefährden, werden die Dividendenaristokraten höchstwahrscheinlich auch im Crash die Ausschüttung weder kürzen noch streichen. Der Vertrauensverlust mit den negativen Folgen wäre dramatischer als das Einsparen der Dividende. Vereinzelt kassiere ich Ausschüttungen zwischen 20 und 45 %. Da sind Teilverkäufe außer bei finanziellem Engpass unvernünftig. Genießen Sie mit Dividenden keine Urlaubsfreuden, sondern stocken Sie Ihren Bestand an guten Aktien schrittweise auf, indem Sie die Dividenden reihum ab 1.000 € verteilen. Nachdem jeder Vorschlag neue Aktien bringt, treffen Sie Ihre Auswahl nach eigenem Ermessen auch mit Blick auf hohe Ausschüttungen.

Wer streicht beim DAX vermutlich 2020 die Dividende?

Deutsche Bank:	Dividende 2019:	0,11 €,	Dividende 2020:	0,00 €
Lufthansa:	Dividende 2019:	0,80 €	Dividende 2020:	0,00 €
MTU:	Dividende 2019:	2,85 €	Dividende 2020:	0,00 €

Wer reduziert beim DAX voraussichtlich die Dividende?

BMW:	Dividende 2019:	3,50 €,	Dividende 2020:	2,50 €
Continental:	Dividende 2019:	4,75 €	Dividende 2020:	2,00 €
Daimler:	Dividende 2019:	3,25 €	Dividende 2020:	0,90 €
Deutsche Telekom:	Dividende 2019:	0,70 €,	Dividende 2020:	0,60 €

Wer lässt beim DAX die Dividende wohl unverändert?

BAYER:	Dividende 2019:	2,80 €	Dividende 2020:	2,80 €
Beiersdorf:	Dividende 2019:	0,70 €	Dividende 2020:	0,70 €
Covestro:	Dividende 2019:	2,40 €,	Dividende 2020:	2,40 €
Henkel:	Dividende 2019:	1,85 €	Dividende 2020:	1,85 €
Infineon:	Dividende 2019:	0,27 €	Dividende 2020:	0,27 €

Wer erhöht beim DAX voraussichtlich die Dividende?

Adidas (evtl. gestrichen)	Dividende 2019:	3,35 €	Dividende 2020:	3,85 €
Allianz:	Dividende 2019:	9,00 €	Dividende 2020:	9,60 €
BASF:	Dividende 2019:	3,20 €,	Dividende 2020:	3,30 €

Wer erhöht beim DAX wohl die Dividende? (Fortsetzung)

Deutsche Börse:	Dividende 2019: 2,70 €	Dividende 2020: 2,90 €
Deutsche Post:	Dividende 2019: 1,15 €	Dividende 2020: 1,25 €
E.ON:	Dividende 2019: 0,43 €,	Dividende 2020: 0,46 €
Fresenius:	Dividende 2019: 0,80 €	Dividende 2020: 0,84 €
Fresenius Med. Care:	Dividende 2019: 1,70 €	Dividende 2020: 1,80 €
Heidelberg Cement:	Dividende 2019: 2,10 €	Dividende 2020: 2,20 €
Linde:	Dividende 2019: 3,04 €	Dividende 2020: 3,25 €
Merck:	Dividende 2019: 1,25 €,	Dividende 2020: 1,30 €
Munich Re:	Dividende 2019: 9,25 €	Dividende 2020: 9,80 €
RWE:	Dividende 2019: 0,70 €	Dividende 2020: 0,80 €
SAP:	Dividende 2019: 1,50 €	Dividende 2020: 1,58 €
Siemens:	Dividende 2019: 3,80 €	Dividende 2020: 3,90 €
Vonovia:	Dividende 2019: 1,44 €	Dividende 2020: 1,57 €
VW Vz:	Dividende 2019: 4,86 €	Dividende 2020: 5,56 €
Wirecard:	Dividende 2019: 0,20 €	Dividende 2020: 0,29 €

Wer sind in diesem Jahr die Dividendenstars ab 5,0 %?

Covestro:	**8,5 %**	**E.ON:**	**5,5 %**
BASF:	**7,5 %**	**BAYER:**	**5,4 %**
Allianz:	**6,3 %**	**Deutsche Post:**	**5,3 %**
Heidelberg Cement:	**5,9 %**	**Munich Re:**	**5,3 %**
Volkswagen Vz:	**5,9 %**	**Siemens:**	**5,1 %**
BMW:	**5,5 %**	**Deutsche Telekom:**	**5,0 %**

Erkenntnis: Steigen die Aktienkurse im Bullenmarkt, sinkt bei gleicher Höhe der Dividende die Ausschüttungsrendite. Sinken die Aktienkurse wie derzeit beim Corona-Crash, so erhöht sich die Dividendenrendite. Stürzt der Aktienkurs um die Hälfte ab, verdoppelt sich die Dividendenrendite als Trostpflaster im Crash.

Wer am Hauptversammlungstag die Aktie besitzt, bekommt die volle Ausschüttung auch dann, wenn er den Titel kurz vor Beginn der HV erworben hat. Die Dividende wird mit der Abgeltungssteuer von 25 % plus Solidaritätszuschlag plus Kirchensteuer belastet und binnen drei Werktagen auf das Depotkonto überwiesen. Bei „Ertragsgutschrift“ wird die Steuer nicht eingezogen.

Ein Startkapital von 50.000 € für den erfolgsorientierten und risikofreudigen Anleger

Mehr Wagemut macht höhere Gewinne möglich. Zugleich steigt jedoch das Verlustrisiko bei einzelnen Posten. Die breite Streuung in Multi-Asset-Mischfonds, Aktienfonds, ETFs und Einzelaktien, darunter ein größerer Anteil familiengeführt mit nachhaltigem Geschäftsmodell, dürfte in 10 oder 20 Jahren kaum zu Einbußen führen. Beim Crash, den wir derzeit durch die Corona-Epidemie erleiden, ist Aussitzen bei ETFs, Misch- und Aktienfonds angezeigt, nicht aber bei Einzelaktien.

Verkaufen Sie solche Werte, deren Geschäftsmodell nicht zukunftsfähig und deren Bilanzierung unseriös ist. Umgekehrt greifen Sie bei denjenigen Titeln beherzt zu, die übertrieben abgestraft wurden. Schieben Sie Ihre Entscheidungen nicht auf die lange Bank, sondern nutzen Sie Schritt für Schritt die gesamte Bodenbildungsphase, wobei niemand weiß, wie lange diese anhält. Könner schaffen breit gestreut im Laufe eines Jahrzehnts auf das einzelne Jahr umgerechnet im Schnitt 8, 10, evtl. sogar 15 %. Letzteres gilt für mich. Ich kann dies dokumentarisch belegen. Sämtliche Aktien, die ich von 5.000 bis 50.000 Euro vorschlage, befinden sich abgesehen von wenigen Ausnahmen in meinem Depot – darunter über ein Dutzend Titel mit Kursgewinn von 1.000 bis 3.000 %.

Startkapital 50.000 €: erfolgsorientiert und risikofreudig

Name, Fondsgesellschaft	WKN	Kurs am 14.04.20	Hoch/Tief 52 Wochen	Kursentwicklung 1, 3, 5, 10 Jahre
Mischfonds ACATIS Datini Valueflex B	A1H 72F	103,95 €	122,9/87,30	-3/+16/+34/+120 %
	Umfang 241 Mio. €, Alter 9 Jahre, Ausgabeaufschlag **5,00 %**, Gebühr **0,00 %**, thesaurierend. Bevorzugte Anlage in Aktien Biotech-/Software-/Konsumsektor, z. B. Wirecard, Evotec.			
Mischfonds Adelca Invest GVI Multi Ass.	A0M 6JL	316,45 €	384,5/292,3	-7/+34/+65/+246 %
	Umfang 72 Mio. €, Alter 12 Jahre, Ausgabeaufschlag **5,00 %**, Gebühr **1,00 %**, thesaurierend. Ähnliche Ausrichtung wie bei Adelca GI (WKN A0M6JK); flexible Anlage Aktien/Anleihen.			
Mischfonds FU Multi Asset	A0Q 5MD	203,20 €	238,9/200,6	-5/+10+23/+73 %
	Umfang 81 Mio. €, Alter 12 J., Ausgabeaufschlag **5,00 %**, Geb. **1,70 %**, ausschüttend. Dabei: CompuGroup, Sartorius.			

Name, Fondsgesellschaft	WKN	Kurs am 14.04.20	Hoch/Tief 1 Jahr €	Kursentwicklung 1, 3, 5, 10 Jahre
Mischfonds Janus Henderson Global	A0D NEW	17,20 €	21,00/14,50	-1/+16/+31/+164 %
	Umfang 449 Mio. €, Alter 15 J., Ausgabeaufschlag **5,00 %,** Geb. **1,50 %,** thesaurierend. Branchen: Software, Finanzen, Konsum, Gesundheit, Industrie; dabei: Microsoft, Alphabet.			
Aktienfonds UniSector BioPharma	921 556	128,50 €	140,3/104,9	+11/+14/+17/+189 %
	Umfang 319 Mio. €, Alter 20 J., Ausgabeaufschlag **4,00 %,** Gebühr **1,55 %,** ausschüttend. Größte Posten: Biotechtitel.			
Aktienfonds UniSector Hightech A	921 559	114,10 €	139,7/114,1	+9/+40/+67/+242 %
	Umfang 220 Mio. €, Alter 21 J., Ausgabeaufschlag **4,00 %,** Geb. **1,55 %,** thesaurier. Dabei: Apple, Visa, Cisco, Adobe.			
Aktienfonds Threadneedle Global Focus	974 979	63,80 €	75,50/52,55	+5/+40/+50/+148 %
	Umfang 824 Mio. €, Alter 25 J., Ausgabeaufschlag **5,00 %,** Gebühr **1,50 %,** thesaurierend. Wichtige Branchen: Software. Größte Anteile: Microsoft, Mastercard, Adobe und Alphabet.			
Aktienfonds Nordinternet	978 530	141,40 €	143,2/97,50	-3/+45/+90/+350 %
	Umfang 68 Mio. €, Alter 22 J., Ausgabeaufschlag **5,00 %,** Gebühr **1,00 %,** thesaurierend. Internetweltspitze ist präsent mit Amazon, Alphabet, Netflix, Salesforce, Facebook, eBay.			
Aktienfonds DEKA Technologie CF	515 262	41,45 €	50,45/35,25	+6/+44/+82/+262 %
	Umfang 291 Mio. €, Alter 20 J., Ausgabeaufschlag **3,75 %,** Gebühr **1,25 %,** thesaurierend. Auch asiatische Aktien wie Samsung, Tencent, Taiwan Semiconductor sind im Portfolio.			
Aktienfonds Janus Henderson Hor. Immo	989 232	47,25 €	64,40/36,05	-4/+19/+16/+159 %
	Umfang 140 Mio. €, Alter 22 J., Ausgabeaufschlag **5,00 %,** Geb. **1,20 %,** thesaurierend. Immobilienfirmen Europa: 10 %.			
Aktienfonds KBC Strategie Telecom & Technology	779 078	235,00 €	296,9/200,7	+3/+23/+37/+130 %
	Umfang 1,4 Mrd. €, Alter 20 J., Ausgabeaufschlag **0,00 %,** Geb. **1,50 %,** thesaurierend. Konzentration Telekom, Technik, Medien; dabei: SAP, Samsung, Apple, ASML, Facebook.			
ETF iShares Nasdaq 100	A0F 5UF	73,30 €	87,90/60,25	+12/+50/+89/+299
	Umfang 1,24 Mio. €, Alter 14 Jahre, Geb. **0,31 %,** ausschüttend. Der ETF bildet die US-Technologiebörse mit KI ab.			

Name, Fonds-gesellschaft	WKN	Kurs 14.4.20	Hoch/Tief 1 Jahr €	Kursverlauf 1, 3, 5 Jahre
ETF iShares Stoxx Technologie	A0H 08Q	44,25 €	48,90/35,95	+5/+36/+73 %
	Umfang 117 Mio. €, Alter 18 J., Gebühr **0,45 %,** ausschüttend. Wichtige Branchen: Software & Halbleiter. Hauptanteile: SAP, ASML, Ericsson, Infineon, Cap Gemini, Dassault.			
ETF iShares TecDAX (DE)	593 397	25,50 €	30,15/19,40	+2/+35/+66 %
	Umfang 762 Mio. €, Alter 19 Jahre, Jahresgebühr **0,51 %,** thesaurierend. Technologie, Software, Biotech, Medtech.			
ETF ComStage HSI China/Ostasien	ETF 022	33,05 €	40,35/29,75	-15/+-0/-7 %
	Umfang 153 Mio. €, Alter 9 J., Geb. **0,55 %,** thesaurierend. Der ETF investiert in Blue Chips wie Tencent, China Mobile.			
MSCI World **ETF** Socially Responsible	A1J A1R	83,40 €	101,7/66,65	+1/+16/+26 %
	Umfang 1,55 Mrd. €, Alter 9 J., Gebühr **0,25 %,** ausschüttend. Mit dabei: Microsoft, P&G, Walt Disney, Adobe, SAP.			
ETF iShares Europ. Chemicals	A0H 08E	97,40 €	99,10/84,95	+6/+14/+57 %
	Umfang 92 Mio. €, Alter 15 Jahre, Gebühr **0,46 %,** ausschüttend. Hier versammelt sich Europas Chemiesektor mit großen Anteilen von Bayer, BASF, LINDE, Symrise, Givaudan.			
Einzelaktie Adobe Nasdaq 100	871 981	310,00 €	357,3/229,8	+27/+150/+325 %
	Börsenwert: 183 Mrd. €, **KGV: 28, Div.-Rendite: 0,0 %.** IT-Software, mit der digitale Inhalte erstellt und gemessen werden: Grafik-, Bildbearbeitungsprogramme, Analyse-Tools.			
Einzelaktie AMD Nasdaq 100	863 186	50,05 €	54,90/23,30	**+107/+315/+1812 %**
	Börsenwert: 47 Mrd. €, **KGV: 28, Div.-Rendite: 0,00 %.** Advanced Micro Devices unterstützt Firmen mit leistungsstarken Lösungen im Sektor Computer & Unterhaltungselektronik.			
Einzelaktie Atoss Softw.	510 440	158,50 €	194,0/98,20	+65/+145/+315 %
	Börsenwert: 575 Mio. €, **KGV: 32, Div.-Rendite: 1,8 %.** Softwarelösungen intelligenter Personaleinsatz; Kundenprozesse.			
Einzelaktie AstraZeneca Stoxx 50 GB	886 455	88,80 €	93,45/64,65	+25/+56/+31 %
	Börsenwert: 108 Mrd. €, **KGV: 17, Div.-Rendite 3,2 %.** Forschung, Entwicklung, Produktion von Wirkstoffen/Arzneimitteln gegen Krebs, Herzkreislauf- & Stoffwechselstörungen.			

Name, Fonds-gesellschaft	WKN	Kurs 14.4.20	Hoch/Tief 1 Jahr €	Kursverlauf 1, 3, 5 Jahre
Einzelaktie Biogen Nasdaq 100	789 617	303,45 €	320,8/194,7	+46/+18/-19 %
	Börsenwert: 92 Mrd. €, **KGV: 9,6, Div.-Rendite 0,0 %.** Forschung, Entwicklung und Produktion von Wirkstoffen und Arzneimitteln gegen Krebs, Alzheimer, Immunkrankheiten.			
Einzelaktie Cancom TecDAX/MDAX	541 910	44,45 €	57,10/31,20	+1/+75/+121 %
	Börsenwert: 1,6 Mrd. €, **KGV: 20, Div.-Rendite1,3 %.** Software-Systemhaus mit Produkt- und Dienstleistungsspektrum für mittlere und große Unternehmen im Sektor Infrastruktur.			
Einzelaktie Corestate Cap. SDAX	A14 1J3	26,65 €	45,80/21,20	-29/-7 %/IPO
	Börsenwert: 563 Mio. €, **KGV: 3,9, Div.-Rendite: 10,9 %.** Investmentmanager mit voll integrierter Immobilienplattform.			
Einzelaktie Encavis SDAX nachhaltig	609 900	8,75 €	8,80/5,00 €	+47/+28/+133 %
	Börsenwert: 1,29 Mrd. €, **KGV: 19, Div.-Rendite: 3,1 %.** Projektrecht zum Bau großer Solarstrom- und Windparks in Europa; auch Finanzbeteiligungen an Firmen erneuerbarer Energie.			
Einzelaktie Fabasoft Prime Stand.	922 985	24,20 €	29,70/16,00	+37/+135/+619 %
	Börsenwert: 261 Mio. €, **KGV: 31, Div.-Rendite: 1,5 %.** Software für zielstrebiges und strukturiertes Kunden- und Beziehungsmanagement für Behörden öffentliche Dienstleister.			
Einzelaktie Facebook Nasdaq 100	A1JWVX	161,70 €	202,9/126,2	+2/+23/+108 %
	Börsenwert: 359 Mrd. €, **KGV: 14, Div.-Rendite: 0,0 %.** Soziales Netzwerk mit über einer Mrd. aktiver Nutzer im Tagesdurchschnitt mit Anwendung Instagram für Fotos & Videos.			
Einzelaktie Freenet TecDAX/MDAX	A02 2ZZ	16,40 €	21,65/13,65	-9/-30/-24 %
	Börsenwert: 2,03 Mrd. €, **KGV: 8,6, Div.-Rendite: 10,4 %.** Netzunabhängiger Anbieter mobiler Sprach- & Datendienste.			
Einzelaktie Fuchs Petrolub MDAX	579 043	32,15 €	40,80/24,25	-7/-15/+3 %
	Börsenwert: 2,37 Mrd. €, **KGV: 19, Div.-Rendite: 2,9 %.** Produzent von Schmierstoffen und Speziallösungen für Industrie.			
Einzelaktie HELLA KGaA MDAX/GEX	A13 SX2	31,00 €	50,85/20,25	-23/-13/-16 %
	Börsenwert: 3,1 Mrd. €, **KGV: 9,1, Div.-Rendite: 3,7 %.** Spezialist für Beleuchtungssysteme und Fahrzeugelektronik.			

<table>
<tr><th>Name, Gesellschaft</th><th>WKN</th><th>Kurs 14.4.20</th><th>Hoch/Tief 1 Jahr €</th><th>Kursverlauf 1, 3, 5 Jahre</th></tr>
<tr><td rowspan="2">Einzelaktie
L'Oréal
Euro Stoxx 50, Frankr.</td><td>853 888</td><td>245,80 €</td><td>277,6/198,8</td><td>+5/+38/+41 %</td></tr>
<tr><td colspan="4">Börsenwert: 138 Mrd. €, KGV: 27, Div.-Rendite: 1,8 %. Der Kosmetik-Riese produziert Haut-, Schönheits- und Haarpflege-Produkte unter bekannten Spitzen-Marken.</td></tr>
<tr><td rowspan="2">Einzelaktie
MOWI ASA
Norwegen</td><td>924 848</td><td>15,70 €</td><td>23,70/12,45</td><td>+19/+7/+46 %</td></tr>
<tr><td colspan="4">Börsenwert: 9 Mrd. €, KGV: 11, Div.-Rendite: 6,3 %. Früher: Marine Harv. Marktführer Fischzucht, Lachs/Meeresfrüchte.</td></tr>
<tr><td rowspan="2">Einzelaktie
Nestlé
Schweiz
Stoxx 50</td><td>A0Q4DC</td><td>90,55 €</td><td>92,25/82,00</td><td>+41/+46/+88 %</td></tr>
<tr><td colspan="4">Börsenwert: 293 Mrd. €, KGV: 21, Div.-Rendite: 2,6 %. Internationaler Nahrungsmittel-, Gesundheits-, Wellnesskonzern, auch Veganer-Kost und Tiernahrung im Angebot.</td></tr>
<tr><td rowspan="2">Einzelaktie
Plug Power, nachhaltig</td><td>A1J A81</td><td>3,85 €</td><td>6,15/1,60 €</td><td>+69/+88/+54 %</td></tr>
<tr><td colspan="4">Börsenwert: 1,3 Mrd. €, KGV: keine Ang., Div.-Rendite: 1,2 %. Amerikanisches Wasserstoff-/Brennstoffzellen-Unternehmen.</td></tr>
<tr><td rowspan="2">Einzelaktie
PUMA
MDAX</td><td>696 960</td><td>56,55 €</td><td>84,30/40,80</td><td>+11/+78/+237 %</td></tr>
<tr><td colspan="4">Börsenwert: 7,63 Mrd. €, KGV: 21, Div.-Rendite: 1,2 %. Sportartikelhersteller, starke Marken, Schuhe, Bekleidung.</td></tr>
<tr><td rowspan="2">Einzelaktie
Shopify
Kanada</td><td>A14 TJP</td><td>459,75 €</td><td>527,8/188,5</td><td>+138/+602 %/IPO</td></tr>
<tr><td colspan="4">Börsenwert: 47,3 Mrd. €, KGV: keine Angabe, Div.-Rendite: 0,0 %. Vergleichbares Geschäftsmodell wie Amazon.</td></tr>
<tr><td rowspan="2">Einzelaktie
Stora Enso
Finnland</td><td>871 004</td><td>9,95 €</td><td>13,05/7,35</td><td>-12/+1/+20 %</td></tr>
<tr><td colspan="4">Börsenwert: 8 Mrd. €, KGV: 12, Div.-Rendite: 5,1 %. Holzprodukte, Papier, Biomaterialien; Industrie, Verlage, Druckereien.</td></tr>
<tr><td rowspan="2">Einzelaktie
Teamviewer
MDAX</td><td>A2Y 190</td><td>39,05 €</td><td>44,40/21,40</td><td>+62 %/IPO</td></tr>
<tr><td colspan="4">Börsenwert: 8 Mrd. €, KGV: 37, Div.-Rend.: 0,0 %. Globale Kommunikationsplattform, Fernwartung PC, Mobilgeräte.</td></tr>
<tr><td rowspan="2">Einzelaktie
Wirecard
DAX/TecDAX</td><td>747 206</td><td>116,50 €</td><td>162,1/79,80</td><td>+11/+131/+195 %</td></tr>
<tr><td colspan="4">Börsenwert: 13,5 Mrd. €, KGV: 14, Div.-Rendite: 0,2 %. Internationaler Anbieter für elektronische Zahlungssysteme.</td></tr>
<tr><td rowspan="2">Einzelaktie
Zoom Video
USA</td><td>A2P GJ2</td><td>138,00 €</td><td>157,0/52,85</td><td>+101 %/IPO</td></tr>
<tr><td colspan="4">Börsenwert: 17 Mrd. €, KGV: keine Ang., Div.-Rend.: 0 %. Börsenneuling; mit Videokonferenzen, Crash-Nutznießer.</td></tr>
</table>

Warum 22 Aktien im 50.000 Euro-Anlage-Modell für erfolgsorientierte & risikofreudige Anleger?

Je nachdem, ob Sie sich mehr zu den erfolgsorientierten oder risikofreudigen Anlegern zuordnen, sollten Sie eine breite Auswahl haben und je nach Befindlichkeiten und Vorlieben anlegen. Viele Unternehmen werden sich durch die starken wirtschaftlichen Einbrüche, und weil die Welt künftig anders aussehen wird als bis Februar 2020, neu aufstellen müssen. Dabei wird eine nachhaltige Unternehmensstruktur, Investitionen in die Infrastruktur und im Kampf gegen den Klimawandel ganz besonders an Bedeutung gewinnen. Stellen wir uns darauf ein, dass Wohlstand und Lebensstandard vorerst abnehmen werden. Zunächst müssen wir uns auf eine heftige Rezession einstellen. Vielleicht wird diese Sorge durch Solidarität und Mitmenschlichkeit ausgeglichen.

Wo sind die Hoffnungswerte aus Deutschland und Europa bezüglich hoher Kursverluste?

Die Darstellung bringt einige Aktien aus dem Inland und benachbarten Ausland, die übertrieben abgestraft wurden und für die es von namhaften Experten Kaufempfehlungen gibt. Was geschah vom 19. Januar bis zum 8. April 2020? Wie hoch war der maximale Verlust? Welche Kursziele stellten die Analysten? Wie viele Kaufempfehlungen gab es prozentual?

Deutsche Aktien aus DAX und MDAX (Stand: 10. April 2020)

Allianz:	Verlust -47 %,	Kurs 160,90 €,	Kursziel 217,90 €,	Kaufen 66 %
BASF:	Verlust -42 %,	Kurs 45,65 €,	Kursziel 53,45 €,	Kaufen 33 %
BMW:	Verlust -49 %,	Kurs 49,55 €,	Kursziel 61,05 €,	Kaufen 56 %
Continental:	Verlust -55 %,	Kurs 70,25 €,	Kursziel 83,40 €,	Kaufen 32 %
HeidelCement:	Verlust -55 %,	Kurs 41,45 €,	Kursziel 57,10 €,	Kaufen 46 %
Hugo Boss:	Verlust -58 %,	Kurs 25,15 €,	Kursziel 39,55 €,	Kaufen 36 %
Pro7Sat.1:	Verlust -45 %,	Kurs 7,30 €,	Kursziel 9,90 €,	Kaufen 48 %
RWE:	Verlust -42 %,	Kurs 24,55 €,	Kursziel 30,05 €,	Kaufen 63 %

Europäische Aktien Stoxx Europe 600 (Stand: 10. April 2020)

AXA:	Verlust -54 %,	Kurs 15,10 €,	Kursziel 25,55 €,	Kaufen 96 %
Credit Agric.:	Verlust -59 %,	Kurs 6,65 €,	Kursziel 12,05 €,	Kaufen 71 %
Engie:	Verlust -43 %,	Kurs 9,25 €,	Kursziel 13,85 €,	Kaufen 65 %
Telefónica:	Verlust -47 %,	Kurs 4,35 €,	Kursziel 7,05 €,	Kaufen 66 %
TOTAL:	Verlust -56 %,	Kurs 33,45 €,	Kursziel 43,00 €,	Kaufen 90 %

5.7 Wie mit einer Erbschaft oder anderem Geldsegen im dreistelligen Bereich umgehen?

Wer ein Aktiendepot von den Eltern oder Großeltern erbt, sollte sich nicht darauf verlassen, dass das Geld klug angelegt wurde. Vielleicht wurde z. B. durch Demenz die Depotführung in den letzten Jahren vernachlässigt. Möglicherweise steckt alles in Misch-, Renten- und Anleihefonds oder in Fest- und Tagesgeld, Girokonten und Sparbüchern. Evtl. sind Aktien dabei, die seit langem rote Zahlen schreiben oder sogar vom Kurszettel verschwanden. Es ist also höchste Zeit, Ordnung zu schaffen und vom Vermögen zu retten, was geht.

Jetzt heißt es, nicht wegzuschauen und unangenehme Sachen zu verdrängen, sondern beherzt und zielstrebig mit dem Geldsegen umzugehen. Mit Aktienfonds, ETFs und Einzeltiteln können Sie alle wichtigen Märkte abdecken. Auch Umschichten erfordert Wissen, umsichtiges Handeln, Geduld und Disziplin. Breit gestreut auch zeitlich, niedrige Kurse für Käufe, steigende Kurse für Verkäufe gehören zur Strategie für Könner. Unangenehm ist es, sich von Verlustbringern zu trennen. Es ist einfacher, mit einem Barvermögen von 100.000 € zu starten, als aus einem unglücklich geführten Depot etwas zu machen. Aber Ihre Mühe dürfte sich lohnen. Mit 100.000 € sind Millionärsträume erfüllbar, wenn Sie aus Fehlern lernen und die Herausforderung annehmen.

Ich verzichte in diesem Crash-Buch darauf, eigene Modelle für 100.000 € vorzustellen. Die Vorschläge für 30.000 und 50.000 € Anlagekapital bieten genügend Möglichkeiten, sich Ihr Depot nach eigenen Befindlichkeiten zusammenzustellen. Dies ist immer davon abhängig, wie vorsichtig oder risikofreudig Sie sind, wie viel Zeit Sie für die Depotführung aufwenden wollen und wie groß Ihr Börsenwissen und Erfahrungsschatz sind.

Dabei kann bei der Auswahl von Einzelaktien, ETFs und Aktienfonds durchaus eine Rolle spielen, ob Sie Single sind oder einen Ehepartner, Kinder und Enkel haben, die später etwas erben sollen. Ebenso ist zu überlegen, ob das in Wertpapiere angelegte Vermögen dazu dienen soll, sich einen Immobilienwunsch zu erfüllen. Vielleicht wollen Sie ja auch selbst ein Unternehmen gründen oder sich an einer Firma beteiligen. All dies will gründlich überlegt sein. Möglicherweise rechnet es sich durchaus, fachmännischen Rat einzuholen.

5.8 Auf zum klugen Sparen in Zeiten des Nullzinsmonsters und des Corona-Crash

Die Nullzinspolitik wird wohl noch einige Jahre anhalten, ebenso zu zahlende Minuszinsen für Anlageformen, die in früheren Zeiten immer mit Pluszinsen belohnt wurden. Was ist zu tun, um nicht zu den Opfern des Nullzinsmonsters und des Corona-Crash zu gehören? Welche Sparformen bieten sich an, um auch künftig satte Renditen einzufahren? Wie lassen sich Ängste abbauen und Zuversicht aufbauen?

Im Jahr 2018 verlor jeder Deutsche im Schnitt 205 € durch niedrig oder gar nicht verzinste Spareinlagen. Insgesamt büßten deutsche Sparer rund 35 Milliarden € ein. Dabei blieb unberücksichtigt, dass wegen fehlender Verzinsung der jährliche Sparerfreibetrag über 801 € oft nicht oder kaum genutzt wurde. In einem Jahrzehnt sind dies über 8.000 €, die einfach so unter den Tisch fallen.

Im Jahr 2019 sah dies eher noch schlechter aus, wurde doch der Strafzins bei Geldanlagen ab 100.000 € von 0,4 % auf 0,5 % angehoben. Diesen Prozentsatz müssen Geldinstitute bei EZB-Aufbewahrung berappen. Letztlich entsteht mit Sparbuch, Festgeld, Tagesgeld und Staatsanleihen ein schleichender Wertverlust. Wer für 10 Jahre 10.000 € auf sein Sparbuch einzahlt, büßt einschließlich Inflationsrate deutlich über 1.000, wahrscheinlich sogar rund 1.500 € an Kaufkraft ein.

Wer dagegen bei einer Sparplanrate von monatlich 100 € für ein Jahrzehnt in einen guten, aktiv gemanagten Aktienfonds Deutschlands anlegt, macht aus 10.000 € rund 18.000 € bei einer Durchschnittsrendite von 8 % pro Jahr. Wer noch länger, nämlich 20 Jahre durchhält, dürfte sein Ergebnis auf über 44.000 € nach oben schrauben, eine Rendite von knapp 6 % als Durchschnittswert vorausgesetzt. Der Sparer zahlt also insgesamt 24.000 € ein und verdoppelt bei günstiger Kursentwicklung in etwa sein Ergebnis.

Reichtum selbst wird uneinheitlich gedeutet. Das Sparverhalten zeigt bei den Altersgruppen ab 20 Jahren erhebliche Unterschiede. Abweichungen bestehen auch beim Wissen und Gefühl der Sicherheit. Das Ergebnis einer aktuellen Umfrage zeigt: 80 % der Befragten sprechen von Reichtum, wenn jemand einschließlich Immobilien zumindest 1 Mio. € besitzt. Wird das Eigenheim oder Mietshaus ausgeklammert, schätzt ein Drittel der Befragten jemand als reich ein, wenn er mehr als 250.000 € besitzt.

Als „hochvermögend“ gilt, wenn der Betreffende mindestens über eine Mio. € frei verfügen kann. Die Deutschen lieben Versicherungen, aber scheuen weiterhin Aktien. Das Vermögen ist weltweit unterschiedlich verteilt. Die Nordamerikaner besitzen 30-mal mehr als die Einwohner Lateinamerikas. Die Japaner sind im Schnitt 14-mal so reich wie alle übrigen Asiaten. Das als wohlhabend eingeschätzte Deutschland bewegt sich im Ländervergleich lediglich im Mittelfeld. Dies liegt einerseits an der Aktienscheu der meisten Bürger, aber auch am falschen oder unterlassenen Sparen sowie an der oftmals dürftigen Altersabsicherung mithilfe der gesetzlichen Rentenversicherung. 2018 betrug das durchschnittliche Nettogeldvermögen pro Haushalt in Deutschland 52.850 € gegenüber 173.840 € in der Schweiz, aber nur 14.810 € in Ungarn.

Was in einem Jahrzehnt mit einem monatlichen Sparvertrag von 100 € (insgesamt 12.000 €) erwirtschaftet wird

Anlageform	Rendite Euro	Rendite Prozent
Aktienfonds international	16.959 €	**6,7 %**
Aktienfonds Deutschland	15.871 €	**5,5 %**
Aktienfonds Europa	15.647 €	**5,2 %**
Rentenfonds Langläufer Europa	15.207 €	**4,6 %**
Rentenfonds Langläufer weltweit	13.468 €	**2,3 %**
Offene Immobilienfonds	13.088 €	**1,7 %**

Was in einem Jahrzehnt mit einer Einmalanlage von insgesamt 12.000 € mit Fonds erreichbar erscheint

Anlageform	Rendite Euro	Rendite Prozent
Aktienfonds international	25.429 €	**8,2 %**
Aktienfonds Deutschland	25.358 €	**7,9 %**
Aktienfonds Europa	22.932 €	**6,7 %**
Rentenfonds Langläufer Europa	22.560 €	**6,5 %**
Rentenfonds Langläufer weltweit	18.588 €	**4,5 %**
Offene Immobilienfonds	15.312 €	**2,5 %**

Quellenhinweis: Handelsblatt, Allianz, Deutsche Bundesbank, BVI, 11.10.19

5.9 Die richtige Aktienanlage für den Nachwuchs

Wie kann ich den Nachwuchs für Aktien begeistern? Welche Titel mögen Kinder und Jugendliche? Wie gehe ich der schleichenden Kapitalvernichtung bei Sparbüchern, Festgeld und dem nach wie vor bei den Bundesbürgern beliebten Tagesgeld endlich aus dem Weg? Mit einer langfristigen, klug zusammengestellten Aktienanlage winken schöne Gewinne.

Für Eltern/Großeltern, die sich in finanziellen Dingen gut auskennen und selbst Aktien, Aktienfonds und ETFs besitzen, ist es ziemlich einfach, beim Nachwuchs die Weichen zum klugen Sparen zu stellen. Wer selbst um die Börse einen hohen Bogen macht, viel Geld für Unnötiges ausgibt, falsch oder gar nicht spart, braucht Hilfen. Entscheidend ist das gute Vorbild, das Vorleben im Alltag.

Erste Vorschläge, um den Nachwuchs für Aktien zu begeistern

1. **Machen Sie Sparen und Geldanlage zum Gesprächsthema bei gemeinsamen Mahlzeiten.** Nutzen Sie die sich bietenden Gelegenheiten, um den Nachwuchs zu motivieren. Ausgangspunkt kann ein Pressebericht, eine Bank-, Internet- oder Fernseh-Information sein. Vielleicht ist es auch der Weltspartag oder eine Aktion in der Schule. Auch eine Unterhaltung mit Freunden, Verwandten, Bekannten kann Anstoßpunkt sein – oder Ihre letzte erfolgreiche Order.

2. **Sind Sie selbst Aktionär, gibt es zwei tolle Modelle, Ihren Nachwuchs für Aktien zu interessieren.** Dies habe ich bei meinen Enkeln erfolgreich ausprobiert. Schenken Sie dem Nachwuchs eine gute Aktie von einer Firma, deren Produkte die jungen Leute kennen, mögen, verstehen.

   Ich denke an das Auto, das Sie selbst fahren, ein VW, BMW oder Mercedes mit Reifen von Continental. Vielleicht stammt Ihr Fernsehgerät von Samsung oder SONY, Ihr Handy von APPLE, der Fußball von ADIDAS, die Freizeitklamotten von NIKE oder PUMA; die Spielfiguren von Walt Disney. Ich denke an das Getränk Coca-Cola, den Burger von McDonald's, den Kühlschrank von Siemens, den Urlaubsflug bei der Lufthansa, das Katzenfutter von Zooplus oder Nestlé, die Bücher von Amazon, Videospiele von Nintendo oder EA. Hier geht es darum, eine entsprechende Aktienauswahl von Familienunternehmen zu bringen.

3. **Immer dann, wenn Sie dem Nachwuchs zum Geburtstag, zu Weihnachten, bei der Einschulung, Kommunion oder Konfirmation etwas schenken, bietet sich eine solche Aktie an.** Sie stellen am besten auf dickem Papier in großer Schrift die Aktie vor mit Wertpapierkennnummer, Stückzahl, Kauftag und Kaufpreis. Sie orientieren sich an den Börsennachrichten in Presse, Internet oder Fernsehen. Schön, wenn Sie dieses Blatt mit einer Zeichnung oder dem ausgeschnittenen Produkt aus Werbeunterlagen veranschaulichen. Legen Sie zur Kontrolle und für Ihr Kind einen Ordner an.
4. **Wird die Dividende ausgeschüttet, wandert die Auszahlung ins Sparschwein.** Die jährliche Dividende ist wichtig. Eine üppige Ausschüttung motiviert und erhöht das Interesse für Aktien – eine ideale Gelegenheit, mehr über Dividenden und sinnvolles Sparen zu erzählen. Schon deshalb habe ich bei deutschen Aktien Titel ausgewählt, die Dividenden bezahlen.
5. **Bei besonderen Kaufwünschen, z. B. Fahrrad oder Handy, darf die Aktie bei Ihnen eingelöst werden.** Sie bezahlen soviel wie die Aktie gerade kostet und vernichten danach das Dokument. Geschieht dies in einem Crash, sollten Sie Sohn oder Tochter davon überzeugen, dass das jetzige Einlösen ungünstig ist. Springt die Aktie aufwärts, erklären Sie, wie ertragreich Aktien sein können, wenn man sie lange genug hält. Diskussionsgrundlage: Soll ich mich überhaupt von dieser Aktie trennen, noch dazu, wenn die Dividende hoch ist? Muss ich meinen Konsumwunsch unbedingt erfüllen? Brauche ich die Sachen tatsächlich? Oder geht es darum, mit anderen mitzuhalten und anzugeben?

Ich stelle bekannte Aktien bevorzugt von nachhaltig wirtschaftenden deutschen Familienfirmen vor, deren Produkte der Nachwuchs großteils kennt, versteht, liebt und vielleicht sogar schon besitzt. Dann ist das Interesse umso größer. Die Automobilunternehmen dürften sich längerfristig erholen. Für sie spricht die niedrige Bewertung und hohe Dividende.

Den Mutigen und Tüchtigen gehört das Glück! Nie zu früh und selten zu spät: Die richtige Geldanlage für jedes Alter.

Eins haben die Geldanlage, der Corona-Crash und der traurige Absturz und Untergang unserer Fußball-Nationalelf bei der Weltmeisterschaft 2018 in Russland gemeinsam: Ängstliches, zögerndes, unentschlossenes Verhalten ohne Elan und vollen Einsatz hilft keineswegs weiter. Es gilt, Überheblichkeit abzustreifen und aus gemachten Fehlern zu lernen. Verdrängung, Herdentrieb und Ausreden sind hier wie dort der schlechteste und das Vorankommen hemmende Ratgeber.

Viele junge Berufseinsteiger glauben, dass eine vernünftige Geldanlage nicht nur viel Börsenwissen und einiges Glück erfordert, sondern auch eine kräftige Kapitaldecke braucht. Außerdem liegt der Ruhestand ja noch in weiter Ferne. Doch auch hier gilt wie so oft im Leben: *„Früher Vogel fängt den Wurm."*

Es ist nie zu früh und nur ziemlich selten zu spät, die eigene Vermögensanlage zu starten. Diese Erkenntnis hat sich in Deutschland aber noch nicht so richtig durchgesetzt. Wer mehr als 3.000 Euro monatlich verdient und/oder über 50 Jahre alt ist, investiert Öfter in Aktien, ETFs, Misch- und Aktienfonds. Dagegen sind junge Menschen ab 15 bis 40 Jahren nur zu einem Zehntel dabei. Sie wollen zwar, glauben aber, es finanziell nicht meistern zu können: Auto, Wohnung, Familiengründung und ein oftmals noch niedriges Anfangseinkommen beim Start in die berufliche Karriere sind die Gründe.

Wer vor 25 Jahren in weltweite Aktienfonds anlegte, erzielte im Schnitt einen Jahresgewinn von 7 %. Wer 15 Jahre lang diversifiziert in Aktien anlegte, war laut Deutschem Aktieninstitut stets erfolgreich und schaffte eine Rendite von 10,5 %. Wer vor 30 Jahren monatlich 100 € klug und langfristig anlegte, zahlte 36.000 Euro ein und freut sich heute über ein Guthaben von ca. 80.000 Euro. Also mehr als eine Verdopplung! Wer dagegen seinem lahmen Sparbuch die Treue hielt, vernichtete schleichend sein Geld durch Null- oder Niedrigzinsen und steigende Inflation.

Nachdem heutzutage Zinserträge weitgehend wegfallen, wird auch der Sparer-Pauschalbetrag von 801 € – gemeinsam veranlagte Eheleute 1.602 € – immer seltener voll ausgeschöpft. In einem Jahrzehnt sind dies immerhin über 8.000 bzw. 16.000 €. Wollen Sie auf diese hohe Summe tatsächlich weiterhin verzichten? Vor allem mit reichlich fließenden Dividenden, aber auch mit Veräußerungserträgen aus Aktienverkäufen lässt sich der Sparerfreibetrag nutzen, indem solange keine Abgeltungssteuer abgezogen wird, bis die 801 € bzw. 1.602 € aufgebraucht sind.

Sobald Sie zwei bis drei Monatsgehälter als Sicherheitsrücklage für Notfälle beiseitegelegt haben, können Sie mit der Vermögensanlage beginnen. Für den Start empfiehlt sich bei kleinem Vermögen eine Anlage in ETFs, die den gewünschten Index bzw. das Börsenbarometer 1:1 abdecken und deshalb sehr preisgünstig sind. Sie gewinnen nie gegen den Index, verlieren aber auch nicht. Gerade daran liegt den meisten Privatanlegern besonders viel. Ja kein Verlust, lieber mit bescheidenem Ertrag zufrieden sein! Dies gelingt mit der richtigen Strategie, Geduld und Disziplin.

5.10 Vermögensaufbau für junge Leute mit passenden Aktien im Corona-Crash

Wobei Eltern und Großeltern helfen können: Junge Leute mit internationalen Aktien bei Laune halten!

Über 10 Millionen Bundesbürger legen zwischenzeitig in Aktien, ETFs und Aktienfonds an. Die wohl noch eine Weile anhaltende Null- und Strafzinspolitik macht Deutschland immerhin Schritt für Schritt zu einem aktiveren Volk mit endlich mehr Aktionären. Das beliebte Sparbuch mutiert bei Einbezug der Inflationsrate zum Verlustbringer. Schön, wenn junge Leute mitmachen auf dem Weg zur lohnenden, eigenverantwortlichen Kapitalanlage.

Ob und wie erfolgreich dies gelingt, hängt weitgehend vom Verhalten der Eltern, oft auch der Großeltern ab. Die Politik sollte nicht länger untätig sein. Es ist höchste Zeit, den Vermögensaufbau zu unterstützen. Schließlich ist zu befürchten, dass die Rente im Laufe der Jahre eher sinkt, zumindest aber nicht steigt. Und dies bei einer Bezugsdauer von bald 25 bis 30 Jahren als Folge des demografischen Wandels. 15 Jahre längeres Leben im Durchschnitt, pro Jahrzehnt zwei Jahre. Die Grundvoraussetzung ist: Nicht saufen, nicht rauchen, sich viel bewegen und gesund ernähren.

Wer langfristig breit gestreut in Aktien angelegt hat, machte bei einer Zeitdauer ab 14 Jahren immer Gewinne. Je nach Glück, Können, Geschick und Geldbeutel waren dies, auf das Jahr umgerechnet, zwischen 5 bis 15 %. Vieles ist Erziehungssache, also eine wichtige Aufgabe für Eltern, Großeltern, aber auch für Lehrer im Fachbereich Wirtschaft und Recht.

Besprechen Sie mit Ihrer Hausbank, ob es möglich ist, die verschenkten Aktien aus Ihrem Bestand kostenfrei auf das Nachwuchsdepot zu übertragen. Im Laufe der Jahre wächst es vielleicht auch mithilfe von Sparplänen. Mit Volljährigkeit sollten Sie bei gutem Einvernehmen und Vertrauen Ihr Verfügungsrecht auf Sohn oder Tochter übertragen. Verdienen die jungen Leute ihr erstes Geld, kann die Sparsumme in selbst gekaufte Aktien wandern. Erst dann sollten für junge Leute die üblichen Gebühren anfallen.

Monatliche oder vierteljährige Sparpläne ab 25 € sind hilfreich beim Vermögensaufbau für junge Leute

Sparpläne sind gut, um sich mit ETFs und Aktienfonds auch bei kleiner Kapitaldecke und wenig übrigem Geld ein Depot aufzubauen. Sparpläne sind auch interessant für Eltern und Großeltern, die ihren Kindern und Enkeln Gutes tun wollen. Schon ab 25 € kann per Dauerauftrag monatlich oder vierteljährlich angelegt werden. Bei hohen Kursen gibt es weniger, im Crash mehr Anteile. Auf diese Weise wird der Cost-Average-Effekt vorbildlich genutzt

20 internationale Aktien, die junge Leute kennen				
Aktien/ Unternehmen	**WKN**	**Kurs am 17.04.20**	**Hoch/Tief 1 Jahr €**	**Kursentwicklung 1, 3, 5 Jahre**
Alibaba	**A11 7ME**	195,40 €	208,0/132,0	**+17/+83/+19 %**
Gründer Jack Ma: Eine der weltweit größten Onlinehandelsplattformen				
Alphabet	**A14 Y6F**	1.149,0 €	1.420/917,2	**+6/+45/+125 %**
Nasdaq 100: Alphabet A mit der international größten Suchmaschine				
Amazon	**906 866**	2.206,5 €	2.207/1.440	**+40/+160/+496 %**
Nasdaq 100: Der weltweit führende Onlinehändler für unzählige Produkte				
Apple	**865 985**	262,35 €	301,4/152,0	**+49/+98/+120 %**
Dow Jones/Nasdaq 100: Weltweiter Hersteller Smartphones, MP3-Player				
McDonald's	**856 958**	162,70 €	201,4/152,0	**-1/+43/+120 %**
Dow Jones: Globale Fast-Food-Kette, 33.000 Gaststätten in 120 Ländern				
Electronic Arts	**878 372**	107,20 €	107,2/77,60	**+25/+29/+95 %**
Nasdaq 100: EA entwickelt Spiele, Inhalte, Online-Dienste für Konsolen				
Facebook	**A1J WVX**	160,00 €	203,0/126,0	**+2/+23/+109 %**
Nasdaq 100: Unangefochtener Weltmarktführer bei sozialen Netzwerken				
L'Oréal	**853 888**	255,00 €	280,0/199,0	**+4/+42/+50 %**
Euro Stoxx 50: Globaler Kosmetikkonzern, Kernkompetenz Haarpflege				
Microsoft	**870 747**	161,15 €	175,5/106,0	**+50/+170/+342 %**
Dow Jones: Weltmarktführer für Computerbetriebssysteme und Software				
Netflix	**552 484**	405,25 €	405,3/228,0	**+33/+199/+529 %**
Nasdaq 100: Marktführender Streaming-Konzern für TV-Serien und Filme				
NIKE	**866 993**	79,05 €	96,25/56,35	**+2/+54/+74 %**
Dow Jones: Weltweiter Sportartikelhändler auch mit Freizeitbekleidung				

Aktien/ Unternehmen	WKN	Kurs am 17.04.20	Hoch/Tief 1 Jahr €	Kursentwicklung 1, 3, 5 Jahre
Nintendo	864 009	408,00 €	408,0/260,0	+49/+77/+156 %
Nikkei 225: Tragbare Spielkonsole-Geräte Switch, 2 neue Pokemon-Spiele				
Nvidia	918 422	269,60 €	293,7/118,7	+59/+182/+1.120 %
Nasdaq 100: Technologieführer bei programmierbaren Grafikprozessoren				
Paypal	A14 R7U	99,00 €	115,2/76,65	+4/+146/+6 %
Nasdaq 100: Führende Technologie für mobilen Zahlungsverkehr weltweit				
Samsung	881 823	800,00 €	1.028/621,0	+8/+23/+63 %
Südkorea: Einer der weltweit größten Hersteller von RAM-Speicherchips				
SONY	853 687	57,65 €	66,80/40,50	+34/+90/+90 %
Nikkei 225: Medien, Unterhaltungselektronik, Playstation, KI mit Robotik				
Teamviewer	A2Y N90	41,30 €	41,3o/21,45	+67 %/IPO
MDAX: Kommunikations-Plattform Fernwartung Computer, Mobilgeräte				
VISA	A0N C7B	148,75 €	198,4/124,9	+8/+86/+157 %
Dow Jones: Elektronische Bezahlsysteme, bekannte Kreditkartenmarken				
Walt Disney	855 686	93,75 €	139,3/73,35	-17/-9/-5 %
Dow Jones: Produzent Zeichentrick-/Spielfilme, Freizeitparks, TV-Sender				
Zoom	A2P GJ2	136,00 €	157,0/52,85	117 %/IPO
Leistungsfähige große Kommunikations-Plattform für Videokonferenzen				

Wer sind aus dieser Liste die Sieger im Corona-Crash?

Die meisten Aktien haben durch den Crash Covid-19 viel Potenzial eingebüßt mit Kursverlusten von rund 90 % im Kreuzschifffahrt-Sektor wegen der als unerträglich empfundenen Quarantäne. Aber es gibt auch Nutznießer mit boomendem Geschäftsmodell und Notierung auf Allzeithochniveau. Dazu zählt der weltweite Onlinehändler **Amazon** mit einer Vielzahl von Produkten, gefolgt von dem kleineren kanadischen Internethändler **Shopity** (WKN A14 TJP), mit einem Plus von 134 % am 17. April 2020 auf Rekordjagd. Auch die Video- und Computerspieleentwickler **Electronic Arts** (EA) und **Nintendo** machen mit hohem Kursgewinn Freude. Der Streaming-Weltmarktführer **Netflix** eilt ebenso von einem zum nächsten Allzeithoch wie der Fernwartungskonzern **Teamviewer** und der Video-Konferenz-Spezialist **ZOOM**, beides Börsenneulinge.

5.11 Börsenwissen mit Fußball: Zwei Börsenteams kämpfen um Bundesligapunkte

Zwei Musterdepots, Value und Growth, inspiriert durch die wieder mit Elan aufspielende deutsche Fußball-Nationalelf

Als ich mir beim Rosenheimer Börsentag im Herbst 2019 den Vortrag von Thomas Müller anhörte, inspirierte mich der Vergleich der weltweit besten Fußballer mit seinem Aktienfondsdepot. Ich entschloss mich, alles auszuprobieren, was spannend ist, die Erfolgschancen erhöht, ohne mehr Risiko einzugehen. So entwarf ich zwei internationale Aktiendepots, die strategisch die Erfolgskonzepte von Teams oberer Spielklassen kennzeichnen.

Bei der Mannschaft „VALUE" geht es um eine mehr defensive Ausrichtung mit exzellenter Abwehr- und Mittelfeldarbeit sowie flexibler Anpassung bei Spiel in Über- oder Unterzahl. VALUE rangiert aktuell im Mittelfeld auf Platz 9 mit der niedrigsten Quote bei eigenen Toreinschlägen. Umgekehrt lässt der Angriff mit Torschüssen und Torerfolgen zu wünschen übrig: die drittschlechteste Quote bei allen 18 Mannschaften.

So ganz zufrieden sind Vorstand, Trainer, Team und die eigenen Fans mit dem Spielstand nicht. Es besteht allerdings keine Abstiegsgefahr. Auch wurden die Vorfelderwartungen erfüllt. Aber zur Qualifikation für den internationalen Spielbetrieb reicht es nicht. Es stellt sich die Frage: so weitermachen oder sich in der Winterpause mit einem flinken, jungen offensiven Mittelfeldspieler und einem Stürmer verstärken, falls dies finanziell verkraftbar ist?

Die Mannschaft „GROWTH" spielt in derselben Liga und liegt derzeit zwei Punkte vorn auf Platz 8. Bald kommt es zum Lokalderby. GROWTH wollte zumindest den Relegationsplatz erkämpfen. Dieses Ziel noch zu erreichen, wird schwierig sein. Am torgefährlichen Angriff liegt dies nicht. Das offensiv ausgerichtete Team hat dicht vor der Winterpause nur zwei Treffer weniger erzielt als der Tabellenführer KI 4.0. Auch das Mittelfeld mit den schnellen Flankengebern und dem guten Ausnutzen von Konterchancen erfreut. Aber die löchrige Abwehr enttäuscht. Durch vermeidbare Fehler kommen spielstarke Gegner mit viel Ballbesitz gehäuft zu Torschüssen. Es gibt nur drei Mannschaften, die mehr Treffer ins eigene Tor hinnehmen mussten. Reicht ein Mittelfeldplatz? Oder ist die Abwehr durch große, kopfball- und zweikampfstarke Innenverteidiger aufzurüsten? Sollten sich die Außenverteidiger mehr auf die Abwehrarbeit konzentrieren, als mit schnellem Lauf den Angriff zu unterstützen?

Auf diesen Vorgaben baue ich beide Aktiendepots mit Ansätzen zu meiner Hoch-/Tief-Mut-Strategie aus. Es geht um das Ziel, breit zu streuen, langfristig anzulegen, preiswert einzusteigen und bei Jahreshoch einen Teil zu verkaufen. Spätestens sobald der Corona-Crash überwunden ist, für mutige Anleger aber auch schon jetzt, bieten sich bei schrittweisem Vorgehen gute Chancen. So wie vergleichsweise die Transferkosten im internationalen Spielbetrieb derzeit sinken, können Sie auch bei vielen Aktien zu niedrigem Niveau zugreifen.

Beim Depot „VALUE“, Symbol für starke Abwehrarbeit, dominieren die defensiven, konjunkturunabhängigen, fair bewerteten substanz- und dividendenstarken Titel, ohne ganz auf chancenreiche heutige Zukunftsmärkte zu verzichten.

Das Depot „GROWTH“ setzt auf offensive, wachstumsstarke Aktien aus den Zukunftsbranchen der Industrie 4.0. Kernpunkte sind die digitalisierte und vernetzte Welt, die Künstliche Intelligenz mit Robotik. Keineswegs wird auf VALUE komplett verzichtet. Nur die Gewichtung verändert sich. Bei den höheren Renditezielen, denn hier spielt die Zukunftsmusik, wird mehr Risikobereitschaft vorausgesetzt. Das KGV kann höher sein; Premium verdient Aufschläge.

Von der Fußball- zur Börsenstrategie: Suchen Sie, liebe Leser, sich aus den beiden spielbezogenen Musterdepots Ihre Lieblingsaktien aus. Oder bilden Sie denjenigen Vorschlag nach, der Ihren Vorstellungen am besten entspricht. Konzentrieren Sie sich im Crash vor allem auch auf dividendenstarke Aktien. Sinkt der Kurs um ein Viertel, steigt die Rendite bei gleich hoher Ausschüttung um die Hälfte. Stürzt der Kurs um 50 % ab, verdoppelt sich die Rendite.

Depot VALUE: Schwerpunkt defensive, nachhaltige Titel

12 Aktien/ Firmen	WKN	Kurs 17.04.20	Hoch/Tief 1 Jahr €	Kursverlauf 1, 3, 5 Jahre
Allianz	**840 400**	162,50 €	232,6/117,1	**-25/-6/-4 %**
DAX: Globaler Versicherungs-/Finanzdienstleister mit breiter Produktpalette.				
Dt. Post	**555 200**	26,10 €	35,00/19,10	**-16/-17/-16 %**
DAX: Im Konzernverbund mit DHL, führender Post- und Logistikanbieter.				
Munich Re	**843 002**	195,05 €	284,2/141,1	**-14/+4/-5 %**
DAX: Weltmarktführer Rückversicherungen mit neuen Geschäftsmodellen.				
Novo Nordisk	**A1X A8R**	57,70 €	59,8541,55	**+31/+81/+26 %**
Stoxx 50: Spezialist Wachstumshormone und Gerinnungsfaktoren, Insulin.				

12 Aktien/ Firmen	WKN	Kurs 17.04.20	Hoch/Tief 1 Jahr €	Kursverlauf 1, 3, 5 Jahre
Orsted	A0N BLH	91,85 €	104,0/66,00	+38/+158 %
Dänemark: Nachhaltige Offshore-Windenergie, Bioenergie, Energielösung.				
Samsung El.	881 823	830,00 €	1.028/621,0	+9/+24/+66 %
Südkorea: Technologiekonzern, Elektro-/Elektronik, Smartphones, Batterien.				
TOMRA Syst.	872 535	29,10 €	33,45/18,85	+2/+157/+220 %
Norwegen: Nachhaltiger Maschinenbau, Pfandflaschenrücknahmesysteme.				
UPM Kymm.	881 026	24,90 €	30,60/20,65	-6/+9/+30 %
Finnland: Europas Marktführer der Holzverarbeitungs- und Papierindustrie.				
UnitedHealth	869 561	283,20 €	287,9/181,5	+41/+70/+138 %
Dow Jones: Gesundheits-Versorgung und -Vorsorge, Krankenhauspflege.				
VINCI	867 475	76,30 €	107,2/55,00	-18/+6/+46 %
Euro Stoxx 50: Globaler Baukonzern, Autobahnen/Flughäfen/Schienenwege.				
VISA	A0N C7B	152,70 €	198,5/150,0	+6/+83/+46 %
Dow Jones: Kreditkarte, digitale Bezahlung, 47.000 Transaktionen/Sekunde.				
Vonovia	A1M L7J	76,30 €	107,2/55,00	-18/+6/+46 %
DAX: Immobilienriese mit 200.000 eigenen, 30.000 verwalteten Wohnungen.				

Nicht nur junge Leute, sondern Anleger aller Altersgruppen legen immer mehr Wert auf nachhaltige Aktien. Da geht es nicht nur um stabilen Umsatz und Ertrag, sondern um gesellschaftliche Werte, um Wohlergehen und Wertschätzung der Mitarbeiter, um einen sozialverträglichen Kapitalismus. Strategien und Geschäftsmodelle sollen schwerpunktmäßig mithelfen, dem Klimawandel mit der bedrohlichen, immer mehr Naturkatastrophen auslösenden Erderwärmung wirksam entgegenzutreten. Es ist allerhöchste Zeit, sich diesen Zielen verpflichtet zu fühlen. Deshalb dürfen nachhaltige Unternehmen wie **Mowi Asa, Novo Nordisk, Orsted, Samsung, Tomra Systems** und **UPM Kymmene** nicht fehlen.

Ich warne aber davor, all jene Aktien auszuschließen, die zwar in wesentlichen Punkten, aber nicht überall den harten Kriterien entsprechen. Wer päpstlicher als der Papst sein will, macht womöglich durch Bürokratie und Erbsenzählerei alle gutgemeinten Vorhaben zunichte. Und es geht auch nicht nur um die Verantwortung der Unternehmen, nachhaltig zu wirtschaften, sondern ebenso um die eigenen Beiträge im Lebensalltag mit Erhalt von Wohlgefühl und gutem Gewissen.

Depot Growth: Schwerpunkt offensive Wachstumsaktien				
15 Aktien/ Firma	**WKN**	**Kurs 17.04.20**	**Hoch/Tief 1 Jahr €**	**Kursverlauf 1, 3, 5 Jahre**
Alibaba	**A11 7ME**	194,40 €	208,0/132,0	**+20/+88/+149 %**
Vergleichbar mit Amazon, dominiert Alibaba als Internethändler in **China.**				
Amazon	**906 866**	2.169,0 €	2.270/1.440	**+34/+162/+517 %**
Nasdaq: Innovativer Marktführer Onlinehandel; nahezu alle Konsumgüter.				
Alphabet A	**A14 Y6F**	1.169,4 €	1.419/917,5	**+6/+45/+127 %**
Nasdaq: Weltweit größte Suchmaschine, gezielte Firmenkundenwerbung.				
Apple	**865 985**	257,20 €	301,4/152,0	**+48/+99/+123 %**
Dow J.: Hersteller von Smartphones, MP3-Playern, Notebooks mit Software.				
Carl Zeiss M.	**531 370**	92,75 €	121,9/67,90	**+14/+122/+284 %**
TecDAX/MDAX: Innovative Medtech-Produkte & Systeme Augenheilkunde.				
Datagroup	**A0J C8S**	58,60 €	71,10/37,40	**+45/+97/+397 %**
SCALE: Beteiligung IT-Firmen im Umbruch, Management-/Finanzdienste.				
Eckert & Zieg.	**565 970**	128,30 €	205,0/72,00	**+70/+431/+572 %**
SDAX: Radioaktive Komponenten für Messtechnik, Medizin, Wissenschaft.				
Mensch & Ma.	**658 080**	44,40 €	56,00/26,90	**+29/+209/+609 %**
SCALE: Konstruktionssoftware Maschinenbau (CAM) und Architektur (CAD).				
Microsoft	**870 747**	162,90 €	175,5/106,0	**+52/+176/+355 %**
Dow Jones: PC-/Serversoftware, Betriebssysteme, Anwenderprogramme.				
Nemetschek	**645 290**	56,65 €	68,95/33,00	**+9/+201/+120 %**
TecDAX/MDAX: Software für Architektur; Kostenplanung, Bauausführung.				
Norilsk Nickel	**A14 0M9**	24,35 €	33,00/17,50	**+38/+133/+120 %**
RTX Russland: Marktführer Edel-/Industriemetall; Platin, Palladium, Nickel.				
PowerCell	**A14 TK6**	24,70 €	32,90/5,00	**+345/+638/+3.972**
Schweden: Die nachhaltigen Wasserstoff- bzw. Brennstoffaktien boomen.				
SAP	**716 460**	113,45 €	129,6/82,80	**+12/+26/+75 %**
DAX: Betriebssoftware mit Lösungspaketen für etliche Wirtschaftszweige.				
VARTA	**A0T GJ5**	71,90 €	128,0/38,25	**+76 %**/IPO
MDAX: Hörgerätknopfzellen, aufladbare Lithium-Ionen-Batterien Elektronik.				

5.12 Können Videospiele helfen, strategisch klug bei der Aktienanlage zu entscheiden?

Strategisches Handeln ist in jeder Lebenssituation wichtig – aber auf die Börse bezogen gewiss am bedeutendsten im Crash

Der Games-Markt in Deutschland wuchs im ersten Halbjahr 2019 gegenüber dem Vorjahreszeitraum um über ein Zehntel von 2,5 auf 2,8 Milliarden €.

Zum Wachstum trugen vor allem die Gebühren für Onlinedienste bei. Deren Umsatz erhöhte sich um mehr als die Hälfte. Um über ein Viertel legte auch der Umsatz bei den Spielekäufen zu. Mittlerweile sind fast alle Altersgruppen vertreten, wenn auch jüngere Leute den Löwenanteil ausmachen. Momentan liegt der Altersdurchschnitt in Deutschland bei 36 Jahren.

Egal, ob „Kingdom Hearts 3“, „Anthem“ oder „Days Gone“: Der Videospielemarkt wird weiter boomen. Es sind schon zahlreiche neue Games angedacht mit einigen heiß erwarteten Titeln. Eine dreistellige Zahl neuer PC-Spiele wurde bereits 2019 vorgestellt. Es wird 2020/21 weitere Zuwachsraten geben: sehr unterschiedliche Spielformen, starker Wettbewerb, passend zugeschnitten auf alle Altersgruppen, angetrieben durch große Events.

Dabei geht es nicht nur um das Ausleben von Aggressivität, Wut und Gewalt, um kriegerische Kampf- und Eroberungsspiele. Ebenso gefragt sind Weltraumabenteuer und virtuelle Erlebniswelten. Es gibt sportliche Spiele, die ähnliche Erfolgserlebnisse erzeugen wie der Sieg im echten Wettkampf. Es werden Strategiespiele aus dem Wirtschaftsleben und Finanzwesen konzipiert, die für das Management-Training der Führungskräfte von Großkonzernen eingesetzt werden.

Es fehlt auch nicht an Games mit wunderschönen fantasievollen Bildern, die sich mit psychischen Problemen und Fragen befassen und interessante Spielmechaniken liefern. So erstrahlt bei **„Concrete Genie“** eine verlassene Stadt wieder in bunten Farben – ausgehend von einem gemobbten Jungen, der versucht, sich in seinen Lebenswelten zurechtzufinden und neue Möglichkeiten auszuloten.

Die positiven Auswirkungen auf den Punkt gebracht: Es gibt Video- und Computer-Spiele, bei denen voller Körpereinsatz gefordert wird. Dadurch können Ausdauer, Kraft und Beweglichkeit sogar zunehmen. Manche Spiele fördern auch das soziale Miteinander.

Auch Konzentration und Fähigkeit, erfolgreiche Strategien zu erarbeiten, zu erproben und zielgerichtet anzuwenden, vermögen den Börsenerfolg günstig zu beeinflussen. Bei kluger Auswahl kann durch das Erlernen neuer Spiele die Leistungsfähigkeit des Gehirns zunehmen und Zugang schaffen zu neuen Hobbys und Erlebniswelten. Ebenso lassen sich Reaktion und psychische Belastbarkeit steigern. Manche Videospiele verbessern die Fitness und wecken Interesse an sportlichen Aktivitäten im wirklichen Leben. Es gibt pädagogisch sinnvolle Produkte, die unterschiedliche Lernprozesse fördern und Strategien vorstellen, die beruflich und bei der Geldanlage nützen.

Umgekehrt ist der Zeitaufwand oft ganz beträchtlich. Viele Konsolenspieler verbringen täglich mehrere Stunden an den Geräten und vernachlässigen Schule, Beruf, Familie und Freunde. Zudem wird der Geldbeutel durch Zusatzleistungen fortlaufend strapaziert. Beim wochenlangen Appell „Wir bleiben zu Hause“ sind Videospiele willkommen, um der Langeweile zu begegnen. Jedoch mag dahingestellt bleiben, ob die Video-Begeisterung nachlässt, wenn Schulen und Universitäten wieder geöffnet und Ausgehverbote aufgehoben werden.

Welche negativen Folgen für Gesundheit und Wohlergehen sind zu befürchten? Weniger die Spiele selbst, als die Folgen des oft zeitlich sehr hohen Aufwands gefährden das Wohlbefinden. Viele Videospiele sind bewegungsarm mit erhöhtem Risiko zu Übergewicht und motorischen Problemen. Es drohen Verdauungs- und Kreislaufprobleme, Kopf-, Nacken- und Rückenschmerzen, Krämpfe und Haltungsschäden. Hinzu kommt die Gefahr, Gewalt zu verherrlichen. Kontakte zu Familienmitgliedern und Freunden verkümmern. Ein starker schulischer und beruflicher Leistungsabfall ist zu befürchten, wenn die Freude am Spiel zur Sucht wird und andere Interessen dadurch verkümmern.

Fazit: Letztlich kommt es immer darauf an, was wie lange mit welchen Inhalten, Strategien und Zielen gespielt wird. Bewegungsfördernde Spiele machen nicht dick, aber ersetzen Sport und richtiges Training nur teilweise.

Einen richtigen Aufschwung gab es durch den Corona-Crash ab Frühjahr 2020. Die Ausgeh- und Reiseverbote, Aussperrungen, Schul- und Geschäftsschließungen, Absagen von Großveranstaltungen wie Messe und Fußballbundesliga machte viele Unternehmen regelrecht krank mit Pleitegefahr. Die Spielebranche aber erlebte einen ungeahnten Boom, was sich an den steigenden Aktienkursen bei **Electronic Arts** und **Nintendo** deutlich zeigte. Während andere Werte crashbedingt um die Hälfte einbrachen, gab es hier imposanten Zugewinn.

8 internationale Entwickler und Hersteller Videospiele				
Aktien/Unternehmen	**WKN**	**Kurs 17.04.20**	**Hoch/Tief 1 Jahr €**	**Kursverlauf 1, 3, 5 Jahre**
Activision Blizz.	**A0Q 4K4**	63,25 €	63,75/37,40	**+51/+40/+194 %**
Nasdaq 100: US-Videospielhersteller und Betreiber von Onlineplattformen.				
Bandai Namco	**A0F 6LZ**	46,00 €	58,50/38,35	**+21/+73/+144 %**
Japan, Nikkei 225: Führender Entwickler und Hersteller von Videospielen.				
Electronic Arts	**878 372**	108,35 €	111,9/77,60	**+26/+33/+108 %**
Nasdaq 100: Unterhaltungselektronik, Videospiele, Konsolen, Workstations.				
Microsoft	**870 747**	162,90 €	175,5/106,2	**+49/+187/+366 %**
Dow Jones: Weltmarktführer PC-Software, auch Konsolen und Videospiele.				
Nintendo	**864 009**	400,15 €	408,0/260,0	**+52/+79/+157 %**
Japan, Nikkei 225: Seit Jahren im Videospielsektor mit Bestsellern aktiv.				
SONY	**853 687**	59,35 €	66,80/40,45	**+35/+94/+106 %**
Japan, Nikkei 225: Unterhaltungselektronik, Robotik, Videospiele/Konsolen.				
TAKE TWO	**914 508**	119,25 €	122,0/78,80	**+40/+121/+407 %**
Nasdaq 100: Entwickler und Herausgeber der Labels „Rockstar“ und „2K“.				
ZYNGA	**A1J MFQ**	7,40 €	7,45 €/4,60	**+45/+180/+215 %**
Amerikanischer Entwickler, Hersteller und Vertreiber im Videospielbetrieb.				

Kann die Spieltheorie helfen, den Börsenerfolg zu erhöhen?

Ausgehend von den Erkenntnissen der Spieltheorie, können strategische Spiele wie Schach und andere Denkspiele durch Erkennen von Gemeinsamkeiten den eigenen Börsenerfolg günstig beeinflussen. Es geht darum, nicht stundenlang in der Vergangenheit herumzuwühlen, nicht zeitraubende Analysen auf Nebenschauplätzen durchzuführen, sich nicht durch Erbsenzählerei abzulenken. Es gilt, sich auf die Schwerpunkte zu konzentrieren, ergebnisorientiert und zielgerichtet vorzugehen. Wichtige Auswirkungen und mögliche Folgeerscheinungen sind im Auge zu behalten. Was passiert, wenn ich übereilt oder zu spät Entscheidungen treffe? Was geschieht, wenn ich gute Einfälle habe, aber sie nicht beherzt umsetze? Meine Hoch-/Tief-Mut-Strategie verwirklicht spieltheoretische Ansätze. Sie ist zielgerichtet ausgerichtet, konzentriert sich mit preiswertem Zukauf und gewinnbringendem Teilverkauf auf die Hauptschauplätze.

5.13 Interessante Aktien für Tierfreunde mit Hund und Katze als Familienmitglieder, die helfen, Ausgehverbote zu umgehen

Hund und Katze werden heutzutage von vielen Zeitgenossen im In- und Ausland ebenso geliebt und verwöhnt wie Kinder. Die Heimtiere genießen gewöhnlich den Status als Familienmitglied oder „bester Freund des Menschen".

In Deutschland ließen sich im Jahr 2019 die Tierfreunde ihre Liebe zum Haustier rund 5,15 Mrd. € kosten. Ein Jahr zuvor waren mit 4,95 Mrd. € die Ausgaben geringer. Am größten ist der Markt für Katzenfutter mit 1,59 Mrd. €, gefolgt von Hundefutter für 1,51 Mrd. €. Aktuell werden hierzulande 14,7 Mio. Katzen und 10,1 Mio. Hunde gehaltern. Hinzu kommen 5,23 Mio. Kleintiere, außerdem Ziervögel, Zierfische und Terrarien-Tiere.

Ausgehverbote in einigen Bundesländern führen dazu, dass plötzlich auch Familienmitglieder, die sich bislang kaum um den Hund kümmerten, ihn nun gern ausführen. Hunde- und Pferdebesitzer dürfen auch in Italien und Spanien mit ihren „besten Freunden" unterwegs sein.

Hund und Katze bekommen meistens ebenso viel Fürsorge und Zuwendung, wie es für den eigenen Nachwuchs wünschenswert ist. Ausbildung und Erziehung inbegriffen, zu der beim Hund eine gute Hundeschule und vielleicht auch eine „Begleitprüfung" gehört, um nicht nur angeleint zu laufen. Ist Ehrgeiz mit im Spiel, kommt evtl. die Teilnahme an Schönheits- und Leistungswettbewerben hinzu. Befähigte Hunde können bei der Polizei als Diensthund Karriere machen.

Bevor ein solcher Wunsch verwirklicht wird, ist unbedingt die gesamte Kostenfrage zu klären. Ein Hundeleben von im Schnitt 12 Jahren kann mit 20.000 bis 40.000 Euro und mehr zu Buche schlagen. Grundausstattung, Futter, Tierarzt, Steuer, Versicherung, Zubehör, vielleicht auch gelegentlich Hundesitter und Hundehotel. Katzen sind einfacher zu halten und kosten weniger. Aber ein paar Tausender an Ausgaben kommen im Laufe der Jahre auch zusammen. Dabei sind mögliche Schäden in der Wohnung durch Zerkratzen von Mobiliar oder Teppichen noch ausgeklammert. Stellt sich die Frage: Aktien oder Haustier, kann der Start in eine erfolgreiche Wertpapieranlage finanziell weniger belastend sein.

Allein im Jahr 2018 haben die Amerikaner über 70 Milliarden Dollar für ihre Heimtiere ausgegeben. Weltweit dürften es weit mehr als 100 Milliarden Dollar sein. Der Haustiermarkt dürfte alljährlich um rund fünf Prozent wachsen und bereits 2025 mehr als 200 Milliarden Euro erreichen. In den USA soll es rund 180 Millionen Hunde und Katzen geben. Schon deshalb siedeln sich in den Metropolen die unterschiedlichsten Anbieter und Lokalitäten für „den besten Freund des Menschen" an. Ein Tag in einem guten Hundehotel kann 50 bis 100 Euro kosten. All dies ist im Vorfeld, vor der Entscheidung mit zu überdenken.

Wie Sie sich auch entscheiden: Es gibt einige Aktien, die nicht nur für Tierfreunde, Hunde- und Katzenhalter interessant sind.

Internationale Aktien für Heimtierbedarf und Tiermedizin				
Aktien/ Firma	**WKN**	**Kurs am 17.04.20**	**52-Wochen-Hoch/Tief**	**Kursverlauf 1, 3, 5 Jahre**
BAYER	**BAY 001**	58,55 €	78,35/44,85 €	**+-0/-38/-48 %**
Der Aktienkurs stürzte durch die Monsanto-Übernahme ab, erholt sich aber spürbar. Bei Tiergesundheit hat BAYER mit Animal Health einiges zu bieten. Jetzt gibt es mit dem Medikament Resochin-Hoffnung bei der Bekämpfung von Covid-19.				
IDEXX Labs	**888 210**	241,50 €	274,5/159,1 €	**+26/+67/+250 %**
Der US-Konzern von der Technologiebörse Nasdaq 100 entwickelt und vertreibt zahlreiche Produkte und Labordienstleistungen im Bereich der Tiermedizin.				
Nestlé	**A0Q 4DC**	90,55 €	92,20/83,70 €	**+41/+46/+86 %**
Der internationale Schweizer Konsumgüterkonzern verfügt über eine Sparte Tiernahrung und erzielt in Deutschland einen Umsatzanteil von ungefähr 10 %.				
Pets at Home	**A1X FE7**	2,90 €	3,75 €/1,65 €	**+75/+33/-21 %**
Der international tätige Konzern aus Großbritannien gehört zu den führenden Haustierbedarfshändlern mit Hundeservice und Tierpflegesalons in Großstädten.				
ZOETIS	**A1K BYX**	118,90 €	136,5/86,55 €	**+34/+145/+180 %**
Die amerikanische Pharma- und Technologiefirma zählt zu den weltweit größten Tiergesundheitsunternehmen und wurde vom Pfizer-Konzern abgespalten.				
Zooplus	**511 170**	115,60 €	126,8/65,10 €	**+23/-16/+20 %**
Der im SDAX gelistete Internethändler ist mit rund 8.000 Heimtierprodukten wie Futter und vielerlei Zubehör in mehr als 30 europäischen Ländern vertreten.				

Es ist also wichtig, nicht spontan aus dem Bauchgefühl heraus emotionale Entscheidungen vor dem Kindergeburtstag oder Weihnachtsfest zu treffen, die vielleicht schon bald zu bereuen sind. Damit dies nicht geschieht, klären Sie mit kühlem Kopf folgende Sachverhalte ab. Stimmen Sie Ihr Vorhaben im „Familienrat" ab. Als Alleinlebende können Sie durchaus eine Katze halten. Bei Hunden sind gewisse Schwierigkeiten vorprogrammiert. Vor allem für ältere Menschen mit gesundheitlichen Problemen, die bei Sturm, Platzregen, Schnee und Eisglätte kaum aus dem Haus kommen, stellt sich häufig die Frage: „Wer führt meinen Hund aus?" Kann ich das finanziell verkraften? In mehrköpfigen Familien ist dagegen immer jemand da, der sich notfalls um Bello oder Waldi kümmert

Was ist zu bedenken, bevor ein neues Familienmitglied einzieht?

Erlaubt Ihr Geldbeutel überhaupt den Besitz von Hund oder Katze? Und zwar nicht nur heute, sondern auch morgen und übermorgen? Lassen Sie sich genau beraten, mit welchen einmaligen und laufenden Kosten Sie rechnen müssen, welche Risiken zu beachten sind und welche Vorsorge vernünftig erscheint.

Lassen Ihre Wohnverhältnisse überhaupt eine Hundehaltung zu? Ideal sind Eigenheim mit Garten, problematisch ein Mietverhältnis, wobei vorher abzuklären ist, ob Ihr Mietvertrag, die Raumverhältnisse und das Umfeld dies überhaupt zulassen. Ohne die Einzelheiten abzuklären, droht möglicherweise viel Ärger.

Wer sorgt für den Hund und übernimmt die Verantwortung? Am einfachsten geht dies mit einem „Familienhund". Alleinlebende sollten genau überlegen, wer sich um den Hund bei Berufstätigkeit, im Urlaub, bei Krankheit usw. kümmert. Fragen Sie bei Arbeitgeber und Kollegen nach, ob Ihr Vierbeiner als „Bürohund" akzeptiert wird. Droht Verletzungsgefahr für kleine Kinder in Ihrem Haushalt? Umgekehrt ist es freilich sehr gut für Gesundheit, Fitness und Wohlbefinden, den Hund mindestens einmal täglich auszuführen. Das zwingt auch Senioren, die ansonsten auf sportliche Betätigung verzichten und sich zu wenig bewegen, bei Wind und Wetter nach draußen zu gehen.

Greifen Sie nicht voreilig zu. Lassen Sie sich nicht von Gefühlen *„Och, wie niedlich, wie süß, wie kuschelig"* zum spontanen Entschluss hinreißen. Bald ist der Hund ausgewachsen und nicht mehr niedlich. Was dann? Es geht um Gewicht, um Körpergröße, zu veranschlagendes Fressen, Platz und Zubehör.

Welche Erwartungen stellen Sie an das neue Familienmitglied? Was können Sie ihm bieten? Wollen Sie einen sportlichen, klugen Jagdhund, der nicht nur brav an der Leine geht, sondern beschäftigt sein und herumlaufen will? Oder denken Sie an einen gemütlichen, ruhigen, bequemen, friedlichen Vierbeiner?

Wie viel Zeit haben Sie im Schnitt pro Tag, in der Woche, grob zusammengerechnet, für Ihren Hund übrig? Gibt es Ärger mit Partner oder Partnerin? Nicht jeder ist ein Hunde- oder Katzenfreund. Bei Katzen sind allergische Reaktionen möglich. Falls Sie ein ganz junges Tier, einen Welpen, mögen, müssen Sie anfangs viel Zeit, Mühe und Geduld aufbringen. Da sind Sie richtig gefordert!

Wer kommt als Händler für Sie infrage? Ein Züchter? Oder darf es das örtliche Tierheim sein? Gibt es eine Probezeit mit Rückgaberecht, falls Sie merken, dass „Ihr bester Freund" nicht so richtig zu Ihnen passt und umgekehrt auch nicht?

Widerstehen Sie teuren und oftmals sinnlosen Versuchungen und Angeboten, die andere reich, Sie vielleicht arm und Ihren Hund eher unglücklich machen! Ich frage mich, ob es nützlich ist, auch beim Hund zu messen, ob er zu wenig oder zu viel gelaufen ist, sich überanstrengt oder nicht genug bewegt hat. War es die richtige Nahrung, die richtige Menge? Wie viel kostet die Umstellung? Und wie sind die Folgen einzuschätzen, falls Sie beabsichtigen, Ihren Vierbeiner als Fleischfresser schon als Welpe oder generell vegan zu ernähren?

Gerade jetzt, in den Corona-Crash-Zeiten, wo viele Menschen Kurzarbeit oder Home-Office machen, fehlt es nicht an Zeit, das Für und Wider in allen Einzelheiten zu durchdenken. Vielleicht besteht die Möglichkeit, sich mit einem Hund in der Hausgemeinschaft oder im Freundeskreis anzufreunden und ihn regelmäßig auszuführen. Solche Erfahrungen, verbunden mit Pflichten, können wertvoll sein und dazu beitragen, die persönlichen Einschränkungen besser zu verkraften. Ihre Fitness und Leistungsfähigkeit hängen viel stärker von Umwelt- als von Erbanlagen ab. Trauen Sie sich etwas zu!

Wer zählt zu den besonders gefährdeten Risikogruppen, sich anzustecken und an Covid-19 schwer zu erkranken?

Die bundesweiten Ausgangsbeschränkungen im Kampf gegen die Corona-Pandemie soll vor allem die Risikogruppen schützen. Mit zunehmendem Alter wächst die Ansteckungs- und Erkrankungsgefahr. Die wichtigsten Maßnahmen sind Kontaktbeschränkungen, also Abstand zu halten, sich oft die Hände zu waschen, beim Einkaufen Schutzmasken anzulegen und im Lebensalltag auf Hygiene zu achten. Besonders gefährdet sind in Deutschland die 13,1 Millionen über 70-jährigen Bundesbürger, die 8,0 Millionen Asthmatiker, die 7,8 Millionen Schwerbehinderten und die 1,7 Millionen Herz-kreislauf-Erkrankten. Bei älteren Menschen mit Vorerkrankungen, wozu auch Diabetes, chronische Atemwegsstörungen, Bluthochdruck und Krebs zählen, steigt die Todesrate bei Covid-19 deutlich an.

5.14 Was Sie von deutschen Millionärsfamilien nicht nur im Crash lernen können

Weltweit gibt es, Stand 2019, rund 22,1 Millionen Millionärshaushalte. Zwei Drittel davon befinden sich in den USA. In Deutschland sind es ungefähr 0,4 Millionen Superreiche mit dem Platz V in der internationalen Statistik.

In Amerika und Großbritannien sind wohlhabende Menschen hoch angesehen. Bei uns wird Reichtum oft mit Eigenschaften wie geldgierig, egoistisch, erbarmungs- und rücksichtslos gleichgesetzt. Dies kommt aber auch daher, weil viele Bundesbürger keine Millionäre von Angesicht zu Angesicht persönlich kennen bzw. gar nicht vermuten, dass der Zeitgenosse zu den Superreichen zählt. Gewöhnlich wird Reichtum nicht mit eigener Tüchtigkeit verbunden, sondern eher eine hohe Erbschaft vermutet. Wer dagegen einen Millionär persönlich kennt, knüpft daran eher Fleiß, Intelligenz, Einfallsreichtum, Optimismus und Umsetzung von Visionen. Häufig spielen Missgunst, Neid und Vorurteile bei dieser Negativeinschätzung eine Rolle. Die Hälfte aller Befragten bei einer Allensbacher Umfrage durch die *WELT* glaubt, dass Superreiche, die immer mehr Macht wollen, schuldig sind an vielen Problemen auf dieser Welt, so auch an Finanzkrisen wie dem jetzigen Crash und humanitären Problemen. Der jetzige Corona-Crash bietet auch ein Füllhorn für die unterschiedlichsten Verschwörungstheorien, wobei viele Amerikaner die Chinesen und Einwohner Chinas die USA für die Übeltäter und Auslöser halten.

Die wichtigsten Grundregeln für eine langfristige Geldvermehrung – den Superreichen abgeschaut		
❶	**Krisen aussitzen** **Beispiele: Weltwirtschaftskrise 2008/2009, Technologiecrash 2018, Corona-Crash 2020**	Börsenneulinge machen oft zwei große Fehler. Sie werfen im Crash ihre Aktien entnervt in den Markt und steigen nicht etwa in der Bodenbildungsphase ein, sondern erst dann, wenn die Kurse aufwärts springen. Erfolgreiche Wohlhabende verlieren nicht die Nerven. Sie vertrauen fähigen Vermögensverwaltern. Quandt-Stratege Reinhard Panse handelt hier genauso wie ich selbst: *„Wir sind nie in einem Crash am Aktienmarkt ausgestiegen, wenn wir ihn vorher nicht erkannt haben, was beispielsweise 2008 der Fall war.“*

❷	**Breit gestreut – nie bereut** **Dies gilt sowohl für Aktien, als auch für gebündelte andere Anlageklassen**	Die Superreichen streuen bei Einzelaktien nach Indizes, Ländern, Börsenwert und zeitlich. Sie mischen aktiv gemanagte Themenfonds mit passiven ETFs. Neben der selbst genutzten Immobilie gilt Betongold als sichere Vermögensanlage für Vermietung und Verkauf. Auch Immobilienaktien und Offene Immobilienfonds sind begehrt. Daneben sind Wandel- und Hochzinsanleihen, Hedgefonds-Anteile und Hebelpapiere gefragt. Viele Superreiche stecken einen Teil des Riesenvermögens in Firmenbeteiligungen.
❸	**Hoher Wertpapieranteil für mutige Leute mit gutem Börsenwissen**	Sichere Staatsanleihen wie 10-jährige Bundesanleihen werden teilweise noch mit Negativzinsen belastet. Da sie keinen Gewinn abwerfen, verspricht ein kleinerer Anteil an Wandel- und Hochzinsanleihen Renditen von einigen Prozent. Auch gute Unternehmensbeteiligungen können ertragreich sein. Öfter sieht die Geldanlage in etwa so aus: Aktien 35 bis 45 %, Immobilien 25 bis 35 %, Beteiligungen 20 bis 30 %, Gold/Silber 5 bis 10 %, Hedgefonds 3 bis 5 %.
❹	**Kein schnelles Rein und Raus, sondern durchgängig investiert bleiben**	Immer wieder rechnen Experten aus, wie hoch die Kursgewinne sind, wenn ein Anleger die 10 besten Börsentage im Jahr wahrnimmt und wie kümmerlich die Rendite ausfällt, wenn er die 10 oder 40 besten Börsentage versäumt. Dies ist für Kurzzeittrader interessant, aber selbst mithilfe der Charttechnik ein Glücksspiel. Die Superreichen sind großteils durchgängig investiert – an guten wie an schlechten Börsentagen. Sie wissen, dass ein langer Zeitraum wichtiger als der Zeitpunkt ist. Also: **„Time not Timing.“**
❺	**Nicht nur das Heimatliebedepot DAX pflegen. Keineswegs das Ausland vergessen.**	Geht es um Nebenwerte-Aktien, bieten sich die deutschen Indizes MDAX, TecDAX, SDAX und DAXplus Family an. Das Ausland sollten Sie so abdecken, wie es reiche Familien vormachen: Internationale Standardtitel, gute Aktienfonds und ETFs. Ein Nasdaqfonds und die Zukunftsaktien Alibaba, Alphabet, Amazon, Apple, EA, Facebook, Netflix, Nvidia und Tencent schmücken viele Depots.

⑥	**Wichtig ist der Gesamterfolg mit einer ausgewogenen Langzeitstrategie.**	Im Fußball kommt es darauf an, mit dem Abpfiff die drei Siegpunkte einzufahren. Abwehr, Mittelfeld und Angriff müssen harmonieren. Entscheidend ist die Leistung des Teams, nicht des einzelnen Spielers. Mal wächst der Einzelne über sich hinaus. Mal findet er keine Bindung zum Spiel und zu seinen Nebenleuten. Die Vermögensverwalter der Superreichen setzen auf eine langfristig ausgewogene Anlagestrategie. Es geht nicht nur um Wachstum in wichtigen Zukunftsmärkten, sondern ebenso um Nachhaltigkeit und Substanzkraft mit Blick auf verlässliche, attraktive Dividenden. Börsen-Experte Tom Friess vom Vermögens-Zentrum München, meint: *„Wer nur daheim anlegt, verpasst zu viele Renditechancen im großen Rest der Welt."*
⑦	**Ohne genügend Bonität ist die beste Anlagestrategie gefährdet.**	Die meisten Millionäre leben nicht über ihre Verhältnisse. Sie achten darauf, auch in schlechten Zeiten ihre Bonität nicht durch leichtsinnige Verschuldung zu gefährden. Dies muss auch für jeden Privatanleger gelten. Im Crash bietet sich die Hoch-/Tief-Mutstrategie mit attraktivem Teilverkauf für Cashbeschaffung und Zukauf von Qualitätstiteln zum Schnäppchenpreis an. Funktioniert dies nicht, Hände weg! *„Ein Aktieneinkauf auf Kredit – alles andre als ein Hit!"*
⑧	**Spekulationsblasen erahnen! Aber kein Panikausverkauf! Gier frisst Hirn. Panik tötet den Verstand.**	Millionäre und Milliardäre lassen sich vom Massenphänomen Herdentrieb und vom emotionalen Überschwang nur selten hinreißen. Für sie gilt großteils mein Börsenspruch: „Meide die gefährlichen Vier! Euphorie, Panik, Angst und Gier! US-Investorlegende Warren Buffett bemängelt, dass die meisten Privatanleger nur dann Aktien kaufen, wenn sie bereits teuer sind und sie umgekehrt verschmähen, sobald die Bewertung niedrig ist. Solche Fehler kommen bei den Superreichen kaum vor. Sie halten sich großteils an den Ausspruch: *„Im billigen Einkauf und teuren Verkauf liegt der Gewinn."*

⑥ Gold als sicherer Hafen in Krisen

Warum ein fünf- bis zehnprozentiger Anteil an physischem Gold sowie an guten Goldminenaktien, ETCs und Aktienfonds auch im Corona-Crash nicht schaden kann.

Gold als Krisenwährung ist aktuell wieder gefragt. Der Preis für physisches Gold in Form von Barren ist auf ein Zwischenhoch geklettert. Die Kurse von Goldaktien, jahrelang in einen Dornröschenschlaf abgetaucht, haben sich deutlich erholt. Sie liefern charttechnische Kaufsignale und dürften ihren Aufwärtstrend fortsetzen. Der Goldpreis steigt Mitte April 2020 in der Spitze auf knapp 1.750 US-Dollar je Feinunze. In Euro markierte das Edelmetall ein neues Rekordhoch auf 1.600 € je Feinunze. Auch in wichtigen Goldländern wie Indien, Türkei und zuletzt auch in China erreicht der Goldpreis Rekordniveaus.

Gold profitiert von den großen Unsicherheiten rund um die Corona-Virus-Pandemie, mögen sich die Aktienmärkte derzeit auch viel freundlicher zeigen, als es die Sorge und Furcht vor starker Rezession und später möglicherweise auch Hyperinflation eigentlich erwarten ließen und gerechtfertigt erschien. Von dieser zwischenzeitlichen Erholung profitiert nicht nur physisches Gold als Barren unterschiedlicher Größe und als Gold-Anlagemünzen, sondern neben den Goldminen-Aktien auch Gold-ETCs. Die physisch unterlegten Gold-ETCs verzeichnen besonders hohe Zuflüsse mit einem Anstieg von knapp 300 Tonnen und führten zu einem Rekordniveau von 3.185 Tonnen. Der Absatz von US-Goldmünzen schaffte nach langer Durststrecke mit 151,5 Tausend Unzen das höchste Niveau seit 2015. Die Prognosen der Raiffeisen Bank International für die Entwicklung der Feinunze Gold in Euro bewegen sich auf aktuell 1.667 € für das zweite Quartal 2020, auf 1.681 € für das 3. Quartal und 1.770 € zum Jahresschluss. Ab 2021 wird eher ein leichter Preisrückgang erwartet.

Steckbrief Gold: Es gibt wohl keinen Rohstoff, der so fasziniert und um den sich so viele Mythen ranken wie bei Gold. Es kommt in Minen (Berggold) und fließenden Gewässern (Waschgold), als Körner und Nuggets vor. Gold als dehnbarstes Metall ist zu Blattgold und Goldfolien verarbeitbar.

Ein Gramm Gold lässt sich zu einem Blatt von einem Quadratmeter ausdehnen. Gold dient den Notenbanken als Währungsreserve und ist eine Angstwährung bei Crashgefahr. Zudem ist Gold als Schmuck begehrt

Die passende Edelmetallanlage für jeden Privatanleger

Beschreibung	Einsteiger	Kompetenter Anleger
Konservativ bis chancenorientiert	Übergewichtung von Barren und Anlagemünzen (auch im Corona-Crash viel höhere Preise); physisch hinterlegter Edelmetall-ETC.	Physisches Edelmetall als Barren und Anlagemünzen; Gold- und Silber-ETC; Discount- und Bonus-Zertifikate.
Risikobewusst bis spekulativ	**Für Einsteiger zusätzlich:** Leicht verständliche Anlagezertifikate: Discount und Bonus, breit gestreute Bergbau- und Goldminenaktien, evtl. auch Wandelanleihen. **Hände weg** von Optionsscheinen und Hebelzertifikaten bzw. den Knock-out-Produkten.	**Für Könner zusätzlich:** Bergbau- und Edelmetall-Einzelaktien; Edelmetall-Anlagezertifikate, Themenfonds und ETC. Bei guter Marktkenntnis auch Hebelzertifikate (Long/Short) und Edelmetall-Futures-Kontrakte.

Allgemeine Anmerkungen zum Umgang mit Edelmetall

Schmuck ist keine lukrative Geldanlage mit Gewinnchancen. Schmuck ist Ausdruck von Lebensgefühl, Liebe und Zuneigung, dient dem Prestige, gilt als Statussymbol und ist als Hochzeitsgeschenk und bei anderen festlichen Anlässen besonders beliebt.

„Breit gestreut – nie bereut" bezieht sich auf Finanzinstrumente, Märkte und den Zeitpunkt. Dies gilt uneingeschränkt auch für den Kauf von Gold-, Silber-, Platinbarren und Anlagemünzen sowie Einzelaktien, Edelmetall-ETC und Themenfonds.

Edelmetall eignet sich mit 5 bis 10 %, maximal 15 % Anteil als Krisenanlage zur Absicherung bei Börsenturbulenzen. An einem Crashtag der Weltwirtschaftskrise, 17. Sept. 2008, stieg Gold pro Feinunze bis zum nächsten Morgen um über 100 US-Dollar. Erstmals notierte damals Platin unter Gold.

Bei angespanntem Börsenklima: Edelmetallbarren ins Depot

Das erste im Umlauf befindliche Metallgeld in Barrenform gab es vor 2.000 Jahren. Die heutige praktische Barrenform erlaubt das Lagern in großen Mengen. Die Feinheit muss hoch sein, bei Gold und Platin mindestens 995 und bei Silber 999. Der Hersteller prägt sein Logo und die Herstellungsnummer auf den Barren. Je mehr er wiegt, umso geringer ist der Preisaufschlag. Dennoch sollten Sie sich nicht den größten Goldbarren zulegen. Kleinere Barren ermöglichen Teilverkäufe.

Ein Edelmetallbarren geht nicht pleite. Die physische Anlage dient vorrangig dem Werterhalt und ist weniger auf Rendite ausgerichtet. Je stärker der Dollar bzw. schwächer der Euro, umso höher ist der in Dollar berechnete Fein-Unzenpreis. Ihre Gold- und Platinbarren können Sie im Bankschließfach oder eigenen Tresor lagern. Wo wollen Sie dagegen einen Zentner Silber sicher verwahren?

Experten empfehlen, vom Vermögen 5 bis 10 % in physisches Edelmetall anzulegen und evtl. weiteres Geld in Minenaktien, Edelmetallfonds und ETC zu investieren. Gold-, Silber- und Platinbarren können Sie bei Ihrer Hausbank erwerben, ebenso bei spezialisierten vertrauenswürdigen Edelmetallhändlern. Der bekannte Vermögensverwalter und Fondsmanager Dr. Jens Ehrhardt setzt auch auf preiswerte Goldaktien.

Anlagemünzen aus Edelmetall als Alternative zu Barren

Kennen Sie Sachwerte, die enger mit der Geschichte der Menschheit verbunden sind als Münzen? Die ersten als Zahlungsmittel dienenden Münzen wurden vor mehr als 2.000 Jahren geprägt. Es gibt noch alte römische Münzen, die vielleicht sogar Kaiser Cäsar angefasst hat. Kann eine Geldanlage spannender sein?

Anlagemünzen aus Gold. Wer über genug Geld verfügt, wählt sicherlich Gold-, Silber- und Platinbarren. Hier ist der Aufschlag auf den reinen Metallwert am geringsten. Wer Sammlerblut in seinen Adern verspürt und Gefallen an kunstvoll geprägten Münzen in „polierter Platte“ (Proof) findet, wird gern Sammlerexemplare erwerben.

Anlagemünzen aus Silber. Ein Magazin brachte die Schlagzeile **„Silber als Komet am Anlagehimmel!“** Davon ist derzeit allerdings noch wenig zu spüren. Silber wird zu Schmuck verarbeitet und als Industriemetall in der Lebensmitteltechnik, Elektrotechnik, Elektronik, Pharmazie, Medizin, Medizintechnik und Optik eingesetzt. Silber gilt als *„Gold des kleinen Mannes“.* Auch bei wenig Vermögen sind Silbermünzen erschwinglich.

Anlagemünzen aus Platin. Lange Zeit wurde der wahre Wert von Platin falsch eingeschätzt. Spanier entdeckten das eher seltene Edelmetall bei der Goldwäsche. Platin ist für die Anlage in Barren und Münzen, als Schmuck und Industriemetall begehrt und bei gleichem Gewicht nun billiger als Gold. Beliebt sind der australische Koala, ein putzig aussehender Beutelbär mit wechselnden Motiven, der chinesische Panda und das stolze „Wikingerschiff" der Isle of Man.

Wichtige Angaben zu Edelmetall-Anlagemünzen		
Goldmünzen	**Silbermünzen**	**Platinmünzen**
Keine Mehrwertsteuer	19 % Mehrwertsteuer	19 % Mehrwertsteuer
Verschiedene Größen	Verschiedene Größen	Verschiedene Größen
Teurer als Silber	Am billigsten	Evtl. teurer als Gold
Münzenhandel/Banken	Münzenhandel/Banken	Münzenhändler

Was spricht für Gold-, Silber- und Platinmünzen?

Die emotionale Bindung verhindert unüberlegte Blitzverkäufe in Notlagen bzw. wenn die Kurse fallen. Hinzu gesellen sich folgende weitere Vorteile:

- Anlagemöglichkeit für den großen und kleinen Geldbeutel
- Gute Chancen auf Wertvermehrung bei Inflations- und Leitzinsanstieg
- Geringeres Risiko bei einem breit gestreuten Portfolio
- Verbindung von Geldanlage mit Sammlerfreude und bildendem Hobby
- „Sicherer Hafen" und Ausgleichsfaktor in schwierigen Börsenzeiten
- Stabile Wertentwicklung insbesondere bei hoher Teuerungsrate
- Keine unlösbaren Lagerprobleme (am besten eigener Tresor)
- Erweiterung des geistigen Horizonts; Kontakte mit Gleichgesinnten

Welche Nachteile und Gefahren lauern bei Münzen?

- Ausufernde Sammelleidenschaft – vom Hobby zur Suchtgefahr
- Vernachlässigung anderer Anlageformen durch Einseitigkeit
- Vorhandenes Währungsrisiko (schwacher Dollar)
- Aufbewahrungsprobleme, eventuell Diebstahl, teure Bankschließfächer
- Keine Verzinsung des Kapitals, keine Dividende wie bei Aktien

<table>
<tr><th colspan="3">Disziplin und Überblick bewahren bei Edelmetallanlagen</th></tr>
<tr><th>Vorteile</th><th>Nachteile</th><th>Was? Wieviel?</th></tr>
<tr><td>„Sicherer Hafen“, mehr Ruhe im Depot</td><td rowspan="2">Volle Mehrwertsteuer bei Platin, Palladium und seit 2014 auch bei Anlagemünzen aus Silber, keine Mehrwertsteuer bei Gold</td><td>Barren und Anlagemünzen aus Edelmetall</td></tr>
<tr><td>Langfristig Preisanstieg zu erwarten (Knappheit, Schmuckindustrie)</td><td>5 % bis maximal 15 % Anlageanteil in Edelmetall, davon physisch die Hälfte</td></tr>
<tr><td>Günstig für den Bestand bei starkem Dollar, da der Preis je Unze pro Dollar berechnet wird</td><td>Aufbewahrungskosten: Schutz vor Diebstahl (Bankschließfach, eigener Tresor)</td><td rowspan="3">Sonstige gestreute Edelmetallanlagen:
ETC/ETF (besonders preiswert);
Minenaktien (Dividende, Ziel: steigende Kurse);
Aktienfonds (Dividende, Sondervermögen);
Anlage- und Hebelzertifikate (Emittentenrisiko)</td></tr>
<tr><td>Ausgewogenes Depot durch Defensivanlage</td><td>Möglicher Verlust bei sinkenden Edelmetallpreisen</td></tr>
<tr><td>Exzellente Risikostreuung, Ausgleichsfaktor (steigende Preise durch Flucht in Gold im Crash)</td><td>Währungsrisiko, keine Zinsen, keine Dividende, Ertrag nur bei Preissteigerung (totes Kapital)</td></tr>
</table>

Die Goldminenunternehmen haben das Problem, dass – je tiefer gefördert werden muss – die Kosten steigen, und dies bei geringerer Ausbeute. Hinzu kommen Proteste von Umweltschützern und Gewerkschaftskonflikte. So steigt das Interesse an Zusammenschlüssen und Übernahmen dramatisch an. Erfreuliche Kursgewinne gibt es, nachdem vom Boom vor einem Jahrzehnt nicht so viel übrigblieb, momentan wieder bei den Minenaktien **Agnico Eagle, Barrick Gold Newmont Mining.**

Außerdem lässt der Corona-Crash auch hier die Börsenkurse nach oben sprudeln. Immer dann, wenn Angst, Furcht, Besorgnis und Unsicherheit die Oberhand gewinnen, vollführen gerade die Edelmetallaktien einen deutlichen Sprung nach oben. Das gilt auch für viele, allerdings nicht alle, Goldminenaktien. Hier spielen die regionalen Förderbedingungen eine große Rolle, ebenso mögliche Gewerkschaftskämpfe und andere Störfaktoren.

Aktien und ETFs von Edelmetall und Minen im Aufwind				
Aktie Unternehmen	**WKN**	**Kurs 17.4.20**	**Hoch/Tief 1 Jahr €**	**Entwicklung: 1, 3, 5 Jahre**
Agnico-Eagle	860 325	49,70 €	58,70/28,00	+36/+15/+81 %
Anglo American	A0M UKL	16,40 €	26,65/11,00	-32/+38/+38 %
Barrick Gold	870 450	22,30 €	23,05/10,45	+93/+21/+87 %
Newcrest Mining	873 365	16,35 €	23,55/11,25	+3/-2/+62 %
Newmont Mining	853 823	53,50 €	55,90/29,15	+73/+67/+143 %
ETF Edelmetall	A0N 62H	118,40 €	134,2/86,55	+35/+35/+48 %
ETF Gold	A0N 62G	146,75 €	151,9/107,8	+38/+28/+37 %
ETF Silber	A0N 62F	13,05 €	16,70/10,05	+5/-19/-9 %
ETF Platin	A0N 62D	66,20 €	88,50/50,35	-9/-23/-35 %
ETF Palladium	A0N 62E	186,05 €	247,2/106,2	+59/+171/+167%
XETRA Gold	A0S 9GB	49,70 €	51,40/36,30	+38/+29/+40 %
ETC, Schuldverschreibung, Rückzahlung Barausgleich, Alter 13 J., Währung €.				
RBS Gold BUGS	A0M MBG	91,00 €	98,00/48,00	+53/+11/+38 %
ETF, Volumen: 95,2 Mio. €, Jahresgebühr: 0,65 €, thesaurierend, Alter: 12 J.				
ETFS Legal & G	A0Q 8NC	27,55 €	30,00/15,50	+43/+20/+62 %
ETF, Gold, Volumen: 230 Mio. €, Gebühr: 0,65 €, thesaurierend, Alter: 11 J.				

Aktienfonds: Edelmetall-Minen, Bergwerke, Rohstoffe				
Aktienfonds	**WKN**	**17.4.20**	**52 Wochen**	**1, 3, 5 Jahre**
SafePort Gold & Silber Mining Fund	A0J D2N	96,55 €	111,3/70,75	-34/-12/+51 %
	Umfang 10 Mio. €, Alter 15 J., Ausgabeaufschlag **6,50 %,** Gebühr **1,50 %,** thesaurierend. Edelmetallförderung und Verarbeitung; weltweite Anlage Aktien und Beteiligungen.			
Stabilitas Silber+Weiß-metalle P	A0K FA1	39,85 €	49,20/26,00	-9/-61/+86 %
	Umfang 97 Mio. €, Alter 14 J., Ausgabeaufschlag **5,00 %,** Geb. **2,50 %,** thesaurierend. Kleinere und mittlere Edelmetalltitel; Gewinnung, Verarbeitung, Vermarktung von Silber.			

⑦ Aktienauswahl-Punktesystem und Bilanzeinblick hilfreich im Crash

7.1 Mein Punktesystem stellt sich Ihnen vor

Ich habe für Sie ein praktisches Punktesystem entwickelt, um eigene Kaufplanungen zu erleichtern. Entscheidende Kennziffern gewichte ich doppelt gegenüber den weniger wichtigen Daten. Sie selbst vergeben jeweils einen Punkt bis zu drei Punkten. Stehen mehrere Aktien auf Ihrer Beobachtungsliste, entscheiden Sie sich für den Punktesieger. Dieses System habe ich schon früher entwickelt, um mit meinen Kindern eine demokratische Auswahl des Urlaubszieles zu ermöglichen oder die persönlich am besten passende Depotbank unter den Discountbrokern aufzuspüren. Aktuell wird das Aktienauswahl-Punktesystem nachgeahmt und manches verfälscht. Gleiches gilt für meine Erfindung **„Der Börsenführerschein“.** Was wird heute nicht alles unter diesem nur für meinen Buchtitel geschützten Namen angeboten!

Mein Punktesystem will keine offiziellen Kennzahlen abbilden, sondern Ihre eigenen, emotionalen Eindrücke berücksichtigen. Was erscheint Ihnen wichtig, was eher nebensächlich? Dabei verändern sich auch durch die Nullzins-Politik und den jetzigen Corona-Crash möglicherweise Ihre Einschätzung. Früher war eine hohe Eigenkapitalquote sehr erstrebenswert, weil es bei Guthaben üppige Zinssätze gab. Ich kann mich noch erinnern, für ein vierteljähriges Festgeld 10,5 % Zinsen gutgeschrieben bekommen zu haben. Jetzt geraten durch die Absperrmaßnahmen, die vielen geschlossenen Geschäfte und Bildungseinrichtungen, die abgesagten Events, Messen, Konzerte, Fußballbundesligaspiele, Verlegung der Fußball-Europameisterschaft und der Olympiade massenweise kleine, mittlere, sogar große Unternehmen an den Rand der Existenz. Oft ist die Pleite nicht mehr zu verhindern. Da wird auf der Bilanz-Aktiva-Seite das Anlagevermögen gegenüber dem Umlaufvermögen immer wichtiger. Man verkraftet solche Nackenschläge besser, wenn man im eigenen Gebäude arbeitet, das Auto und die Geschäftsausstattung nicht gemietet, sondern bezahlt wurden. Auch das Geschäftsmodell wird kritischer hinterfragt.

Wie gehen Sie mit dem Aktien-Punktesystem am besten um?

Das von mir entwickelte Punktesystem lässt sich am besten nutzen, wenn Sie wichtige Kennzahlen einbeziehen, ohne sich allerdings starr und stur an sie zu klammern. Dafür bietet sich die Datenbank von BÖRSE ONLINE an. Vorteilhaft sind ein niedriges KGV im Branchenvergleich, ein möglichst hoher Buchwert gegenüber dem aktuellen Kurs, ein günstiges Kurs-Buchwert-Verhältnis KBV möglichst mit einer Null oder Eins vor dem Komma und ein niedriges Kurs-Cashflow-Verhältnis KCV. Wünschenswert sind eine hohe Dividendenrendite und eine Eigenkapitalquote, die hoch genug ist, wichtige Investitionen in Richtung Nachhaltigkeit vorzunehmen, ein steigendes Ergebnis sowie positive Analysten-Einstufungen. Niemals darf eine Finanzzahl allein den Ausschlag geben. Es kommt auf die Gesamtsicht an. Chancenreich sind die Aktien von AGs, bei denen der Firmenwert über dem Aktienkurs liegt.

Aber wie gesagt, es geht um Ihre eigenen Einschätzungen, Ihre Vorlieben und Abneigungen. Verzetteln Sie sich nicht, indem Sie sich mit Nebenschauplätzen aufhalten, in Erbsenzählermanier in der Vergangenheit herumwühlen, päpstlicher als der Papst zu handeln. Denken Sie daran, dass gute Kenntnisse der vergangenen Geschehnisse dann hilfreich sind, wenn sie zielorientierte Analysen und realistische Auswirkungen und Prognosen erleichtern.

Wieso bietet das Punktesystem Spielräume, innovativ zu sein, etwas zu verändern, eigene Vorstellungen einzubringen?

Orientieren Sie sich an dem umseitigen Ausgangsmodell und dem Muster für die innovative Umwandlung. Nutzen Sie es als Grundmuster, und wandeln Sie es nach eigenen Vorstellungen ab. Die Liste muss, damit sie übersichtlich bleibt, auf eine A4-Seite passen. Danach sollten Sie Ihr persönliches Punktesystem vorrätig ausdrucken oder kopieren. Dieses Verfahren habe ich auch Studenten der EBZ Business School in Bochum bei einer ganztägigen Vorlesung vorgestellt. Es ist denkbar und völlig in Ordnung, wenn Sie bezüglich Auswahl und Gewichtung andere Ansichten haben und die Zeilenzahl verändern wollen.

Interessant ist, dass andere Autoren meine Idee aufgreifen und eigene Punktesysteme entwickeln. Es ist aber viel zu kompliziert, ein KGV über einen Zeitraum von fünf Jahren zu ermitteln und als Obergrenze 12 zu nennen. Für Autobauer mag dies angemessen sein. Für Biotech, Medtech, Software, Internet, Künstliche Intelligenz mit Robotik wäre es viel zu niedrig. Wer will schon dauerhaft auf die wichtigsten Zukunftsmärkte mit Schwerpunkt Hochtechnologie verzichten!

Das innovative Punktesystem für Ihre Aktienauswahl					
Bewertungsfaktor	**0 P.**	**1 P.**	**2 P.**	**3 P.**	**Insg.**
Doppelte Gewichtung: Jeder Punkt zählt hier zweifach.					
Kurs-Gewinn-Verhältnis					
Börsensegment/Index					
Hoch/Tief 52 Wochen					
Portfolio-Streuung					
Eigenkapital/Schulden					
Buchwert oder KBV					
Dividendenrendite					
Umsatz und Ertrag					
Nachhaltigkeit/Ethik					
Value, Substanzkraft					
Growth, Wachstum					
Technische Analyse					
Marktlage mit Prognose					
Zwischensumme					
Bewertungsfaktor	**0 P.**	**1 P.**	**2 P.**	**3 P.**	**Insg.**
Normale Gewichtung: Alle Ergebnisse zählen nur einfach.					
Geschäftsmodell					
Marktstellung/Wettbewerb					
Exportquote weltweit					
Bekanntheitsgrad/Ruf					
Meldungen/Kommunikation					
Sympathie/Standards					
Internationalität					
Analysen/Rating					
Zwischensumme					
Endergebnis					

Kreative Umwandlung: Das Aktienauswahl-Punktesystem					
Bewertungsfaktor	**0 P.**	**1 P.**	**2 P.**	**3 P.**	**Insg.**
Dreifache Gewichtung: Jeder Punkt zählt hier dreifach.					
Kurs-Gewinn-Verhältnis					
Börsensegment/Index					
Portfolio-Streuung					
Dividendenrendite					
Ergebnisentwicklung					
52-Wochen-Hoch/-Tief					
Zwischensumme					
Doppelte Gewichtung: Jeder Punkt zählt hier zweifach.					
Kursentwicklung 3 Jahre					
Eigenkapital oder KCV					
G+V und Bilanz					
Value, Substanzkraft					
Growth, Wachstum					
Marke, Bekanntheitsgrad					
Marktkapitalisierung					
Investitionen in F&E					
Digitalisierung/Vernetzung					
Nachhaltigkeit/Ethik					
Zwischensumme					
Normale Gewichtung: Alle Ergebnisse zählen nur einfach.					
Geschäftsmodell					
Buchwert oder KBV					
Analysen, Rating/Ranking					
Internationalität					
Handelbarkeit					
Zwischensumme					
Endergebnis					

7.2 Blick auf wichtige Finanzzahlen, G+V und Bilanz, damit Ihre Schnellanalyse klappt

Auf welche Kennzahlen kommt es im Zusammenspiel an?

Kurs-Gewinn-Verhältnis (KGV). Ein im Branchenvergleich niedriges KGV spricht für eine faire bzw. niedrige Bewertung. Aber Vorsicht! Premium-Aktien haben ihren Preis. Da bietet sich der Vergleich an: 5-Sterne-Hotel, einfaches 2-Sterne-Haus. Sich bei der Aktienauswahl allein am KGV zu orientieren, ist strategisch unklug. Die wichtigsten Kennzahlen sind nie losgelöst zu sehen. Interessant und aussagekräftig ist ein Vergleich innerhalb der Branche. In den kritischen Jahren 1929, 1999 und 2007 lagen die Bewertungen für den US-Aktienindex S&P 500 bei 33, 44 und 27. Ende März 2017 waren es 18 – zweifellos ein stolzer, aber kein bedrohlicher Wert.

Die großen Kurssprünge Anfang der 1920er-, 1930er- und 1980er-Jahre starteten bei einstelligem KGV, was es beim russischen RTX noch gibt und auch jetzt wieder bei zahlreichen abgestürzten Titeln als Folge des Corona-Crash. In Russland notieren nach dem kürzlichen Ölpreisverfall die meisten Titel vom Leitindex RTX mit einem einstelligen KGV zwischen 4 und 6, darunter die dividendenstarken Öl-, Gas und Bergbaukonzerne **Gazprom, Lukoil, Norilsk Nickel, Surgutneftegaz** und **Tatneft** sowie die **Sberbank.** Teilweise gibt es Dividenden von rund 10 %. Solange die Null-Zins-Politik und der Corona-Crash andauern, können Langzeitanleger mit geschicktem Stock Picking weiter kaufen. Große Vorsicht ist dagegen geboten bei schnellem Rein und Raus.

Buchwert bzw. Kurs-Buchwert-Verhältnis. Es ist ein positives Signal, wenn der die Substanzkraft bzw. die materiellen Finanzdaten anzeigende Buchwert deutlich über dem Aktienkurs liegt, sich auf gleicher Höhe oder nahe darunter befindet. Jetzt mitten im Corona-Crash notiert der Buchwert bei zahlreichen Aktien deutlich über dem Kurswert. Ebenso erfreulich ist es, wenn das KBV eine Null oder Eins vor dem Komma zeigt. Aber auch diese beiden Kennzahlen sind für sich allein wenig aussagekräftig. Der Buchwert gibt Aufschluss über das ausgewiesene Eigenkapital dividiert durch die Aktienanzahl. Im Bankensektor liegt der Buchwert derzeit meist deutlich über dem Aktienkurs. Aber ist es ein Grund, deshalb die Commerzbank- und Deutsche Bank-Aktie zu kaufen und umgekehrt die Pharmatitel Bayer, Fresenius und Merck zu meiden? Es kommt auf die Gesamtsicht an. Da sollen auch andere Kennzahlen überzeugen: Geschäftsmodell, Dividendenrendite, Ergebnis je Aktie, Eigenkapitalquote.

Ergebnis je Aktie im Zeitraum von 3 bis 5 Jahren. Steigt das Ergebnis seit der Weltwirtschaftskrise 2008/2009 stetig an, zeigt dies, dass die AG auf gutem Weg ist und Einbrüche in schwierigen Zeiten erfolgreich wegsteckt. Für 2020 sind aufgrund des Crash-Szenarios negative Zahlen zu erwarten; ist doch mit einem wirtschaftlichen Abschwung um mehrere Prozentpunkte zu rechnen.

Ausschüttung und Dividendenrendite. Bei einem Unternehmen mit aktionärsfreundlicher Ausschüttungspolitik und gesunder Geschäftsentwicklung steigt die Dividende stetig und verbleibt in einer Krise zumindest auf gleichem Niveau. Aktionärsschützer wünschen 40 bis 50 % Ausschüttung vom Reingewinn.

Für junge Start-ups bzw. Gründerfirmen ist es vernünftig, zunächst verstärkt in Forschung und Entwicklung, neue Märkte und ein erweitertes Produkt- oder Dienstleistungsportfolio zu investieren. Es ist volkswirtschaftlich fragwürdig, den Großteil vom Gewinn nur deshalb auszuschütten, um die Anteilseigner bei Laune zu halten. Die Dt. Telekom verwöhnt mit hoher steuerfreier Ertragsgutschrift. Umgekehrt wird bei BMW und Daimler die Dividende gekürzt und bei MTU sowie Lufthansa komplett gestrichen. Da können Wut und Enttäuschung der Aktionäre und der damit verbundene Ansehensverlust zum Kurssturz führen und der Schaden für das Unternehmen weitaus gravierender sein, als die Dividende auch im Crash auf üblichem Niveau weiter zu bezahlen. Man denke an Aktientausch und Akquisitionswährung, um eine Übernahme bzw. Beteiligung zu stemmen.

Erklimmt der Aktienkurs fortlaufend Allzeithochs, bleibt die Dividendenrendite selbst dann niedrig, wenn die Ausschüttung stetig erhöht wird. Dies gilt für die DAX-Titel LINDE, BAYER, Fresenius und MERCK. Wer solche Aktien hält und zudem einen steuerfreien Altbestand pflegt, dem winkt eine üppige und steigende Dividendenrendite. Die Formel lautet: Dividende multipliziert mit 100 dividiert durch den aktuellen Kurs bzw. Einstandspreis.

Blick auf die Eigenkapitalquote. Liegt diese deutlich über 50 %, so zeigt dies, dass das Fremdkapital, also die Verschuldungsquote deutlich darunter liegt. Dies wirkt beruhigend. Beträgt die Eigenkapitalquote rund 90 %, stellt sich die Frage: Warum setzt die AG nicht ihr Kapital sinnvoll ein, um zu wachsen und ihre Marktstellung zu verbessern? Dies gilt insbesondere in Zeiten der Nullzins-Politik mit drohenden Strafzinsen, von Geldinstituten als Verwahr- oder Aufbewahrungsgebühr bezeichnet. Da bietet es sich für eine gesunde, wachstums- und substanzstarke Firma an, lieber nachhaltig zu investieren, z. B. in Künstliche Intelligenz mit Robotik, Infrastruktur, erneuerbare Energien usw. Allerdings wirft der Crash manche Pläne über den Haufen.

Marktkapitalisierung in Milliardenhöhe oder nur ein Börsenwert von wenigen Mio. €? Der Börsenwert entscheidet neben den Umsätzen über die Aufnahme in die Indizes. In Deutschland sind dies DAX, MDAX, TecDAX und SDAX – vergleichbar mit der 1., 2. und 3. Fußballbundesliga. Kundige Anleger können anhand dieser Kennzahl schon im Vorfeld darauf spekulieren, wer das nächste Mal wohl auf- und absteigt.

Die börsentäglichen Handelsaktivitäten hängen mit davon ab, ob es ein Schwer- oder Leichtgewicht ist. Bei hohem Börsenwert ist die Manipulationsgefahr niedrig, bei nur wenigen Millionen groß. Kein Guru kann so viele DAX-Aktien handeln, um in Betrugsabsicht mit Zugriff auf die Gerüchteküche Kurse erheblich beeinflussen und auch mit Leerverkäufen absahnen zu können. Bei kleinen Werten lassen sich schon mit geringen Orders Kurse nach oben oder unten treiben. Was bedeutet dies für Sie? Bei niedrigem Börsenwert ist ein Limit unverzichtbar. Damit Sie von lästigen Teilausführungen und damit verbundenen Gebühren verschont bleiben, sollten Sie die Gültigkeit auf einige Wochen ansetzen. Bei Teilausführungen belastet Sie Ihre Bank üblicherweise nur einmal mit Transaktionskosten.

Werfen Sie vor der Order einen Blick auf die G+V und Bilanz

Die ARD-Börse bietet online die G+V und Bilanz im 5-Jahresvergleich an, sofern nach WKN-Aufruf der Hinweis *„Firmendaten“* vorliegt. Ein Klick genügt, und Sie werden über diese Finanzzahlen informiert. Keine Angst! Sie müssen kein Seminar über Bilanzierung besuchen, keine Fachbücher wälzen, um G+V und Bilanz zu verstehen. Für Ihre Entscheidung, Aktien zu kaufen oder zu verkaufen, reichen wenige Angaben – ganz einfach, wie Sie gleich merken.

Für Einsteiger: Die Gewinn- und Verlustrechnung

G+V-Posten	Erläuterung
Umsatzerlöse	Alljährlich steigende Umsätze sind ein gutes Wachstumsbarometer.
Betrieblicher Aufwand	Der betriebliche Aufwand zeigt, ob und wie viel Gewinn nach Abzug der Kosten vom Umsatz noch übrig bleibt.
Operatives Ergebnis, gewöhnliche Geschäftstätigkeit	Ein Jahr für Jahr stetig steigendes operatives Ergebnis bezeugt, dass es dem Unternehmen gut geht, an Ertragskraft zulegt und nachhaltig wirtschaftet.

Ergebnis vor Steuer (EBT), Steuer und Zinsen (EBIT)	Interessant ist der Vergleich, wie hoch das Ergebnis vor und nach Steuern (bzw. Zinsen) ist und ob die Firma überhaupt Steuern bezahlt.
Gewinn vor Steuern, Zinsen und Abschreibungen (EBITDA)	Diese Kennzahl beurteilt die Ertragskraft und besteht aus Jahresüberschuss vor Steuern, Zinsen und Abschreibungen. Das EBITDA erlaubt aussagekräftige Vergleiche bezüglich der operativen Ertragsstärke von Unternehmen.
Jahresüberschuss bzw. Jahresfehlbetrag	Übertrifft der Gewinn den Aufwand, ergibt sich ein Jahresüberschuss. Ein Jahresfehlbetrag entsteht, wenn die Kosten den Ertrag übersteigen. Es droht Zahlungsunfähigkeit.

Für Einsteiger: Die wichtigsten Bilanzposten

Allgemeines: Die Bilanz erinnert in ihrer Struktur an eine Waage: Die **Aktivseite** gibt Aufschluss über die Verwendung des Vermögens. Die **Passivseite** informiert über die Beschaffung bzw. Finanzierung, also das Fremdkapital bzw. die Schulden, auch als Verbindlichkeiten bezeichnet.

Die Differenz zwischen Aktiva und Passiva ergibt das **Eigenkapital.** Je deutlicher die **Eigenkapitalquote** über dem Fremdkapital liegt, umso höher ist die **Bonität** und umso gesunder ist die Finanzstruktur. Die Gliederung in bestimmte Posten ist gesetzlich vorgeschrieben. **Bilanzbetrug** ist eine Straftat, kein Kavaliersdelikt.

Bilanzposten	Erläuterung
Aktiva: Umlaufvermögen	Das Umlaufvermögen umfasst das kurzfristig im Unternehmen verweilende Kapital wie Vorräte, Forderungen aus Lieferung und Leistung, Kassenbestand, Bankguthaben und Wertpapiere wie Aktien, Pfandbriefe, Genussscheine und Anleihen.
Aktiva: Anlagevermögen	Das Anlagevermögen bezieht sich auf alle Positionen, die für das Unternehmen dauerhaft Nutzen bringen. Dies sind technische Anlagen und Maschinen, Fuhrpark, Grundstücke und Gebäude, Betriebs- und Geschäftsausstattung, Firmen- und Markenwert sowie Beteiligungen.

Passiva: kurz-, mittel- und langfristige Verbindlichkeiten, also Fremdkapital	In der Bilanz sind die Verbindlichkeiten gegenüber Lieferanten, Banken, Versicherungen und Finanzamt abzugrenzen von ungewissen Rückstellungen wie Schadensersatzklagen. Schulden sind Verpflichtungen, die als Fremdkapital auf der Passivseite stehen. Vor dem Crash war eine hohe Eigenkapitalquote wegen zu bezahlender Strafzinsen gar nicht so erwünscht. Da wurde lieber investiert in Beteiligungen und nachhaltige Geschäftsmodelle. Jetzt aber bewahrt viel Eigenkapital so manches Unternehmen wegen des brachliegenden Handels vor dem Niedergang.
Passiva: Eigenkapital	Umlauf- und Anlagevermögen abzüglich aller Verbindlichkeiten und Rückstellungen ergeben das Eigenkapital. Es sollte jetzt deutlich höher als das Fremdkapital sein, um in Krisen nicht zahlungsunfähig zu werden. Ein Teufelskreis, wenn das Geld für Mitarbeiter, Forschung und Entwicklung fehlt, nicht mehr investiert wird, sondern der Rotstift regiert und das Tafelsilber verschwindet.
Bilanzsumme gleich bei Aktiva & Passiva	Die Bilanzsumme ergibt sich, indem alle Positionen auf der Aktiv- und der Passivseite zusammengezählt werden. Die Bilanzsumme auf der Aktiv- und Passivseite muss, wie es sich für eine Waage gehört, exakt übereinstimmen.
Anmerkung: Dieses Grundwissen ist unverzichtbar, um sich einen raschen Überblick über die Qualität einer AG und die Chancen auf Kursgewinne, Wachstum, Ertragskraft und den Grad der Verschuldung zu verschaffen.	

Das Eigenkapital bezüglich zu treffender Entscheidungen

Vor allem bei Banken ist die Eigenkapitalquote gering, oft im niedrigen einstelligen Bereich angesiedelt. Auch bei jungen Biotechfirmen ist keine üppige Eigenkapitalausstattung zu erwarten. Ganz anders sieht dies im Industriesektor aus. Hier übertrifft oft die Eigenkapitalausstattung den Fremdkapitalanteil, was als Hinweis für eine gesunde Finanzstruktur gilt – vorausgesetzt, es wird seriös bilanziert. Sollten Sie sich freuen, wenn die Gesellschaft eine Eigenkapitalquote von über 80 % aufweist? Kritiker werfen den Firmenlenkern in Zeiten der Nullzinspolitik vor, dass sie ihr Geld brach herumliegen lassen, statt es sinnvoll zu investieren oder als Akquisitionswährung, Aktientausch oder Rückkauf mit geplanter Vernichtung einzusetzen. Der Corona-Crash führt zu veränderten Einschätzungen. Mit einer schwarzen Null geht niemand trotz Durststrecke pleite.

7.3 Zitatsammlung: Mutig neue Wege im Corona-Crash gehen

Einige Auszüge aus #contracorona: *Handelsblatt* und *WirtschaftsWoche*, Handelsblatt Nr. 75, 17./18./19. April 2020

„Sensibilität, Empathie und Respekt sind wichtiger denn je"
(Sebastian Scholz, Ergosign GmbH)

„Video-Calls nehmen gerade jetzt eine besonders große Rolle ein, da sie auch nonverbale Signale leichter erkennen lassen, die per Telefon nicht übertragen werden. Ich bekomme hierdurch ein besseres Gespür dafür, ob es einem Teammitglied eher besser oder schlechter geht. So vorteilhaft dies ist, sollten wir gerade jetzt darauf achten, persönliche Schutzräume zu respektieren und keinen unnötigen Druck aufzubauen."

„Niemand darf durch das Raster fallen"
(Armin v. Buttlar, Vorstand Aktion Mensch e. V.)

„Gesellschaftlich wird es sehr wichtig, dass neben allen notwendigen wirtschaftlichen und strukturellen Hilfen Menschen, die auf Assistenz oder persönliche Pflege angewiesen sind oder die zunächst nicht im Fokus der Hilfsaktionen stehen, nicht durch das Raster fallen. Hier sind schnelle Lösungen notwendig, die praktisch und konkret wirken. Wenn die Assistenz für Menschen mit Behinderung ausfällt, sind viele Leute nicht in der Lage, ihr tägliches Leben zu organisieren. Hier werden wir konkret helfen und bitten darum, dass auch andere sich engagieren. So schrecklich diese Krise für die gesamte Gesellschaft unzweifelhaft ist, so birgt sie doch Erfahrungen, die uns in der Zukunft zu neuen und besseren Lösungen und Arbeitsmethoden verhelfen."

„Gift in Medizin verwandeln"
(Stephan Patrik Tahy, De' Longhi GmbH)

„Statt körperlicher Präsenz werden Chancen für unsere Teams geschaffen, sich virtuell zu begegnen. Über unser Internet teilen wir Eindrücke aus anderen Ländern, um das Gefühl der Gemeinschaft zu stärken und zu zeigen, wie die Teams mit den Herausforderungen, die wir alle teilen, umgehen. Und wenn wir die Krise gemeinsam überwunden haben, dann sind wir als Team deutlich zusammengerückt. Das Vertrauen hat sich vertieft. Und wir sind sicher, zukünftige Herausforderungen gemeinsam noch besser bestehen zu können. Wir haben also dann Gift in Medizin verwandelt."

„Sich trauen, neue Wege zu gehen"
(Benito Cano-Zander, Geschäftsführer Alisa GmbH Hamburg)

„Wir sollten gegen Corona Management-Methoden aus der Wirtschaft nutzen. Eine Plattform im Internet schaffen, wo Bundesbürger Vorschläge machen können, wie durch Maßnahmen Situationen verbessert werden können.

Beispiel: Die Umsatzsteuer reformieren. Ab jetzt auf alles nur noch 10 %. Keine Ausnahmen mehr. Vier Steuersätze für Weihnachtsbäume, unterschiedliche Steuersätze für Pflanzen, Schnittblumen etc. Warum nicht die Gunst der Stunde für eine Reform nutzen, anstatt Geld zu verteilen? Bleiben wir gesund und trauen uns, neue Wege zu gehen. Dann schaffen wir das auch. Das Virus und die wirtschaftlichen Herausforderungen."

„Charakterfest für unsere Gesellschaft"
(Clemens Hoyos, CEO der Deutschen-Knigge-Gesellschaft e. V.)

„Selbstbeschränkung? Selbstbeherrschung? Teilweise Fehlanzeige! Es scheint, als habe man mit dieser Krankheit den Zenit der Zivilisation endgültig überschritten. Die Pandemie entpuppt sich somit nicht nur als Stresstest, sondern vor allem auch als Charaktertest.

Speziell in der gegenwärtigen Krise sollte man sich auf die Ideale des Freiherrn Knigge besinnen und ein Vorbild in Sachen Solidarität, Umsicht und Dankbarkeit sein. Denn kaum eine Situation seit dem Zweiten Weltkrieg hat unsere Gesellschaft in solch eine Unruhe und allgemeine Verängstigung versetzt wie das Coronavirus.

Nun liegt es an jedem Einzelnen zu beweisen, was eine solidarische Gesellschaft im Innersten zusammenhält. Es ist die Einsicht, auch Einschnitte in der persönlichen Freiheit, jedenfalls für einen gewissen Zeitraum, hinzunehmen und zu respektieren. In solchen Zeiten bedeutet das vor allem, dass wir zum Wohle unserer Mitmenschen, mit Umsicht und Rücksicht handeln. Dass wir uns nicht selbst der Nächste sind, sondern im Interesse aller Menschen handeln."

Eckdaten in Stichworten zur Corona-Epidemie: Vergangene Pandemien forderten viel mehr Todesopfer

- **Masern mit dem höchsten Ansteckungsrisiko**
- **Inkubationszeit bei Covid-19 wesentlich länger als bei Grippe**
- **Cholera, Ebola, Pest und Pocken vielfach tödlicher als Covid-19**
- **Im Jahr 2018 rund 25.000 Grippe-Opfer allein in Deutschland**

❽ Musterdepots für eine erfolgreiche Anlage auch im Crash

8.1 Zwei Musterdepots deutscher Aktien für alle Anlegertypen

Der Corona-Crash bringt es mit sich, dass der Kursabsturz etlicher Aktien insbesondere aus dem Automobil-, Chemie- und Maschinenbausektor bis um die Hälfte zu hohen Dividenden führt, soweit bislang großzügig ausgeschüttet wurde und jetzt weder Kürzungen noch Streichungen zu erwarten sind. Deshalb sieht das Crash-Musterdepot grundlegend anders aus als beim Aktien- und Börsenführerschein. Kurserholung ist aber hier wie dort angezeigt. Nur weiß niemand, wie lange dieser Crash mit seinen verheerenden wirtschaftlichen Folgen dauern wird. Treffen Sie Ihre Auswahl nach eigenen Vorlieben.

Musterdepot ➊: Hohe Dividende und faire Bewertung; 20 deutsche Aktien; Auswahl: DAX, TecDAX, MDAX, SDAX

15 Aktien/ Unternehmen	WKN	Kurs am 17.04.20	Hoch/Tief 1 Jahr in €	Kursverlauf 1, 3, 5 Jahre
Allianz	**840 400**	164,00 €	232,5/116,5	**-19/+49/+28 %**
DAX, KGV 7,6, EK-Quote 7,7 %, Dividende 10,00 €, **Divid.-Rendite 6,3 %**				
BASF	**BAS F11**	45,55 €	74,60/37,40	**-35/-43/-38 %**
DAX, KGV 10,9, EK-Quote 48,7 %, Dividende 3,40 €, **Divid.-Rendite 7,7 %**				
BAYER	**BAY 001**	59,00 €	79,00/45,00	**+1/-37/-48 %**
DAX, KGV 7,0, EK-Quote 37,6 %, Dividende 2,90 €, **Divid.-Rendite 5,2 %**				
Deutsche Post	**555 200**	26,35 €	35,00/19,00	**-10/-6/+6 %**
DAX, KGV 10,1, EK-Quote 27,6 %, Dividende 1,30 €, **Divid.-Rendite 5,0 %**				

<table>
<tr><td>HeidelbergCement</td><td>604 700</td><td>40 70 €</td><td>73,25/29,10</td><td>-42/-49/-38 %</td></tr>
<tr><td colspan="5">DAX, KGV 6,2, EK-Quote 48,0 %, Dividende 2,35 €, Divid.-Rendite 5,9 %</td></tr>
<tr><td>Munich Re</td><td>843 002</td><td>196,80 €</td><td>283,9/142,0</td><td>-6/+23/+26 %</td></tr>
<tr><td colspan="5">DAX, KGV 8,7, EK-Quote 10,6 %, Dividende 10,35 €, Divid.-Rendite 5,7 %</td></tr>
<tr><td>Freenet</td><td>A0Z 2ZZ</td><td>16,40 €</td><td>21,60/13,75</td><td>-15/-31/-22 %</td></tr>
<tr><td colspan="5">TecDAX, KGV 8,6, EK-Quote: 36,6 %, Dividende 1,65 €, Div.-Rend. 10,4 %</td></tr>
<tr><td>Siltronic</td><td>WAF 300</td><td>79,55 €</td><td>108,0/47,50</td><td>-7/+34 %/IPO</td></tr>
<tr><td colspan="5">TecDAX, KGV 11,2, EK-Quote 47,8 %, Dividende 3,00 €, Div.-Rendite 4,2 %</td></tr>
<tr><td>Aroundtown</td><td>A2D W8Z</td><td>4,95 €</td><td>8,85 €/2,90</td><td>-30/+8 %</td></tr>
<tr><td colspan="5">MDAX, KGV 7,3, EK-Quote 52,6 %, Dividende 0,30 €, Div.-Rendite 6,7 %</td></tr>
<tr><td>Dt. Pfandbrief</td><td>801 900</td><td>6,95 €</td><td>15,70/5,85</td><td>-37/-23 %/IPO</td></tr>
<tr><td colspan="5">MDAX, KGV 10, EK-Quote 5,6 %, Dividende 0,85 €, Div.-Rendite 7,3 %</td></tr>
<tr><td>DÜRR</td><td>556 520</td><td>20,00 €</td><td>42,00/16,05</td><td>-50/-47/-53 %</td></tr>
<tr><td colspan="5">MDAX, KGV 7,7, EK-Quote 26,9 %, Dividende 1,10 €, Div.-Rendite 5,6 %</td></tr>
<tr><td>Hannover Rück</td><td>840 221</td><td>134,50 €</td><td>192,6/99,10</td><td>+5/+41/+72 %</td></tr>
<tr><td colspan="5">MDAX, KGV 11,9, EK-Quote 15,9 %, Dividende 5,75 €, Divid.-Rendite 4,4 %</td></tr>
<tr><td>HELLA</td><td>A13 SX2</td><td>31,25 €</td><td>50,75/20,65</td><td>-29/-16/-15 %</td></tr>
<tr><td colspan="5">MDAX, KGV 9,1, EK-Quote 46,3 %, Dividende 1,05 €, Divid.-Rendite 3,7 %</td></tr>
<tr><td>ProSiebenSAT.1</td><td>PSM 777</td><td>8,00 €</td><td>16,00/5,75</td><td>-41/-76/-77 %</td></tr>
<tr><td colspan="5">MDAX, KGV 4,7, EK-Quote 19,5 %, Dividende 0,95 €, Divid.-Rendite 13,1 %</td></tr>
<tr><td>TAG Immobilien</td><td>830 350</td><td>18,80 €</td><td>25,00/14,20</td><td>-2/+63/+95 %</td></tr>
<tr><td colspan="5">MDAX, KGV 15,4, EK-Quote 42,4 %, Dividende 0,87 €, Divid.-Rendite 4,7 %</td></tr>
<tr><td>Corestate Capital</td><td>A14 1J3</td><td>26,90 €</td><td>45,50/14,20</td><td>+7 %/IPO</td></tr>
<tr><td colspan="5">SDAX, KGV 3,9, EK-Quote 47,7 %, Dividende 2,85 €, Divid.-Rendite 10,9 %</td></tr>
<tr><td>Dt. Beteiligung</td><td>A1T NUT</td><td>28,15 €</td><td>41,90/45,50</td><td>-20/-6/+12 %</td></tr>
<tr><td colspan="5">SDAX, KGV 9,6, EK-Quote 93,6 %, Dividende 1,50 €, Div.-Rendite 5,6 %</td></tr>
<tr><td>DWS Group</td><td>DWS 100</td><td>24,15 €</td><td>40,00/16,75</td><td>-21 %/IPO</td></tr>
<tr><td colspan="5">SDAX, KGV 8,2, EK-Quote 62,6 %, Dividende 1,80 €, Div.-Rendite 8,1 %</td></tr>
<tr><td>Indus</td><td>620 010</td><td>26,85 €</td><td>47,40/20,95</td><td>-40/-51/-34 %</td></tr>
<tr><td colspan="5">SDAX, KGV 8,9, EK-Quote 40,2 %, Dividende 1,50 €, Div.-Rendite 6,0 %</td></tr>
<tr><td>Stabilus</td><td>A11 3Q5</td><td>36,95 €</td><td>64,35/29,70</td><td>-25/-37/+21 %</td></tr>
<tr><td colspan="5">SDAX, KGV 8,7, EK-Quote 45,5 %, Dividende 1,10 €, Divid.-Rendite 3,5 %</td></tr>
</table>

Musterdepot ❷: „Zukunftsmärkte". Deutsche Aktien Biotech, Internet, IT/Software/Cloud, Künstliche Intelligenz				
Aktien/ Firma	**WKN**	**Kurs 20.04.20**	**Hoch/Tief 1 Jahr €**	**Kursverlauf 1, 3, 5 Jahre**
Bechtle	**515 870**	133,00 €	149,0/79,35	**+53/+175/+329 %**
TecDAX/MDAX, Software-Systemhaus mit Cloud-Computing, Beteiligungen				
Cancom	**541 910**	44,65 €	57,10/31,20	**+73/+130 %**
TecDAX/MDAX, Full-Serviceangebote, IT-Komplettlösungen, Infrastruktur				
Carl Zeiss Me.	**531 370**	92,90 €	122,1/67,70	**+15/+126/+320 %**
TecDAX/MDAX, Produkte für Augenheilkunde, Neuro- und HNO-Chirurgie				
CompuGroup	**543 730**	70,55 €	74,80/46,45	**+27/+73/+182 %**
TecDAX/MDAX, Software für Ärzte, Kliniken, Forschungslabore, Diagnostik				
Dermapharm	**A2G S5D**	39,75 €	42,75/28,05	**+33 %**/Börsengang
SDAX, führender Hersteller patentfreier Markenarzneimittel, auch Biosimilars				
Eckert & Zieg.	**565 970**	128,50 €	206,0/71,90	**+71/+402/+532 %**
SDAX, Produzent radioaktiver Komponenten für Medizin und Messtechnik				
Evotec	**566 480**	23,55 €	27,30/17,20	**+6/+127/+528 %**
TecDAX/MDAX, Wirkstoffforschung Neurologie mit Technologie-Plattform				
Hypoport	**549 336**	324,00 €	386,5/175,6	**+80/+272/+1383 %**
SDAX, Online-Finanzdienste Immobilien: Finanzierung, Bausparen, Kredite				
LPKF Laser &	**645 000**	20,10 €	25,70/6,45 €	**+134/+120/+94 %**
SDAX, Laserstrahl-Anlagen für Leiterplatten, Metallschablonen, Oberflächen				
Nemetschek	**645 290**	56,85 €	69,05/32,45	**+14/+208+527 %**
TecDAX/MDAX, Software für Architektur: Planen, Bauen, Nutzen, Multimedia				
SAP	**716 460**	113,05 €	129,6/82,15	**+14/+25/+70 %**
DAX/TecDAX, branchenbezogene Softwarelösungen für Geschäftsprozesse				
Sartorius Vz	**716 563**	230,00 €	243,2/153,6	**+51/+185/+567 %**
TecDAX/MDAX, Biopharmazeutik, hochwertige Labor-/Prozess-Technologie				
Teamviewer	**A2Y N90**	39,75 €	41,55/21,40	**+65 %**/Börsengang
TecDAX/MDAX, Kommunikationsplattform, Fernwartung PC & Mobilgeräte				
VARTA	**A0T GJ5**	71,80 €	128,6/38,60	**+82 %**/Börsengang
TecDAX/MDAX, Mikrobatterien für Hörgeräte, Lithiumbatterien für Elektronik				

8.2 Zwei Musterdepots für „ewige Aktien“ weltweit sowie Nasdaq 100 und S&P 500

Trotz Corona-Crash wird auch das USA-dominierte Musterdepot mit den weltbekannten Marathonaktien bzw. ewigen Aktien bei der Kursentwicklung großteils überzeugen. Erst recht gilt dies für die Auswahl der amerikanischen Technologiebörse Nasdaq 100 mit Beimischung S&P 500.

Werfen wir dagegen einen Blick auf die beiden deutschen Musterdepots, so löst die Auswahl mit den sehr niedrig bewerteten, dividendenstarken Value-Aktien für vorsichtige und erfolgsorientierte Anleger schon eher Erschrecken aus. Voll überzeugen kann eigentlich nur Hannover Rück. Freilich werden sich gerade diese defensiven Titel wieder erholen. Momentan spenden nur die ungewöhnlich hohen Ausschüttungen einen gewissen Trost.

Ganz anders sieht die deutsche Growth-Aktienauswahl aus dem Gesundheitswesen, Technologie- und Softwarebereich aus. Von den 14 ausgewählten Aktien stammen zehn Werte aus dem TecDAX. Genau hier spielt – wie auch im Nasdaq-Musterdepot – die Zukunftsmusik mit Künstlicher Intelligenz und Robotik, Medizintechnik, Biotechnologie, IT-Software und Hochtechnologie. Es ist also völlig unverständlich und auch jammerschade, dass niemand von der Print-Fachliteratur den TecDAX publiziert.

Musterdepot ❸ „Ewige Aktien“, Großkonzerne weltweit				
Aktien/ Firma	**WKN**	**Kurs 20.04.20**	**Hoch/Tief 1 Jahr €**	**Kursverlauf 1, 3, 5 Jahre**
Allianz	**840 400**	166,90 €	232,5/116,5	**-19/+9/+68 %**
DAX: Globaler Versicherungs-/Finanzdienstleister mit breiter Produktpalette				
Alphabet	**A14 Y6F**	1.174,5 €	1.420/917,5	**+7/+48/+139 %**
Nasdaq: Innovative Holding mit Google-Suchmaschine und vielen Produkten				
Alibaba	**A11 7ME**	198,60 €	208,0/132,0	**+17/+86/+155 %**
China: Asiens Online-Einzelhandelsriese, auch bei Cloud-Computing aktiv				
Apple	**865 985**	257,70 €	301,4/158,0	**+43/+95/+122 %**
Dow Jones: Smartphones, MP3-Player, Notebooks; Musik, Spiele, Apps				

Aktien/ Firma	**WKN**	**Kurs 20.04.20**	**Hoch/Tief 1 Jahr €**	**Kursverlauf 1, 3, 5 Jahre**
Amazon	**906 866**	2.220,50 €	2.270/1.440	**+30/+155/+515 %**
Nasdaq: Marktführer Onlinetechnologie-Versandhändler: nicht nur Bücher				
AstraZeneca	**886 455**	93,15 €	93,15/64,60	**+38/+81/+70 %**
Stoxx 50: Arznei bei Krebs, Herzkreislauf-, Stoffwechsel-, Gefäßkrankheiten				
Johnson &	**853 260**	140,15 €	142,0/104,0	**+15/+28/+73 %**
Dow Jones: Der Marktführer bietet Gesundheitsprodukte und Heilmittel an.				
Microsoft	**870 747**	163,40 €	175,5/106,0	**+54/+178/+371 %**
Dow Jones: Globaler Anbieter von Softwareprodukten und Dienstleistungen				
Netflix	**552 484**	400,60 €	415,0/228,0	**+23/+187/+415 %**
Nasdaq: Anbieter online gestreamter TV-Serien, Filme, Internet-Aboservice				
Nintendo	**864 009**	393,50 €	408,0/260,0	**+45/+75/+154 %**
Nikkei 25: Japans führender Spielekonzern Video, Computer, Smartphones				
NVIDIA	**918 422**	267,70 €	293,7/118,7	**+59/+188/+1.186 %**
Nasdaq: Hard-/Software, Grafik-/Kommunikationsprozessoren, Bildbearbeitg.				
Norilsk Nickel	**A14 0M9**	24,75 €	33,05/17,50	**+39/+135/+132 %**
RTX Russland: Produktion Industrie- & Edelmetalle; Kobalt, Nickel, Platin				
Novo Nordisk	**A1X A8R**	59,50 €	59,75/41,45	**+38/+84/+29 %**
Stoxx 50: Wachstumshormone, Gerinnungsfaktoren und Impfstoffe, Insulin				
Samsung El.	**881 823**	825,00 €	1.028/621,0	**+14/+25/+70 %**
Südkorea: Technologiekonzern, Elektro- und Elektronik-Markenprodukte				
SAP	**716 460**	113,75 €	129,6/82,15	**+14/+25/+70 %**
DAX: Marktführender Entwickler von Betriebssoftware mit Lösungspaketen				
SONY	**853 687**	58,75 €	66,80/40,45	**+41/+99/+114 %**
Nikkei 225: Elektro- und elektronische Geräte, Instrumente, Spielekonsolen				
Tencent	**A11 38D**	48,80 €	49,60/36,60	**+9/+74/+168 %**
China: Internetserviceportal, Kommunikationslösungen, Spieleplattform				
VISA	**A0N C7B**	150,70 €	199,0/124,9	**+6/+93/+173 %**
Dow Jones: Kreditkarten, digitale Bezahlung, 47.000 Transaktionen/Sek.				

Musterdepot ❹ „Nasdaq 100 und S&P 500“ chancenreich mit Spitzenfirmen aus der Technologiebörse USA				
Aktien Firma	**WKN**	**Kurs am 21.04.20**	**Hoch/Tief 1 Jahr €**	**Kursverlauf % 1, 3, 5 Jahre**
ADOBE	**871 981**	303,00 €	357,3/229,8	**+30/+162/+361 %**
Software, um digitale Inhalte zu erstellen, Grafik-/Bildbearbeitungsprogramme				
Alphabet A	**A14 Y6F**	1.121,0 €	1.420/917,5	**+6/+45/+131 %**
Internet-Suchmaschine in 130 Sprachen, viele Online-Informationsprodukte				
Amazon	**906 866**	2.142,5 €	2.270/1.440	**+29/+163/+517 %**
Größter Online-Händler: Bücher, Musik, Elektronik, DVD, Spiele, Freizeit				
AMD	**863 186**	48,40 €	54,90/23,30	**114/+343/+2.242 %**
Computer-/Unterhaltungselektronik, energieeffiziente Lösungen und Grafik				
AMGEN	**867 900**	215,80 €	220,4/148,1	**+42/+60/+63 %**
Biotechnologie/Medizin: Blutkrankheit/Krebs/Nierenleiden/Rheuma/Diabetes				
Biogen	**789 617**	310,10 €	320,5/194,7	**+55/+27/-11 %**
Erforschung Arzneimittel gegen Krebs, Blut-, Immun-, Nervenkrankheiten				
Booking	**A2J EXP**	1.240,0 €	1.883/1.048	**-20/-19/+20 %**
Touristik: Globaler Reiseanbieter für Hotel-, Flug- und Mietwagenbuchung				
Broadcom	**A2J G9Z**	231,45 €	300,2/15,3	**-11/+35/+138 %**
Integrierte Schaltkreise Netzwerkanwendung, Chips Breitbandkommunikation				
Gilead Scienc.	**885 823**	72,90 €	85,00/55,20	**+44/+36/-6 %**
Arzneimittel HIV/Aids, Hepatitis, Atemwegs-, Herzkreislauf-Erkrankungen				
Illumina	**927 079**	287,25 €	340,0/184,8	**+4/+77/+64 %**
Biotech/Gentechnologie, Geräte & Systeme, Analyse von Genetikfunktion				
Intuit. Surgical	**888 024**	453,85 €	572,1/345,0	**+8/+94/+188 %**
Medizintechnik-Pionier bei roboterunterstützter minimalinvasiver Chirurgie				
Medtronic	**A14 M2J**	90,10 €	110,9/66,75	**+31/+36/+48 %**
Medizintechnik: Produktion Herzschrittmacher, Herzklappen, Insulinpumpen				
Netflix	**552 484**	397,10 €	415,0/228,0	**+31/+36/+48 %**
Weltweit führender US-Anbieter Streaming-Dienste und Internetserien				
Nvidia Corp.	**918 422**	246,95 €	293,7/118,7	**+57/+185/+1.201 %**
Produzent von IT-Hardware, Grafik-/Medienkommunikationsprozessoren				

Aktien Firma	WKN	Kurs am 21.04.20	Hoch/Tief 1 Jahr €	Kursverlauf % 1, 3, 5 Jahre
Paypal	A14 R7U	100,00 €	115,2/76,65	+10/+158%/IPO
Internet-Bezahldienst Überweisungen, Lastschrift, Kreditkarte, Onlineshops				
Regeneron	881 535	511,20 €	540,0/248,8	+69/+51/+23 %
Entwicklung/Vermarktung Arzneimittel; Antikörper, Partnerschaft Sanofi				
Stryker	864 952	167,25 €	209,1/116,8	+6/+43/+102 %
Medizintechnik, Gelenk-Implantate, Chirurgiegeräte, Notfallausrüstung				
Thermo Fisher	857 209	293,65 €	316,9/224,0	+36/+112/+146 %
Wissenschaftspartner klinische & diagnostische Forschungseinrichtungen				

Es ist schon erstaunlich, wie stark dieser Corona-Crash die Markteinschätzungen und das Anlageverhalten beeinflussen. Nicht die hochbewerteten wachstumsstarken Growth-Aktien stürzen großteils in den Keller, sondern in höherem Maße die niedrig bewerteten substanz- und dividendenstarken Value-Titel. Das war nicht unbedingt zu erwarten. Und so schneiden die beiden Musterdepots aus dem TecDAX und Nasdaq 100 mit Abstand am besten ab. Ob dies anhält und ein längeres Umdenken erfordert, mag dahingestellt bleiben. Aber es bestätigt Strategien, die nicht einseitig auf Value oder Growth setzen, sondern in beiden Bereichen mit den besten Titeln unterwegs sind. Momentan stammen die meisten Siegeraktien aus den Bereichen Medizintechnik und Biotechnologie.

Die wertvollsten Firmen sind amerikanisch (20.01.2020)		
Aktie, Firma, Nation	**Börsenwert**	**Geschäftsmodell**
❶ Saudi Aramco	1.880 Mrd. $	Öl und Gasproduktion
❷ Apple	1.377 Mrd. $	Technologie, Elektronik
❸ Microsoft	1.274 Mrd. $	Software, Betriebssysteme
❹ Alphabet (Google)	1.020 Mrd. $	Internet-Suchmaschine
❺ Amazon	925 Mrd. $	Onlinehändler
❻ Facebook	633 Mrd. $	Soziales Netzwerk
❼ Alibaba (China)	610 Mrd. $	Internet, E-Commerce
❽ Berkshire Hathaway	562 Mrd. $	Beteiligungsunternehmen
❾ Tencent (China	442 Mrd. $	Internet, Web-Portale
❿ VISA	430 Mrd. $	Finanzdienste, Kreditkarten

8.3 Das Musterdepot für eine innovative Branchenfondsauswahl

Im Februar 2020 fuhren aktive Aktienfonds aus dem Sektor Künstliche Intelligenz mit Robotik wie Acatis AI Buzz US Equities, Tungsten Trycon AI Global Markets, Oddo BHF AI und Xtrackers AI & Big Data noch im Ein-Jahres-Vergleich Gewinne von über 5 % bis zu 20 % ein. Seit Beginn des Corona-Crashszenarios sieht dies jedoch ganz anders und oftmals betrüblich aus.

Bei vielen Fondsgesellschaften wie Pimco, Blackrock und Amundi gab es empfindliche Mittelabflüsse zwischen 13 % und 22 %. Und auch in den meisten Branchen sieht es derzeit trotz Kurserholung bei zahlreichen Aktienindizes weiterhin düster aus. Gerade bei aktiven Aktienfonds sollte nur zugegriffen werden, wenn ein langjähriger Anlagehorizont mit Aussitzen in Krisen geplant ist.

Das Branchenfonds-Musterdepot für kreative Auswahl

Name, Fonds-Gesellschaft	WKN	Kurs 22.04.20	Hoch/Tief 1 Jahr €	Kursverlauf 1, 3, 5 Jahre
Automatisierungsprozesse Janur Henderson Global Eq.	A0D NEW	17,85 €	21,00/14,55	+3/+22/+38 %
	Umfang 563 Mio. €, Alter 15 Jahre, Ausgabeaufschlag **5,00 %,** Gebühr **1,50 %,** thesaurierend. Investition in innovative Firmen mit hohen Wachstums- und Ertragschancen.			
Banken KBC Equity Finance Classic	633 871	511,65 €	756,8/421,7	-24/-19/-13 %
	Umfang 101 Mio. €, Alter 22 Jahre, Ausgabeaufschlag **0,00 %,** Gebühr **1,50 %,** thesaurierend. Anlage zu 75 % in Aktien Finanzfirmen weltweit mit Dominanz Nordamerika.			
Biotech Nasdaq 100 DekaLux-BioTech	DK1 A3Y	509,55 €	509,6/372,2	+24/+27/+1 %
	Umfang 125 Mio. €, Alter 12 Jahre, Ausgabeaufschlag **3,75 %,** Gebühr **1,25 %,** ausschüttend. Nasdaq-Titel, wie Celgene, Amgen, Gilead, Regeneron, Biogen, Vertex.			
Erneuerbare Energie Quest Management Cleant.	A0N C68	225,30 €	294,0/192,9	-11/-5/+4 %
	Umfang 209 Mio. €, Alter 12 Jahre, Ausgabeaufschlag **2,00 %,** Gebühr **1,25 %,** thesaurierend. Anlage in saubere erneuerbare Technologie: Solarstrom, Windkraft, Biogas.			

Name, Fonds-Gesellschaft	WKN	Kurs 21.04.20	Hoch/Tief 1 Jahr €	Kursverlauf 1, 3, 5 Jahre
Ernährung	**723 109**	2.066,5 €	2.317/1.746	**+4/+5/+17 %**
KBC Food & Personal Products	Umfang 63 Mio. €, Alter 21 J., Ausgabeaufschlag **3,00 %,** Gebühr **1,50 %,** thesaurierend. Aktien der Bereiche Essen, Trinken, Tabak, Pflegemittel, Haushaltswaren.			
Gesundheit	**976 985**	289,00 €	303,5/225,6	**+21/+31/+20 %**
DWS Health Care Typ 0 NC	Umfang 303 Mio. €, Alter 22 Jahre, Ausgabeaufschlag **0,00 %,** Gebühr **1,70 %,** thesaurierend. Pharmabereich: Johnson, Roche, Gilead, Bayer, Medtronic, AstraZeneca.			
Immobilien	**989 232**	45,40 €	64,45/36,05	**-7/+15/+14 %**
Janus Henderson Horizon European	Umfang 136 Mio. €, Alter 22 J., Ausgabeaufschlag **5,0 %,** Geb. **1,20 %,** thesaurierend. Europäische Immobilienfirmen. Hauptanteile: Vonovia, Dt. Wohnen, Aroundtown.			
Industrie 4.0/ Innovation	**532 102**	61,45 €	74,00/49,40	**-6/-1/+11 %**
Monega Innovation	Umfang 43 Mio. €, Alter 19 J., Ausgabeaufschlag **3,50 %,** Gebühr **1,30 %,** ausschüttend. Firmen mit zukunftsfähigem Patentportfolio aus Europa, Amerika und Japan.			
Internet/ Information	**978 530**	130,35 €	143,4/97,50	**+3/+55/+104 %**
Nordinternet	Umfang 74 Mio. €, Alter 22 J., Ausgabeaufschlag **5,0 %,** Gebühr **1,00 %,** thesaurierend. Internet, Infrastruktur, wie Amazon, Facebook, Alphabet, Netflix, PayPal, Salesforce.			
Kommunikation/Medien	**A0MWAN**	538,15 €	649,7/433,2	**+1/+39/+83 %**
DNB Fund Technology A	Umfang 613 Mio. €, Alter 13 J., Ausgabeaufschlag **5,0 %,** Gebühr **1,50 %,** thesaurierend. Hightech, Medien, Kommunikation: Microsoft, Facebook, Alphabet, Dt. Telekom.			
Konsumgüter	**A0NGWX**	37,45 €	42,95/31,65	**+2/+24/+38 %**
Fidelity Global Consumer Industries	Umfang 1,8 Mrd. €, Alter 12 J., Ausgabeaufschlag **0,0 %,** Gebühr **0,80 %,** thesaurierend. Internationale Konsumriesen wie Amazon, Coca-Cola, Nestlé, LVMH, Alibaba.			
Pharma	**633 868**	1.853,6 €	1.979/1.424	**+20/+28/+22 %**
KBC Pharma Classic	Umfang 175 Mio. €, Alter 22 J., Ausgabeaufschlag **0,0 %,** Gebühr **1,5 %,** thesaurierend. Gesundheitsaktien: J&J, Merck, Novartis, Thermo Fisher, AstraZeneca, Sanofi.			

Name, Fonds-Gesellschaft	WKN	Kurs 22.04.20	Hoch/Tief 1 Jahr €	Kursverlauf 1, 3, 5 Jahre
Technologie global	**515 262**	43,10 €	50,45/35,25	**+9/+50/+86 %**
Deka-Technologie CF	Umfang 14 Mio. €, Alter 20 J., Ausgabeaufschlag **3,75 %,** Gebühr **1,25 %,** thesaurierend. Hightech wie Apple, VISA, Microsoft, Samsung, Mastercard, Tencent, Taiwan Semi.			
Telekom	**779 078**	244,55 €	296,9/200,7	**-2/+29/+41 %**
KBC Strategic Telecom & Technology	Umfang 1,3 Mrd. €, Alter 20 J., Ausgabeaufschlag **0,00 %,** Geb. **1,50 %,** thesaurierend. Mit dabei: Apple, Microsoft, Tencent, Amadeus, Alphabet, Alibaba, SAP, Mastercard.			
Versicherung	**603 225**	107,40 €	149,2/87,30	**-1/+6/+7 %**
RT VIF International T	Umfang 43 Mio. €, Alter 22 J., Ausgabeaufschlag **4,00 %,** Gebühr **1,5 %,** thesaurierend. Höhere Risikoschwelle Finanzaktien. Hauptanteile: Allianz, AIA, AXA, Prudential.			
Wasser	**A0M SPX**	184,65 €	228,7/150,9	**+5/+21/+40 %**
Swisscanto Global Water ATE	Umfang 155 Mio. €, Alter 13 J., Ausgabeaufschlag **5,0 %,** Gebühr **1,45 %,** thesaurierend. Hauptanteile: Xylem, Aqua America, Danaher, American Water, MASCO, ENGIE.			

Mir aus dem Herzen gesprochen: „Ein Virus namens Hysterie", Thomas Tuma, Stellvertretender Chefredakteur *Handelsblatt*

Die Corona-Pandemie wird in die Geschichte eingehen. *Aber nicht als die gefährlichste Seuche der Menschheit. Da gab es viel schlimmere – von der Pest bis zur Spanischen Grippe. Corona ist historisch so einmalig, weil wir die verheerendsten Folgen womöglich gar nicht dem Virus verdanken, sondern den politischen Antworten darauf. Nie zuvor brach die Weltwirtschaft aufgrund des allerorten verhängten Shutdowns derart tief und – so ist zu befürchten – lange anhaltend ein wie jetzt. – Weniger das Virus, sondern die Reaktionen darauf zerstören gerade Firmen, Jobs und Existenzen, also Leben. Corona hat es geschafft, dass der gesamten Weltwirtschaft der Stecker gezogen wurde, angesichts einer Krankheit, die wir noch nicht verstanden haben: Wie wirkt Sars-CoV-2? Wie viel Infizierte gibt es wirklich? Wie hoch ist die Sterberate überhaupt?*

- ***Hoffentlich sagen unsere Kinder eines Tages nicht: „2020 war das Jahr, in dem unsere Eltern in einer selbst inszenierten Massenpanik unsere Zukunft zerstört haben."***

8.4 Eine ETF-Auswahl nach Indizes, Nationen und Branchen

Die ETF-Übersicht ermöglicht eine globale Marktabdeckung auch mit bescheidenen Mitteln und niedrigen Transaktionskosten. Die alphabetische Anordnung nach Indizes und Nationen erspart mühsames Suchen. Bis auf Gesundheitswesen und Edelmetalle haben die ETFs durch den Corona-Crash stark verloren. Nutzen Sie die niedrigen Kaufkurse.

<table>
<tr><th colspan="5">Alphabetische ETF/ETC-Auswahl globale Marktabdeckung</th></tr>
<tr><th>Emittent und Bezeichnung</th><th>WKN</th><th>Kurs am 22.04.20</th><th>Hoch/Tief 1 Jahr €</th><th>Kursverlauf 1, 3, 5 Jahre</th></tr>
<tr><td rowspan="2">DAX
iShares Core
(oder ETF001)</td><td>593 393</td><td>89,05 €</td><td>118,1/70,60</td><td>-16/-16/-15 %</td></tr>
<tr><td colspan="4">Umfang 4,96 Mrd. €, Alter 19 J., Gebühr 0,16 %, thesaurierend. Abbildung der 30 DAX-Aktien. Hauptanteile: SAP, Linde, Allianz, Siemens, Bayer, BASF, Adidas.</td></tr>
<tr><td rowspan="2">DivDAX
iShares DivDAX
(oder ETF003)</td><td>263 527</td><td>13,15 €</td><td>18,35/10,50</td><td>-23/-18/-19 %</td></tr>
<tr><td colspan="4">Umfang 569 Mio. €, Alter 14 J., Gebühr 0,31 %, ausschüttend. Die 15 dividendenstärksten Titel. Hauptanteile: Allianz, Siemens, BASF, Bayer, Dt. Telekom.</td></tr>
<tr><td rowspan="2">Edelmetall
WisdomTree
Physical ETC</td><td>A0N 62H</td><td>115,90 €</td><td>134,3/117,3</td><td>+29/+30/+35 %</td></tr>
<tr><td colspan="4">ETC: Detailangaben fehlen, Schuldverschreibung, kein Sondervermögen. Edelmetalle sind physisch hinterlegt.</td></tr>
<tr><td rowspan="2">Emerging Mark.
Xtrackers MSCI
(oder ETF127)</td><td>DBX 1EM</td><td>35,60 €</td><td>44,85/30,10</td><td>-16/-6/-10 %</td></tr>
<tr><td colspan="4">Umfang 968 Mio. €, Alter 13 Jahre, Gebühr 0,49 %, thesaurierend. Wichtige Branchen: IT, Finanzen, Konsumgüter: China Mobile, TSMC, Tencent, Alibaba, Baidu.</td></tr>
<tr><td rowspan="2">Gesundheit
LYXOR MSCI
World Health</td><td>LYX 0GM</td><td>334,50 €</td><td>353,6/256,3</td><td>+22/+33/+28 %</td></tr>
<tr><td colspan="4">Umfang 403 Mio. €, Alter 10 Jahre, Gebühr 0,30 %, thesaurierend. Hauptanteile: J&J, UnitedHealth, Roche, Merck & Co, Pfizer, Novartis, Medtronic, Amgen, BMS.</td></tr>
<tr><td rowspan="2">Japan
Xtrackers MSCI
(oder ETF025)</td><td>DBX 1MJ</td><td>49,90 €</td><td>59,05/40,60</td><td>-11/+21/+28 %</td></tr>
<tr><td colspan="4">Umfang 1,37 Mrd. €, Alter 13 Jahre, Gebühr 0,30 %, thesaurierend. Abbildung Nikkei. Größte Posten: Toyota, Sony, SoftBank, Mitsubishi, Keyence, Takeda, KDDI.</td></tr>
</table>

<table>
<tr><th>Emittent und Bezeichnung</th><th>WKN</th><th>Kurs am 22.04.20</th><th>Hoch/Tief 1 Jahr €</th><th>Kursverlauf 1, 3, 5 Jahre</th></tr>
<tr><td rowspan="2">Künstliche Intelligenz KI Xtrackers Artificial Intellig.</td><td>A2N 6LC</td><td>47,70 €</td><td>57,40/36,55</td><td>-6 %/erst 1 Jahr</td></tr>
<tr><td colspan="4">Umfang 50 Mio. €, Alter 1 Jahr, Gebühr 0,35 %, thesaurierend. Hauptanteile: Synaptics, Cirrus, AMD, KLA, Naver Corp., Apple, Nvidia, Novatec, Fortinet, Fujitsu.</td></tr>
<tr><td rowspan="2">MDAX iShares MDAX (oder ETF001)</td><td>593 392</td><td>188,00 €</td><td>249,3/150,0</td><td>-15/-10/+1 %</td></tr>
<tr><td colspan="4">Umfang 1,2 Mrd. €, Alter 19 J., Gebühr 0,51 %, thesaurierend. Abbildung 60 Titel. Größte Posten: Airbus, Dt. Wohnen, Symrise, Delivery Hero, LEG, Aroundtown.</td></tr>
<tr><td rowspan="2">Mid Europa iShares Stoxx (oder ETF125)</td><td>593 399</td><td>37,40 €</td><td>51,65/30,75</td><td>-19/-8/-3 %</td></tr>
<tr><td colspan="4">Umfang 266 Mio. €, Alter 15 Jahre, Gebühr 0,21 %, ausschüttend. Stoxx Europe 600, Aktien aus 18 Nationen.</td></tr>
<tr><td rowspan="2">MSCI World db x-trackers (oder ETF110)</td><td>DBX1MW</td><td>52,80 €</td><td>65,35/42,70</td><td>-5/+10/+18 %</td></tr>
<tr><td colspan="4">Umfang 1,8 Mrd. €, Alter 14 J., Gebühr 0,45 %, thesaurierend. Abbildung MSCI World. Hauptanteile: Apple, Microsoft, Alphabet, Amazon, Facebook, J&J, Nestlé.</td></tr>
<tr><td rowspan="2">NASDAQ-100 iShares Nasdaq (oder ETF908)</td><td>A0F 5UF</td><td>77,45 €</td><td>87,90/60,25</td><td><u>+14/+54/+92 %</u></td></tr>
<tr><td colspan="4">Umfang 1,4 Mrd. €, Alter 14 J., Gebühr 0,31 %, ausschüttend. Herausragende Kursentwicklung Hightech.</td></tr>
<tr><td rowspan="2">Öl und Gas Xtrackers Eur. 600 Oil & Gas (oder ETF072)</td><td>DBX 1SG</td><td>55,35 €</td><td>90,65/40,40</td><td>-37-24/-25 %</td></tr>
<tr><td colspan="4">Umfang 25 Mio. €, Alter 13 J., Gebühr 0,30 %, thesaurierend. Ölmarkt-Zusammenbruch durch Corona-Pandemie. Dabei: BP, ENI, Repsol, Royal Dutch, Statoil, Total.</td></tr>
<tr><td rowspan="2">Russland Xtrackers Russia Capped Ind.</td><td>DBX 1RC</td><td>23,90 €</td><td>37,40/18,45</td><td>-11/+11/+35 %</td></tr>
<tr><td colspan="4">Umfang 86 Mio. €, Alter 12 J., Gebühr 0,65 %, thesaurierend. Gazprom, Lukoil, Sberbank, Norilsk Nickel.</td></tr>
<tr><td rowspan="2">SDAX Comstage SDAX TR UCITS ETF I</td><td>ETF 005</td><td>88,85 €</td><td>116,7/70,00</td><td>-15/-5/+9 %</td></tr>
<tr><td colspan="4">Umfang 88 Mio. €, Alter 9 J., Gebühr 0,70 %, ausschüttend. 70 Titel. Dabei: Talanx, Hypoport, Ströer, Stabilus.</td></tr>
<tr><td rowspan="2">S&P 500 iShares Core S&P 500</td><td>622 391</td><td>25,65 €</td><td>31,65/20,25</td><td>+2/+23/+43 %</td></tr>
<tr><td colspan="4">Umfang 7,6 Mrd. €, Alter 18 Jahre, Gebühr 0,07 %, ausschüttend. Die größten 500 Unternehmen Amerikas.</td></tr>
</table>

Emittent und Bezeichnung	WKN	Kurs am 23.04.20	Hoch/Tief 1 Jahr €	Kursverlauf 1, 3, 5 Jahre
TecDAX	**593 397**	26,65 €	30,10719,40	**+3/+42/+71 %**
iShares-TecDAX (DE) UCITS	Umfang 780 Mio. €, Alter 19 J., Geb. **0,51 %,** thesaurierend. 30 Titel Hightech/Biotech/Medtech/Software. Wirecard, Dt. Telekom, SAP, Infineon, Sartorius, Qiagen			
USA	**ETF 120**	69,30 €	83,90/54,85	**+-0/+21/+39 %**
ComStage MSCI USA TRN	Umfang 48 Mio. €, Alter 11 J., Gebühr **0,10 %,** ausschüttend. Hauptanteile: Apple, Microsoft, Amazon, Johnson & Johns., Alphabet., Facebook, VISA, Proc. & Gamble			
Volksrepublik China	**ETF 022**	33,50 €	40,30/39,00	**-16/+1/-9 %**
ComStage HSI	Umfang 13 Mio. €, Alter 10 Jahre, Gebühr **0,55 %,** ausschüttend. Wertentwicklung Index Hang Seng, Börse Hongkong. Tencent, HSBC, AIA, CCB, China Mobile			
Wasser	**LYX 0CA**	36,75 €	47,45/29,75	**-1/+5/+23 %**
Lyxor World Water Multi Units	Umfang 470 Mio. €, Alter 13 J., Gebühr **0,60 %,** ausschüttend. Der ETF bildet den World Water Index ab. American Water, Geberit, Fergu, Xylem, Veolia, Masco			

Hoffnung bei der Bekämpfung des Coronavirus durch erste Impfstoffe in Deutschland von Biontech und Großbritannien

Die ersten klinischen Studien an Menschen starten nach Presseinformationen vom 22. und 23. April 2020. Erstmals darf hierzulande ein Impfstoff-Wirkstoff gegen das neue Coronavirus an Menschen getestet werden. Das Paul-Ehrlich-Institut genehmigt dem Mainzer Biotechunternehmen Biontech, einen Impfstoff-Wirkstoff in der klinischen Studie I an 200 freiwilligen gesunden Kandidaten im Alter zwischen 18 bis 55 Jahren zu erproben. Wirksame Impfstoffe gelten als beste Gegenwehr bei Viren.

Auch in Großbritannien beginnen nun erste Versuche am Menschen zur Bekämpfung von Covid-19. Es handelt sich um zwei Projekte des Imperial College London und der Oxford-Universität. Das Jenner Institut in Oxford scheint die Nase vorn zu haben. Professorin Sarah Gilbert berichtet, die Arbeit von fünf Jahren in vier Monaten geschafft zu haben. Vielleicht liegt zum Jahresende ein Impfstoff vor.

Die größten Impfstoffhersteller weltweit sind GlaxoSmithKline, Merck & Co., Pfizer, Sanofi, CSL. Auch J&J, AstraZeneca und Takeda forschen hier.

Auch bei Privatanlegern immer beliebter: Branchen-ETFs

Der gewaltige Aufschwung im ETF-Sektor führt dazu, dass neben den klassischen Indexfonds fortlaufend auch neue Produkte wie Branchen-ETFs hinzukommen. So lassen sich Zukunftssektoren wie Künstliche Intelligenz, Digitalisierung, Hightech, Software, Gesundheitswesen mit nur einer Transaktion abdecken. Bei kleinem Geldbeutel und wenig Zeit bieten sich Sparpläne an. Als Nachteil ist zu vermerken. Als aktiver Anleger können Sie Hoch- und Tiefkurse mit dem spontanen Zukauf und Teilverkauf nicht flexibel nutzen wie bei Aktien. Um Hebelprodukte, die es seit einigen Jahren auch bei ETFs gibt, sollten Sie lieber einen hohen Bogen machen. Solche ETFs widersprechen dem Grundgedanken einer Index-Nachbildung 1:1.

Globale ETF-Branchenauswahl mit je 1 bis 2 Titeln

Emittent und Bezeichnung	WKN	Kurs 23.04.20	Hoch/Tief 1 Jahr €	Kursverlauf 1, 3, 5 Jahre
Autobranche: Hersteller & Zulieferer, Trend Elektromobilität				
ComStage Stoxx E.	ETF 061	56,15 €	92,30/44,10	-40/-42/-47 %
Automobiles & Parts, 19 Mio. €, Alter 12 J., Gebühr **0,25 %,** ausschüttend. Index Stoxx Europe 600 Automobiles & Parts. Es wird lange dauern, bis sich die Autobranche nachhaltig erholt. Große Posten: Daimler, BMW, Conti, VW.				
Banken, Versicherungen, Finanzdienste: düsterer Ausblick				
ComStage Stoxx E.	ETF 062	19,50 €	35,75/18,80	-45/-54/-58 %
Banks NR, 6 Mio. €, Alter 12 Jahre, Gebühr **0,25 %,** thesaurierend. Wiedergabe der Wertentwicklung vom Stoxx Europe 600 Banks NR Index. Dazu zählen HSBC, Santander, BNP Paribas, UBS, Lloyds, ING, Intesa, Barclays.				
ComStage Stoxx E.	ETF070	46,50 €	70,75/37,30	-28/-18/-16 %
Insurance EUR, 9 Mio. €, Alter 12 J., Gebühr **0,25 %,** ausschüttend. Index Stoxx Europe 600 Insurance Net Return. Große Positionen: Allianz, Prudential, AXA, Zurich Insurance, Münchner Rück, Swiss Re, Generali, AVIVA.				
Chemie und Gesundheitswesen: Pharma und Medizintechnik				
Lyxor MSCI World	LYX0GM	335,80 €	353,6/256,3	+24/+36/+30 %
Health Care TR, alternativ: **ETF068,** 413 Mio. €, 10 Jahre, Gebühr **0,30 %,** thesaurierend. Große Anteile: Johnson & Johnson, UnitedHealth, Novartis, Roche, Merck & Co, Pfizer, Medtronic, Amgen, Bristol Myers Squibb, Gilead.				

Emittent und Bezeichnung	WKN	Kurs 23.04.20	Hoch/Tief 1 Jahr €	Kursverlauf 1, 3, 5 Jahre
Chemie & Gesundheit: Pharma & Medizintechnik (Fortsetzung)				
iShares Stoxx Eur.	A0H 08E	87,10 €	105,2/68,85	-6/+4/+1 %
Chemicals, alternativ: **ETF064,** 74 Mio. €, Alter 18 Jahre, Gebühr **0,46 %,** ausschüttend. STOXX Europe 600 Chemicals mit Aktien aus 18 EU-Ländern. Vertreten: Bayer, BASF, LINDE, Air Liquide, Givaudan, Symrise, Brenntag.				
Energie fossil, Erdöl/Erdgas, Exploration, Förderung, Vertrieb				
Xtrackers Oil & Gas	DBX 1SG	56,25 €	90,70/40,40	-37/+24/+25 %
Umfang 25 Mio. €, alternativ: **ETF072,** Alter 13 J., Gebühr **0,30 %,** thesaurierend. Stoxx Europe 600 Oil & Gas: z. B. BP, ENI, OMV, Repsol, Royal Dutch.				
Immobilien/Bauwirtschaft (Real Estate): Boom in Metropolen				
ComStage Real E.	ETF 074	56,25 €	90,70/40,40	+1/+6/+34 %
Aktien-Immobilienfonds Stoxx Europe 600, Umfang 17,1 Mio., Alter 12 J., Gebühr **0,25,** ausschüttend. Große Titel wie Vonovia, Dt. Wohnen, LEG.				
Industrie 4.0: Informatik, Software, Internet, Technologie, KI				
LYXOR MSCI World	LYX 0GP	309,80 €	362,1/240,0	+14+62/+102
MSCI World Informat. Technology, alternativ **ETF077,** Umfang 389 Mio. €, Alter 10 J., Geb. **0,30 %,** thesaurierend. Microsoft, Amazon, Santander, P&G.				
ComStage Stoxx	ETF 076	69,70 €	84,75/52,45	-6/+4/+1 %
STOXX Europe 600 Technology, 21 Mio. €, Alter 12 J., Gebühr **0,25 %,** ausschüttend. Große Anteile: SAP, Infineon, ASML, Dassault, Cap Gemini.				
Konsumgüterindustrie, Schwerpunkt Haushalt/Freizeit/Familie				
ComStage Stoxx	ETF 073	151,55 €	181,9/124,3	-7/-9/+53 %
Stoxx Europe 600 Personal & Household, Umfang 15,0 Mio. €, Alter 12 Jahre, Gebühr **0,25 %,** ausschüttend. Europäische Standardwerte wie Unilever, L'Oréal, LVMH, Adidas, Reckitt Benckiser, Richemont, Hermes, BAT.				
Maschinen/Anlagenbau, Konstruktion, Materialien, Werkstoffe				
ComStage Stoxx	ETF 065	74,85 €	103,5/59,85	-16-17/-1 %
UCITS Stoxx Europe 600 Construction & Materials, Umfang 6,0 Mio. €, Alter 12 J., Gebühr **0,25 %,** ausschüttend. Europas Bauriesen zählen dazu wie VINCI, CRH Public, Lafarge Holcim, SILKA, ASSA Abloy, Saint Gobain.				

Nahrungsmittelbereich Essen, Trinken und Genussmittel				
ComStage Stoxx	ETF 067	120,40 €	150,4/98,45	-10/+3/+7 %
Europe 600 Food & Beverage, 55 Mio. €, Alter 12 Jahre, Gebühr **0,25 %,** ausschüttend. Europas Nahrungsmittel- & Getränkebranche. Dabei: Nestlé, Diageo, Anheuser-Busch, Danone, Pernod Ricard, Heineken, MOWI ASA.				
Robotik, Künstliche Intelligenz: Der ganz große Zukunftsmarkt				
Amundi Global Art.	A2J SC9	49,85 €	61,25/39,15	-6 %/2 Jahre alt
Abbildung Index Stoxx Global Artifical Intelligence, Umfang 193 Mio. €, 2 Jahre, thesaurierend, Gebühr **0,35 %.** Hohe Wachstumschancen. Mit dabei: Avaya, Infinera, Tesla, Blackberry, Sonos, Ambarella, Hitachi, Softbank.				
Rohstoffe, Ressourcen: Markt mit starken Kursschwankungen				
ComStage Stoxx	ETF 063	71,75 €	102,9/54,45	-32/-17/-13 %
Stoxx Europe 600 Basic Resources, Umfang 14 Mio. €, 12 Jahre, ausschüttend, Gebühr **0,25 %.** Bergbau, Metall, Mineralien, Papier, Eisen. Dabei: Rio Tinto, BHP Group, Glencore, UPM Kymmene, Anglo American, Stora Enso.				
Windkraft- und Solarenergie im Kampf gegen Klimawandel				
Lyxor Energie ETF	LYX 0CB	26,45 €	32,75/20,55	+10/+36/+36 %
New Energy, Umfang 63 Mio. €, Alter 13 Jahre, Verwaltungsgebühr **0,60 %,** ausschüttend. Referenzindex World Energy CW Net Total Return. Mit dabei: Vestas Wind, Nextera, Schneider Electronic, Orsted, Iberdrola, Kingspan.				

Die Wirtschaft leidet. Das Bruttoinlandprodukt wohl auf 8 % sinken. Bei Aktien spricht viel für familiengeführte Mittelständler.

Freier Fall bei Wachstumsprognosen, Exporterwartungen und Geschäftsklima. Mögen auch kurzfristige Erholungsphasen an den Börsen den Eindruck erwecken: *„Alles halb so schlimm!“* Ausgestattet mit dem Erfinder- und Entdeckergen können gerade jetzt Familienfirmen von abgestürzten Nebenwerten zeigen, was in ihnen steckt. Schnell und unbürokratisch kann man bei flacher Hierarchie eher situationsbezogen in Nachfragelücken vorstoßen. Da entwickelt ein Maschinenbauer plötzlich Beatmungsgeräte. Ein Möbelbauer stellt sich auf Klinikbetten um. Ein Holz- und Papierverarbeiter produziert Gesichtsmasken. Ein Chemikalienhändler bietet Desinfektionsmittel an. Ein Spezialist für Berufskleidung stellt Schutzkleidung her. Und im Biotechbereich wird mit Hochdruck an einem Impfstoff gearbeitet, der Coronaviren vernichten soll.

Corona-Pandemie – Corona-Crash: Eine kurze Bestandsaufnahme und Zwischenanalyse mit Lösungsansätzen

In diesem weltweiten Kampf gegen die Corona-Epidemie, gekennzeichnet durch harte Begrenzungen der persönlichen Freiheit und schmerzhafter Einschnitte in das Unternehmertum bemisst sich allein der wirtschaftliche Schaden in Billionenhöhe. Und jede weitere Woche des zögerlichen Abwartens und Verschiebens in Richtung Öffnung und Wiederkehr zu gewisser Normalität treibt unzählige Menschen und Unternehmen in Armut und Insolvenz. Dabei dürfte uns allen bewusst sein, dass die Welt nie wieder so sein wird wie vor der Krise und wir uns darauf einstellen müssen, mit weniger Wohlstand und Lebensstandard zurechtzukommen.

Bei klugem Einsatz der Mittel lässt sich andererseits viel für den Klimaschutz tun. Wir befinden uns in einer mehrdimensionalen Krise, in der die sich wechselseitig verstärkende Dynamik zu großen wirtschaftlichen Einbußen führt. Es ist zwingend, drei große Kräfte gleichzeitig zu bändigen, um ausufernde, nicht mehr beherrschbare wirtschaftliche Schäden zu vermeiden, die Wohlstand und Lebensstandard für Jahrzehnte gefährden könnten.

Wir müssen die Virusverbreitung in den Griff bekommen, damit das Gesundheitswesen nicht kollabiert und die mit ökonomischen und sozialen Einschnitten verbundenen Schäden nicht zu noch mehr empfundener Ungerechtigkeit führen. Gelingt es trotz aller Anstrengungen nicht, das Coronavirus wirksam zu bekämpfen, schwächt dies die Wirtschaft, den gesellschaftlichen Zusammenhalt, den Fortbestand der Europäischen Union und der gesamten Demokratie. Ein Kraftakt zur Eindämmung der Coronainfektion ist auch politisch dringend geboten, setzt aber eine funktionierende, von Rechthaberei und Bürokratie befreite Haltung voraus. Zur Bewältigung der schwersten Krise seit Kriegsende zählt auch die Bekämpfung des Klimawandels durch kreative Geschäftsmodelle in Richtung verbesserter Infrastruktur, verringertem CO_2-Ausstoß und weniger Schadstoffen, um die drohende Erderwärmung aufzuhalten. Die Lage in den ärmeren Ländern darf uns nicht gleichgültig sein. Welch humanitäre Katastrophe droht in Afrika, sollte sich das Virus dort ungehemmt ausbreiten!

Es ist aber auch Zeit, entschlossen die Rückführung zu mehr Normalität voranzutreiben, damit nicht durch zögerliches Abwarten der wirtschaftliche Schaden unermessliche Dimensionen erreicht. Warum nicht sofort Gasthäuser und Biergärten bei aufgelockerter Bestuhlung öffnen, die Verbote bei Hotels und größeren Veranstaltungen sowie Schulen und Universitäten aufheben?

⑨ Anhang

9.1 Das Börsenlexikon mit wichtigen Fachbegriffen zum schnellen Nachschlagen

A

Abgeltungsteuer. Kursgewinne beim Altbestand vor 2009 sind steuerfrei. Für alle Kursgewinne im Aktienneubestand fällt eine Abgeltungsteuer von 25 % plus Solidaritätszuschlag und Kirchensteuer für Mitglieder an. Sie wird automatisch von der Depotbank eingezogen. Das Finanzamt greift zu, sobald der Pauschalfreibetrag von 801 € für Singles und 1.602 € für Ehepaare aufgebraucht ist. Während im Neubestand Verluste mit der für Kursgewinne abgeführten Abgeltungssteuer ausgleichbar sind, gilt dies nicht für Dividenden. Sie sind mit Ausnahme von Ertragsgutschriften immer steuerpflichtig. Sind die Verluste höher als die Kapitalerträge, entfällt der Steuerausgleich. Aktiengewinne aus Vorjahren sind nicht übertragbar.

Aktien. Die Aktie verbrieft einen Anteil am Grundkapital. Der Aktionär ist Miteigentümer der AG. Es gibt folgende Rechte: **a) Verwaltungsrechte** (Teilnahme an der HV, Auskunfts- und Rederecht, Stimmrecht) und **b) Vermögensrechte** (Anspruch auf **Dividende,** wenn Gewinn ausgeschüttet wird; **Bezugsrecht** bei Kapitalerhöhung gegen Bareinzahlung; **Berichtigungs- bzw. Gratisaktien** bei Kapitalerhöhung aus Gesellschaftsmitteln). Nach **Art der Übertragbarkeit** unterscheiden wir: **Inhaber-, Namens- und vinkulierte Namensaktien** (die AG entscheidet, ob jemand Aktionär wird). Bezüglich der **Rechte** gibt es **Stammaktien** (ST = Stimmrecht auf der HV) und **Vorzugsaktien** (VZ = keine oder begrenzte Stimmrechte).

Aktienanalyse. Der Analyst bewertet Aktien und zieht Rückschlüsse auf die künftige Entwicklung. Aus Rücksicht gegenüber Arbeitgeber und guten Kunden überwiegen Kaufempfehlungen. Darum sollte nie eine einzige Analyse als Entscheidungshilfe dienen. Niedrig kapitalisierte Werte werden selten beobachtet.

Aktienanleihen. Üblich sind einjährige Laufzeit, fester Zinssatz und Aktienandienungsrecht. Bei **Aktienanleihen** mit hohem Zinskupon entscheidet die ausgebende Bank, ob sie das Geld bar oder in Aktien zurückgibt. Mit Aktienanleihen lässt sich im Seitwärtstrend Geld verdienen. Fällt der Aktienkurs stark, ist der attraktive Zinssatz nur ein kleines Trostpflaster für erlittene Verluste. Die **Aktiengesellschaften** begeben selbst **Wandelanleihen** mit **Niedrigzinskupon.** Hier bestimmt der Anleger, ob er Barauszahlung oder Aktien vorzieht.

Aktienfonds, Investmentfonds. Die Fondsgesellschaften bieten unterschiedliche Finanzinstrumente an. Es gibt Produkte mit Garantie auf Kapitalerhalt und alternative Investments in Form von Hedgefonds. Aktiv gemanagte Aktienfonds decken bestimmte Märkte, Länder, Branchen, Themen und Indizes schwerpunktmäßig ab.

Aktienrückkauf. Der auf der HV zu genehmigende Aktienrückkauf dient dazu, Aktien einzuziehen, als Belegschaftsaktien auszugeben oder als Akquisitionswährung Übernahmen zu finanzieren. Bei Einzug gewinnt die Aktie an Wert.

Aktionärsschützer. Die Vertreter der Deutschen Schutzvereinigung für Wertpapierbesitz (DSW) und der Schutzgemeinschaft der Kapitalanleger (SdK) sehen sich als Anwalt der Privatanleger. Sie üben auf der HV Kritik, erklären ihr Abstimmungsverhalten. Zu viele Detailfragen sind nicht im Sinne der meisten Aktionäre.

Algorithmus. Algorithmen sind formale Handlungsvorschriften für Problemlösungen. Auch außerhalb der Informatik wird der Begriff verwendet. Algorithmen für Computer und im Internet werden heute vielfältig als Kern von Apps, Anwenderprogrammen und Dienstleistungen eingesetzt. Man denke an Algorithmen für Online-Suchmaschinen, Rechtschreib- und Satzbaukontrolle in Textverarbeitungsprogrammen oder Analysen in Finanz-, Termin- und Aktienmärkten.

Allzeithoch. Hochstände zeigen den Aktienspitzenpreis an. Charttechnisch gibt es keine Widerstandslinie mehr, die den Aufwärtstrend abbremst. Vereinzelt gab es nach dem Kurseinbruch im 4. Quartal 2018 und im Herbst 2019 neue Jahreshochs. Seit Beginn des Corona-Crash im März 2020 notieren nur noch wenige Aktien auf Rekordhöhe. Aber sie sind aufzuspüren bei Übernahmeangeboten, herausragender Geschäftsentwicklung und überzeugenden Kennzahlen.

Altersvorsorge. Das Ungleichgewicht längeren Lebens bei noch niedriger Geburtenrate stellt Renten und Arbeitsmarkt vor Probleme. Das auf 67 Jahre erhöhte Renteneintrittsalter schwächt negative Folgen etwas ab. Die Frühverrentung mit 63 Jahren hebelt dies bei dem Fachkräftemangel dramatisch aus.

Bei 0 % Zinsen bewirkt das Sparbuch eine schleichende Kapitalvernichtung. Die Betriebsrente gewinnt an Zuspruch. Fazit: Weg vom Sparbuch, rein in nachhaltige Aktien! Nachdem durch den heftigen konjunkturellen Einbruch in Verbindung mit der Corona-Pandemie die Arbeitslosenzahlen steigen, wird über eine Verlängerung der Lebensarbeitszeit wohl kaum mehr nachgedacht.

Anlagebetrug. Alle Warnlampen sollten aufleuchten, wenn dubiose Berater ungebeten anrufen, Traumrenditen versprechen, Zeitdruck aufbauen, Supergeschäfte vorgaukeln und das Produkt kaum erklären. Viele Leute ordnen Produkte vom Grauen Kapitalmarkt nicht richtig zu. Sie reihen hier Beteiligungen und Börsengänge ein und erkennen nicht, wie spekulativ Geschlossene Fonds beispielsweise im Schiffs-, Luftverkehrs-, Film- und Immobilien-Sektor sind.

Anlagestrategie. Das A und O für den Börsenerfolg ist eine gute Strategie. Wir unterscheiden: Sicherheitsbewusstsein, Chancenorientierung, Risikofreude. Je höher die Chance, umso größer das Risiko! Zu berücksichtigen sind: Einkommen, Vermögensdecke, Anlagezeitraum, Renditeziele, familiäre Lage, finanzielle Pflichten und Lebensalter. Das höchste Risiko bei Nullzinsen ist, kein Risiko einzugehen und dem schleichenden Kapitalvernichter Sparbuch treu zu bleiben. Im Crash gilt es, niedrige Einstiegskurse bei guten Aktien zu nutzen.

Anleihen. Es sind mit festem oder variablem Zinssatz ausgestattete Staats- und Firmenanleihen. Schuldverschreibungen zur Beschaffung von Fremdkapital haben feste Rückzahlungstermine. Je nach Kreditwürdigkeit vergeben die Agenturen ein Rating von AAA (höchste Bonität) bis DDD (Zahlungsunfähigkeit). Seriöse Staatsanleihen wie die 10-jährige Bundesanleihe sind mit Negativzins ausgestattet. Für eine Zinswende gibt es gegenwärtig keinerlei Anzeichen.

Antizyklisches Handeln. Dies ist ein beherztes Handeln entgegen dem Trend. Mutige greifen in der Bodenbildungsphase bei starker Korrektur und im jetzigen Corona-Crash zu, während Angsthasen auf dem vermeintlichen Gipfel schrittweise verkaufen.

AS-Fonds. Die Altersvorsorge-Sondervermögen-Fonds investieren in Aktien, Anleihen und Immobilien, haben also Mischfonds-Charakter. Die AS-Fonds werden im Gegensatz zu Riesterrenten-Produkten nicht staatlich gefördert.

Aufsichtsrat. Er besteht aus mindestens drei Mitgliedern und wählt selbst den Vorsitzenden. Der Aufsichtsrat überwacht das Management und beruft die Hauptversammlung ein. Die Anforderungen steigen. Eine Frauenquote von 30 % ist für alle in den Indizes notierten Aktiengesellschaften verpflichtend.

Ausgabeaufschlag. Bei vielen Investmentfonds besteht ein Ausgabe- und Rücknahmepreis. Der bei Investmentfonds verhandelbare Ausgabeaufschlag beträgt meist 5 % und fällt bei der Kauforder an. Im Schnitt wird bei Aktienfonds eine jährliche Managementgebühr von 1,8 %, bei den boomenden ETFs, die im Corona-Crash aber auch besonders stark litten, nur 0,3 % erhoben.

Außerbörslicher Handel. Es ist der stark im Auftrieb befindliche Wertpapierhandel außerhalb der Börsenzeiten. Kurz vor dem Börsengang erleichtern die hier erzielten Preise die Entscheidung, Aktien zu zeichnen oder es nicht zu tun.

B

Baisse. Damit ist ein länger anhaltender Kursrückgang gemeint, verursacht durch konjunkturelle Schwächen bis hin zu Rezession und Deflation. Hinweise für einen Umschwung liefern günstige Frühindikatoren zu wichtigen Wirtschaftsdaten. Als Folge des Corona-Crash ist mit einer Rezension zu rechnen, die zumindest im gesamten Jahr 2020 noch anhält, möglicherweise sich noch verschärft. Das Bruttoinlandsprodukt dürfte schlimmstenfalls bis auf 10 % sinken.

Behavioral Finance. Dieser moderne Zweig der Börsenpsychologie schlägt eine Brücke zur Wirtschaft und untersucht Einflüsse irrationaler Verhaltensmuster. Angst vor Gesichtsverlust, Selbstwertprobleme, Verdrängung, Herdentrieb, Hektik, Ungeduld und Unbeherrschtheit begünstigen grobe Fehler. Allerdings verläuft der tägliche Börsenhandel selbst oft absolut irrational: vom hohen Plus ins tiefe Minus und umgekehrt.

Benchmark. Fondsmanager wollen unbedingt die Vergleichsmarke schlagen, um sich vom preisgünstigen ETF abzuheben. Bei DAX und Dow Jones glückt dies wegen der geringen Anzahl von nur 30 Titeln selten. Eher klappt dies bei Nebenwerte-, Branchen und Themenfonds sowie Investments in Entwicklungsländern. Die boomenden passiv gemanagten preiswerten ETFs gewinnen zwar nicht gegen den Referenzindex, aber sie verlieren auch nicht gegen das jeweilige Börsenbarometer.

„Bestens“. Dies ist eine unlimitierte Verkaufsorder. Die Depotbank soll das Wertpapier möglichst teuer verkaufen. Orders ohne Limit werden an den führenden Börsenplätzen Frankfurt, Stuttgart und Tradegate bei den meisten Titeln blitzschnell ausgeführt.

Bezugsverhältnis. Es geht um das Verhältnis der Zahl alter und neuer Aktien bei Kapitalerhöhung. Ein Bezugsverhältnis von 5:1 zeigt an, dass ein Altaktionär für je 5 Anteilsscheine eine junge Aktie erhält – oft mit hohem Nachlass.

„Billigst“. Dies sind unlimitierte Kaufaufträge. Die Depotbank versucht, den Titel preiswert zu erwerben. Unlimitierte Orders werden schnell ausgeführt, haben aber den Nachteil, dass bei starken Kursschwankungen möglicherweise zu viel bezahlt wird.

Biotechaktien. Üppige Kursgewinne winken, wenn die klinische Phase III erfolgreich ist, das Präparat zugelassen und ein Bestseller wird. Forschungsabbrüche, schlechte Ergebnisse bei neuen Projekten und Meldungen über schädliche Nebenwirkungen führen zum Kurssturz. Riskanter sind Biotechfonds oder ETFs. In den Zeiten der Corona-Pandemie winken üppige Kurssprünge für diejenigen Biotechunternehmen, die frühzeitig wirksame Impfstoffe und Arzneimittel auf den Markt bringen.

Blockchain-Technologie. Ziel ist, alle Informationen über vertrauensvolle Vorgänge wie Finanztransaktionen, nicht auf einem Server bei einem Unternehmen zu speichern, sondern auf unzählige Computer zu verteilen. Keine Institution, Behörde oder Person hat die Macht über diese Daten. Jeder hat die gleichen Zugriffsrechte und Einsichtsmöglichkeiten. Die Visionäre sehen bei Blockchain kaum Risiken bezüglich Manipulation. Großer Bedarf besteht vornehmlich in der Musikindustrie, im Vertragswesen, bei internationalen Banküberweisungen oder anderen Transaktionen in der Finanzbranche.

Blue Chips. Dieser Begriff ist für große Standardwerte, für bekannte Qualitätstitel beispielsweise aus DAX, Euro Stoxx 50, Dow Jones oder Nikkei reserviert.

Bookbuilding-Verfahren. Vor dem Börsengang (IPO) wird die Preisspanne festgelegt, zu der Sie zeichnen können. In schlechten Börsenzeiten ist eher mit einem fairen Preis zu rechnen als wenn die Börse boomt. Erfolgt die Neuemission zum überhöhten Preis, kann der Börsengang scheitern. Ein Blick auf außerbörsliche Kursentwicklungen dient zur Orientierung und erleichtert Entscheidungen.

Börse. Die Börse als hoch organisierter Handelsplatz ist ein Treffpunkt von Angebot und Nachfrage. Der Börsenhandel findet in Frankfurt (Handelssystem XETRA) und an den Regionalbörsen Berlin-Bremen, Düsseldorf, Hamburg, Hannover, München und Stuttgart statt. Die Deutsche Börse AG ist im DAX notiert. Die Transparenz wird durch Presse, Börsenmagazine, TV, Internet und Online-Banking erhöht. An den Präsenzbörsen arbeiten Börsenhändler und Skontroführer.

Branchenanalyse. Fundamentalanalysten untersuchen die Folgen einer anziehenden oder sich abschwächenden Konjunktur auf die Branche, zu der die zu beurteilende AG gehört, z. B. Chemie, Maschinenbau, Konsumgüter, Logistik.

Branchenfonds. Mal gibt es hohe Kursgewinne bei Biotech und Abschläge bei Edelmetall und Rohstoffen. Etwas später verhält es sich vielleicht umgekehrt. Die Zukunftsmärkte werden von Industrie 4.0, Internet der Dinge, Digitalisierung, vernetzter Welt, Künstlicher Intelligenz mit Robotik und Automatisierung geprägt. Im Zuge der Corona-Pandemie befindet sich das Gesundheitswesen mit Pharmazie, Biotechnologie und Medizintechnik klar im Aufwind, dagegen die Reisebranche, der Konsumgütersektor, Luftverkehr, Kreuzschifffahrt und Autoindustrie im Tiefgang als Folge der zahlreichen Einschränkungen und Verbote.

Branchenrotation. Je nach Konjunktur laufen zyklische oder nichtzyklische Aktien gut. Heute schwört man vielleicht auf Industrie 4.0 und soziale Netzwerke. Morgen sind Biotech-Aktien (Growth) und übermorgen Konsum (Value) begehrt.

Break-even, Gewinnschwelle. Es stellt sich die Frage, ob und wann eine Firma wieder profitabel arbeitet und schwarze Zahlen schreibt. Einflussfaktoren sind Kostensenkung, Schrumpfung, neue Produktpaletten oder Übernahmen.

BRIC- und BRICS-Staaten. Die Abkürzung betrifft die Schwellenländer Brasilien, Russland, Indien, China. Wird das Quartett zum Quintett ausgebaut, steht das S für Südafrika. Das I kann bei guter Entwicklung auch für Indonesien gelten.

Briefkurs. **„B"** für Brief zeigt an, zu welchem Kurs Sie kaufen können. Der Briefkurs ist der höhere Kaufpreis, der **Geldkurs** der niedrigere Verkaufspreis.

Buch-/Substanzwert. Damit sind Immobilien, Fahrzeuge, Anlagen, Maschinen usw. gemeint. Der **Buchwert** betrifft Vermögensgegenstände bzw. das Eigenkapital. Liegt der Buchwert über dem Kurs, spricht dies für faire Bewertung. Als Folge des Corona-Crashszenarios weisen zahlreiche abgestürzte, niedrig bewertete Value-Aktien einen deutlich höheren Buchwert als Aktienkurs an. Es ist zu überlegen, bei solchen Titeln zu Schnäppchenpreisen beherzt zuzugreifen.

Bullen-/Bärenfalle. Die Bullenfalle liefert charttechnisch falsche Kaufsignale. Anleger erleiden Verluste. Umgekehrt signalisiert die Bärenfalle sinkende Kurse.

C

CAC-40-Index. Der französische Aktienindex Börse Paris ist in seiner Bedeutung mit dem DAX vergleichbar und umfasst die größten 40 französischen Aktien.

Cashflow. Dies ist die wohl wichtigste Kennzahl zur Beurteilung der **Finanz-** und **Ertragskraft** von Unternehmen. Der Cashflow umfasst Jahresüberschuss, Abschreibungen, Rückstellungen sowie Steuern auf Einkommen und Ertrag.

Charttechnik. Ein Chart stellt den Kursverlauf über eine bestimmte Zeit wie Tages-, Wochen-, Jahres- und Mehrjahreschart mittels Linien, Balken, Kerzen dar. Aus der Kursentwicklung der Vergangenheit ziehen Experten Rückschlüsse für die Zukunft, da menschliches Verhalten wiederkehrende Regelabläufe zeigt.

China. Das Riesenreich erwirbt ausländische Währungen und globale Beteiligungen. Nutznießer sind der Rohstoffsektor, die Textil-, Solarindustrie und künftig die Autoindustrie mit dem Umbruch Elektromobilität und autonomes Fahren. Die Leidtragenden sind Produktpiraterie-Opfer. Zu Chinas Börsenfavoriten zählen **Alibaba** und **Tencent.**

Cloud-Computing gilt weiterhin als riesiger Zukunftsmarkt der vernetzten und digitalisierten Welt. Immer mehr Konzerne steigen in das Cloud-Geschäft ein und bieten für das Internet der Dinge alles aus einer Hand. Beim Cloud-Computing herrscht jedoch harter Konkurrenzkampf. International liegen Amazon, Salesforce, Microsoft und SAP vorn.

Computerhandel. Es ist der vollelektronische, sekundenschnelle Aktienhandel, der weltweit die Kauf- und Verkaufsaufträge durch zentrale Computernetze vermittelt, aber auch bei starkem Kurseinbruch zur Kettenreaktion durch ausgelöste Stoppkurs-Orders führt. Beim heftigen DAX-Absturz auf 8.200 Punkte im März 2020 wurden zahlreiche Depots komplett ausgeräumt.

Corona-Pandemie, Corona-Crash. Lesen Sie dazu meinen aktuellen Schluss-Kommentar auf der Seite 177.

Cost average funktioniert bei **Sparplänen** für Aktienfonds und ETFs und ist auf Einzelaktien problemlos übertragbar. Der Durchschnittspreis sinkt, indem Sie mit gleichem Einsatz bei fallenden Börsenkursen mehr und umgekehrt bei Kursanstieg weniger Wertpapiere kaufen.

Crash. Die größten Kurseinbrüche gab es 1929 und 1987 im Oktober. Beim dreijährigen Crash von Frühjahr 2000 bis März 2003 stürzte der DAX von 8.150 auf 2.200 Punkte ab. Der Neue Markt verlor über 95 %. Auch die US-Technologiebörse Nasdaq büßte vom Allzeithoch zwei Drittel des Wertes ein. Im Herbst 2008 und Frühjahr 2009 kam es durch die weltweite Finanz- und Wirtschaftskrise zum erneuten Crashszenario. Der DAX sank auf 3.600 Punkte. Untergangspropheten malen den nächsten Crash in düsteren Farben aus. Aber niemand weiß: Wann? Wie lange? Wie heftig? Einen Technologiecrash gab es im Dezember 2018. Zunächst erholten sich die Kurse. Am 1. November 2019 notierte der DAX bei 13.000 Punkten, nur 800 Zähler vom Allzeithoch entfernt.

Im Februar 2020 erreichte der deutsche Leitindex mit knapp 13.800 Punkten einen neuen Rekordstand, um einen Monat später als Folge der Corona-Pandemie auf sein bisheriges Jahrestief von 8.200 Punkten abzustürzen. Niemand weiß, wie lange dieser heftige Crash trotz zeitweiliger Erholungsphasen anhält, ob und wann wir neue Tiefstände erleben werden. Die Konjunkturaussichten sind rund um den Globus grottenschlecht. Die Verschuldung bei Unternehmen und Staaten wächst in neue Dimensionen trotz eifrig geschnürter Rettungspakete.

D

Dachfonds. Sie erinnern an ein Mietshaus, unter dessen Dach sich mehrere Wohnungen befinden. Die Manager investieren in Fonds anderer Emittenten, verbunden mit einer etwas höheren Gebühr. Bei der Rendite sind sie besten Aktienfonds unterlegen.

D-A-CH-Region. Diese Abkürzung wird im Wirtschaftsleben gern für den deutschsprachigen Raum, also Deutschland, Austria (Österreich) und Schweiz verwendet.

DAX. Es ist die Abkürzung für **D**eutscher **A**ktieninde**X.** Im DAX werden die Kurse der 30 führenden deutschen AGs notiert. Neben dem Börsenwert ist der **Streubesitz,** der Anteil **frei handelbarer** Aktien, **Free Float** genannt, entscheidend.

DAXplus Family 30. Der 2010 eingeführte Familienfirmen-Index galt als GEX-Kampfansage. Es gibt keine Sperrklausel bei längerer Mitgliedschaft als 10 Jahre. So werden Traditionsfirmen nicht mehr ausgebremst. Der DAXplus Family Index enthält vier DAX-Titel. MDAX, TecDAX und SDAX überwiegen. Obwohl der neue Familienindex gut abschneidet, wird er im Printbereich nicht publiziert.

Day Trading. Es geht um den Kauf und Verkauf am selben Tag. Ziel ist das Ausnutzen von Preisdifferenzen. Bevorzugt werden volatile Aktien. Day Trading eignet sich für fachkundige, disziplinierte, nervenstarke, spekulative Anleger.

Demografie. Die Lebenserwartung nimmt bei niedriger Geburtenrate weiter zu: pro Jahrzehnt um 2 Jahre. Interessant für die Aktienauswahl sind der Biotech-, Medtech- und Pharmasektor, Bauindustrie und Seniorenheime, Wellness, Touristik, Haustierhaltung, gediegene Kleidung, Körperpflege, Ernährung. Die Autoindustrie muss bei Elektromobilität und autonomem Fahren vorankommen.

Depot, Depotgebühren. Vor dem Aktienkauf ist ein Wertpapierdepot einzurichten. **Depotauszug** heißt das erstellte detaillierte Verzeichnis über alle geführten Wertpapiere. Für das Verwalten darf die Bank Depotgebühren berechnen.

Deutsche Bundesbank. Sie setzt die geldpolitischen Beschlüsse der Europäischen Zentralbank um. Die Deutsche Bundesbank übernimmt gemeinsam mit der Bundesanstalt für Finanzdienstleistungsaufsicht (BaFin) die Bankenaufsicht.

Deutsches Aktieninstitut (DAI). Der Fachverband börsennotierter Unternehmen will die rechtlichen und wirtschaftlichen Rahmenbedingungen am Aktienmarkt sowie die Aktienkultur durch Grundlagenforschung, Beratung und Information entscheidend vorantreiben und verbessern.

Digitalisierung. Wir befinden uns im Zeitalter der Digitalisierung, Vernetzung, Robotik und neuartiger Maschinen. Ob autonomes Fahren, ob Drohnen, Roboter oder Künstliche Intelligenz: Was alles möglich ist, übersteigt vermutlich unser Vorstellungsvermögen. Die Industrie 4.0 prägt Produktionsprozesse und Arbeitswelt. Digitale Technologien, Cloud-Computing und die Vernetzung riesiger Datenmengen (Big Data) verändern die Welt.

Disruptive Innovation. Fachleute schwärmen von disruptiver Innovation, Unterbrechung oder Abbruch, auch **Sprunginnovation** genannt. Es geht um Herausforderungen bei Produktlinien oder Marktpositionen, damit etwas digital Neues entstehen kann. Der Niedergang der Erfolgsfirma **KODAK,** einst Weltmarktführer bei Fotos und Filmen, zeigt das Scheitern am Digitalisierungstrend beispielhaft auf. Der Corona-Crash zeigt aber auch neuartige Möglichkeiten zur Krisenbewältigung auf. Es erscheint wichtig, bei der Neuausrichtung des Geschäftsmodells die Bekämpfung des Klimawandels als vordringliches Unternehmensziel fest zu verankern.

DivDAX. Den Index gibt es seit 2005 mit den 15 dividendenstärksten DAX-Werten. Alljährlich aktualisiert die Deutsche Börse die Zusammensetzung. Beim Blick auf die Dividende wird oft übersehen, dass vor allem diejenigen Konzerne prozentual viel ausschütten, deren Kursentwicklung nicht vorankommt. Aktuell liegt der DivDAX bezüglich Kursentwicklung gegenüber dem DAX knapp vorn.

Diversifikation. Das A und O erfolgreicher Strategien ist eine breite **Streuung** nach Indizes, Branchen, Ländern und Zeitpunkt. Wer zu wenig Kapital hat, um mit Einzelaktien zu streuen, sollte auf ETFs und Aktienfonds zurückgreifen.

Dividende. Wer den Titel am HV-Tag hält, bekommt die volle Gewinnausschüttung binnen 3 Werktagen ausgezahlt. Bei Vorzugsaktien ist die Dividende oft höher als bei Stämmen. Verlässlich steigende Ausschüttungen gelten wegen Nullzinsen neben Substanzkraft, Nachhaltigkeit und Seriosität als wichtiges Kaufargument. Als Folge des Corona-Crash‘ sind virtuelle HVs zulässig.

Dividenden-Aktienfonds. Bei der ausschüttenden Form bündelt das Management die Dividende und zahlt sie ein- oder zweimal jährlich aus. Bei der thesaurierenden Variante wird die Dividende in weitere Anteile angelegt, sodass sich der Bestand im Laufe der Jahre erhöht. So wird auf geradezu ideale Weise der Zinseszinseffekt genutzt.

Dow Jones. Der an der New Yorker Börse (NYSE) gehandelte Dow Jones erfasst als Leitindex die Kurse der 30 größten US-Firmen und gibt rund um den Globus die Marschroute vor. Der DAX kann sich davon nicht abkoppeln und vollzieht die Entwicklung am US-Markt übertrieben nach. Institutionelle Investoren orientieren sich eher am amerikanischen S&P 500.

E

EBIT, EBITDA. Als EBIT wird der Gewinn einer Firma vor Zinsen und Steuern bezeichnet. EBITDA ist der Gewinn vor Zinsen, Steuern und Abschreibungen.

Eigenkapital. Dies sind die finanziellen Mittel, über die ein Betrieb nach Abzug aller Verbindlichkeiten verfügt. Kapitalerhöhungen stärken die Eigenkapitalbasis der Gesellschaft und machen Forschung und Entwicklung (F&E), Investitionen und Übernahmen möglich.

Einzelanalyse. Die Fundamentalanalyse überprüft die AG gründlich. Im Blickpunkt stehen KGV, Buchwert, Cashflow, Umsatz, Ertrag, Jahresüberschuss, Ergebnis je Aktie, Dividendenrendite, Eigenkapitalquote, Geschäftsmodell, Marke.

Emerging Markets. So werden die aufstrebenden Volkswirtschaften Ostasiens, Afrikas und Lateinamerikas häufig bezeichnet. Bei intakter Konjunktur werden Wirtschaftswachstum und steigender Lebensstandard mit Angleichung an westliche Industrieländer erwartet. Es ist aber zu befürchten, dass die Schwellen- und Entwicklungsländer besonders stark unter dem Konjunktureinbruch infolge der Corona-Pandemie zu leiden haben.

Entry Standard. Er wurde 2017 von der Deutschen Börse im Zuge der Umstrukturierung durch das neue Segment SCALE für profitable, innovative Mittelständler ersetzt. Hier dürfen keine Zustände wie beim Neuen Markt einkehren.

Ethikanlagen. Das Ethik-Rating *„mit gutem Gewissen Geld anlegen"* fordert: Umweltverträglichkeit (Erneuerbare Energie, Schutz bedrohter Tiere und Pflanzen, energiesparendes Bauen, Recycling, Schadstoffvermeidung); Sozialverträglichkeit (keine Niedriglöhne, Ausbeutung, Diskriminierung) und Kulturverträglichkeit. Die nachhaltige Kapitalanlage gewinnt immer mehr Anhänger.

Euro Stoxx 50. Der Leitindex der EU umfasst die 50 größten Firmen mit etlichen Energie- und Finanztiteln. Der dividendenstarke Euro Stoxx 50 für die Europäische Union (EU) ist vergleichbar mit der Champions League im Fußball.

Exchange Traded Funds (ETF). Dies sind die preiswerten börsengehandelten Indexfonds, die ein Börsenbarometer genau abbilden und deshalb weder besser noch schlechter als der Index abschneiden. Mit passiv gemanagten ETFs lassen sich wichtige Märkte abdecken. Der Ausgabeaufschlag entfällt. Passiv gemanagte ETFs sind vorteilhaft, um die großen globalen Indizes wie den MSCI World, den S&P 500 und den Nasdaq 100, aber auch den MDAX, TecDAX und SDAX breit gestreut abzudecken. In Zukunftsmärkten sind erfolgreiche aktiv gemanagte Aktienfonds oft die bessere Wahl.

F

Familienunternehmen. International weichen die Zugangsvoraussetzungen stark voneinander ab. Um in den Index **DAXplus Family 30** aufgenommen zu werden, müssen die deutschen oder internationalen Unternehmen im Prime Standard der Frankfurter Börse notiert sein. Grundbedingung ist, dass die Gründerfamilie mindestens über einen 25-prozentigen Stimmrechtsanteil verfügt oder zum Vorstand bzw. Aufsichtsrat gehört. Aktuell sind deutlich mehr als 100 Unternehmen qualifiziert. Die 30 größten und liquidesten Werte bilden den Index DAXplus Family 30. Die Gewichtung erfolgt nach der Marktkapitalisierung.

Finanztermingeschäftsfähigkeit. Zu den spekulativen Finanztermingeschäften zählen **Derivate** (Optionen/Futures) und **Optionsscheine.** Die Bank muss bei Termingeschäften die großen Risiken genau darlegen und darüber Beratungsprotokolle erstellen.

Fonds. Während Standardwertefonds beispielsweise über den DAX und Dow Jones mit nur jeweils 30 Titeln meist schlechter abschneiden als der Index und preiswerte ETFs vorzuziehen sind, liegt die Stärke in Themenfonds wie Biotech, Medtech, Software, Hightech, Künstliche Intelligenz mit Robotik. Da kann ein aktives, innovatives Management zeigen, was in ihm steckt. Aktien, Aktienfonds und ETFs sind geschütztes Sondervermögen, Zertifikate dagegen nicht.

Footsie, FTSE-100-Index. Der seit 1984 bestehende und von der *Financial Times* betreute Aktienindex der Londoner Börse umfasst die 100 wichtigsten Titel. Daran dürfte sich auch durch den Brexit kaum etwas ändern.

Free Float. **Frei handelbare** Aktien befinden sich im **Streubesitz** statt in fester Hand. Für die DAX-Gewichtung sind Börsenwert und Streubesitz maßgebend.

Freibetrag. Liegt der Bank ein Freistellungsauftrag (Pauschalbetrag 801 €) vor, schreibt sie Dividenden, Zinseinkünfte und Kursgewinne bis zum Ausschöpfen steuerfrei gut. Wer seinen Freistellungsauftrag ändert oder erstmals einreicht, muss seine Steuer-Identifikations-Nr. angeben, um Missbrauch vorzubeugen. Wer hier schummeln will durch Eintrag bei mehreren Geldinstituten, hat keine Chance, nicht erwischt zu werden.

Frontierfonds, Frontiermärkte. Die Emerging Markets der 2. Generation sind an einem Entwicklungspunkt angelangt, wo gängige Schwellenländer vor 20 Jahren standen. Es gibt wachstumsstarke Frontier-Nebenwertefonds für Mutige.

Fundamentalanalyse. Sie umfasst die Global-, Branchen- und Einzelanalyse. Analysten untersuchen die unternehmerischen Einflussfaktoren auf den Geschäftsverlauf. Ist die Aktie fair bewertet? Wie ist die künftige Entwicklung auch im Hinblick auf die Corona-Crash-Folgen einzuschätzen?

Fusion. Der Zusammenschluss von Unternehmen durch freundliche oder feindliche Übernahmen soll Kosten senken, die Marktstellung stärken und die Umsatz- und Gewinnchancen erhöhen. Fusionen führen wegen unterschiedlicher Firmenkulturen nicht immer zum erhofften Erfolg. Bei einer Übernahme steigt der Aktienkurs der Zielfirma meist deutlich, während er bei der Bieterfirma eher sinkt. Nachdem kleinen und mittleren Firmen im Zuge der zahlreichen Aussperrungen, Einschränkungen und Verbote die Insolvenz droht, steigt das Interesse kapitalkräftiger Konzerne, sich die gefährdeten Unternehmen preiswert einzuverleiben.

G

Geldkurs. Börse und Nachrichtensender informieren, zu welchem Preis Sie handeln können. Aus Anlegersicht ist der Geldkurs „G" der niedrigere Verkaufspreis (englisch: bid) und der Briefkurs „B" (englisch: ask) der höhere Kaufpreis.

Genehmigtes Kapital. Eine AG darf ihr Grundkapital nur aufstocken, also eine Kapitalerhöhung durch Ausgabe junger Aktien starten, wenn ein HV-Beschluss vorliegt. Im Aktienrecht wird vom „Genehmigten Kapital" gesprochen.

Genussscheine mit aktien- oder rentenähnlichen Merkmalen, fester oder ergebnisabhängiger Ausschüttung geben kein Mitgliedschaftsrecht und berechtigen nicht zur HV-Teilnahme. Es gibt Genussscheine mit Aktien-Wandelrecht.

Geschäftsfähigkeit. Die volle Geschäftsfähigkeit setzt Volljährigkeit ab dem 18. Geburtstag voraus. Sie berechtigt zur Kreditaufnahme, zur Landtags- und Bundestagswahl, zum Autofahren und Aktienhandel ohne elterliche Erlaubnis.

Geschlossene Fonds. Dies sind riskante Beteiligungen an Unternehmen. Hier wird Geld für bestimmte Objekte eingesammelt, z. B. Immobilien-, Schiffs-, Flugzeug- und Filmbeteiligungen. Geschlossene Fonds haben eine Laufzeit ab 10 Jahren. Ohne Ersatzperson ist ein vorzeitiger Ausstieg unmöglich. Bei Verlust wird häufig Nachschuss verlangt. Am Ende steht oft die Zahlungsunfähigkeit.

Gesundheitswesen als Zukunftsmarkt. Die Lebenserwartung nimmt insbesondere durch den medizinischen Fortschritt weiter zu – pro Jahrzehnt um rund zwei Jahre. Biotech-Firmen profitieren durch neuartige Wirkstoffe, Therapien und Operationstechniken. Die Medizintechnik hat Wachstumspotenzial, entwickelt sich der alternde Mensch doch oft zum Ersatzteillager von Kopf bis Fuß. Hier gibt es innovative Themen-Aktienfonds. Covid-19 katapultiert das Gesundheitswesen zur Siegerbranche gegenüber abstürzenden Segmenten. Wer wirksame Arzneimittel, Therapien, Impfstoffe und Beatmungsgeräte entwickelt, hat die Nase vorn. Dies gilt auch für den Sektor Hygiene mit Schutzkleidung, Desinfektionsmitteln und Gesichtsmasken. Immer mehr Unternehmen passen ihr Geschäftsmodell auf die neuen Bedürfnisse an, um auf diese Weise dem Untergang zu entgehen oder sogar Umsatz und Ertrag nachhaltig zu steigern.

Gewinnschwelle. Der **Break-even** bedeutet **„schwarze Zahlen"**. Die Gewinnschwelle, ab der eine Firma Erträge erwirtschaftet, erscheint greifbar nahe.

Gewinnwarnung. Das Unwort warnt nicht vor Gewinn. Es ist eine negative Ergebniserwartung. Je schlimmer die Abweichung, umso größer der Kurssturz!

GEX. Seit 2004 gibt es im Prime Standard den GEX (German Entrepreneurial Index) für Familienfirmen aller Branchen. Der GEX krankt daran, dass die Börsennotiz höchstens 10 Jahre zurückliegen darf. Danach erfolgt der Rauswurf.

Girosammelverwahrung. Bei dieser rationellen Art der Wertpapierverwahrung erhalten Aktionäre ein Miteigentumsrecht an eingebuchten Wertpapieren.

Globalanalyse. Die Fundamentalanalysten durchforsten die Wirtschafts-, Sozial- und Steuerpolitik, Ölpreis, Währung, Wechselkurse, Zinsen, politische Ereignisse.

Gold. Das von Mythen umrankte Edelmetall gilt in Krisen als sicherer Hafen mittels Barren und Münzen. Interessant sind auch physisch unterlegte Edelmetall-ETC. 5 % bis 15 % Vermögensanteil in unterschiedlicher Form sind vernünftig. Nachdem Gold als Krisenwährung gefragt und auch im Corona-Crash zunehmend begehrt ist, steigt der Goldpreis von einem zum nächsten Jahreshoch.

Gratisaktien, Berichtigungsaktien. Bei Kapitalerhöhungen aus Gesellschaftsmitteln werden Unternehmensrücklagen in Grundkapital umgewandelt. Die Altaktionäre erhalten weitere Aktien. Der Anteil am Grundkapital bleibt gleich.

Growth. Damit sind wachstumsstarke Wertpapiere gemeint. Langfristig lässt sich mit der Kombination Value/Growth eine bessere Rendite erzielen. Bisher galt allgemein: Bei Konjunkturschwäche Value, bei Wirtschaftswachstum Growth übergewichten. Schaue ich mir jedoch aktuelle Value- und Growth-Musterdepots im Vergleich zum Vorjahr an, bemerke ich erstaunt: Gerade die niedrig bewerteten, dividendenstarken, defensiven Aktien sind im Corona-Crash großteils weitaus stärker abgestürzt, als zahlreiche Titel aus dem Biotech- und Medtech-Bereich oder den Sektoren Software, Künstliche Intelligenz und Halbleiter. Einige der hoch bewerteten, wachstumsstarken, offensiven Aktien notieren aktuell sogar auf Rekordniveau.

Grundkapital. Das Grundkapital einer AG wird in Aktien zerlegt, muss also mit der Stückelung der ausgegebenen Aktien übereinstimmen. Aktionäre sind entsprechend ihrer Aktienzahl als Miteigentümer am Grundkapital beteiligt.

H

Hauptversammlung. Auf dem Jahres-Aktionärstreffen werden Beschlüsse über Kapitalerhöhungen, Rückkaufprogramme usw. gefasst. Pro Aktie eine Stimme. Wer am HV-Tag den Titel besitzt, erhält die Dividende 3 Werktage später ausgezahlt. Die Bundesregierung erlaubt als Folge der Versammlungsverbote virtuelle HVs, wovon fleißig Gebrauch gemacht wird.

Hausse. Sie bildet das positive Gegenstück zur Baisse und steht für länger anhaltenden Kursanstieg. Antizyklisch handelnde Aktionäre realisieren einen Teil ihrer Kursgewinne in der Höhepunktphase und kaufen in der Baisse wieder zu. Leider wird diese vorhandene Chance im derzeitigen Crash zu wenig genutzt.

Hebel (Leverage). Das Basisinstrument ist z. B. eine Aktie oder Währung. Bei positiver Einschätzung werden mit einem Hebel Call-OS bzw. Long- oder Bull-Derivate gekauft. Beim Put-OS, Short- oder Bear-Zertifikat ist es umgekehrt.

Hedgefonds. „To hedge“ steht für absichern. Hedgefonds haben viel Freiraum. Anleger können auch im Abwärtstrend Geld verdienen. Die Assetklasse gerät wegen mangelnder Transparenz, hoher Gebühren, Pleiten, zeitweilig enttäuschender Kursentwicklung, massivem Leerverkauf und aggressivem HV-Auftritt in Verruf. Hedgefonds sollten nun beweisen, dass sie im Crash mit den besseren Strategien überzeugend punkten können. Bislang gelingt dies nur vereinzelt.

Hoch-/Tief-Mut-Strategie. Bei Korrektur und Crash gilt es, Kursschwankungen zu nutzen. Nicht jede Aktie versinkt im Kellerloch. Mancher Wert notiert nahe am Allzeithoch. Beim Teilverkauf dienen hohe Gewinne zur Finanzierung übertrieben abgestürzter Aktien mit Zukunftschancen. Niemals werden beste Aktien komplett verkauft, zumal Dividenden langfristig oft zweistellige Renditen bringen. Auch im aktuellen Corona-Crash funktioniert die fortlaufend ausgebaute und verfeinerte Hoch-/Tief-Mut-Strategie, jederzeit erkennbar am eigenen Depotstand.

I

Index, Aktienindex. Allgemein sind die Aktien nach Marktkapitalisierung bzw. Börsenwert gewichtet. Dies gilt neben der Umsatzentwicklung beim Streubesitz auch für den Auf- und Abstieg bei DAX, MDAX, TecDAX und SDAX.

Indexfonds (ETF). Im Gegensatz zu den als Schuldverschreibungen zugeordneten Zertifikaten sind ETFs geschütztes Sondervermögen und bilden Aktien von Indizes wie DAX, MDAX, TecDAX, Dow Jones, Nasdaq 100, Nikkei 225 usw. nach. Ein Ausgabeaufschlag entfällt. Die jährliche Verwaltungsgebühr ist niedrig.

Industrie 4.0 mit Internet der Dinge, Digitalisierung und Vernetzung soll hierzulande bis 2025 zum Mehrwert von 11 Billionen Dollar führen. Industrie 4.0 bezeichnet die vierte industrielle Revolution, nach der ersten durch Kohle und Stahl, der zweiten im Zeichen der Elektrifizierung, der dritten durch Mikroelektronik und Mikrochips. Es geht um die industrielle Digitalisierung mit maßgeschneiderter Produktion nach individuellen Wünschen statt Massenfertigung.

Die Künstliche Intelligenz mit neuen Mensch-Maschine-Schnittstellen, 3-D-Druckern und Robotern spielt eine zentrale Rolle. Lernfähige Maschinen sollen den Produktionsprozess, die Logistikketten und Lieferwege verbessern. Neue Chancen bietet im Gesundheitswesen beim Kampf gegen Krebs die personalisierte Medizin mit Immun- und Gentherapie sowie Robotik bei Operationen und neuen Verfahren. Auch bei der Bekämpfung von Covid-19 ist Künstliche Intelligenz gefordert, um schnelle, verlässliche Testverfahren, wirksame Impfstoffe, Arzneimittel und Gesundheitsprodukte zur Stärkung der Immunabwehr zu produzieren.

Inflation. Zum Preisanstieg kommt es, wenn die Nachfrage das Angebot übertrifft oder Spekulanten agieren wie kürzlich beim Ölpreisabsturz. Ungleichgewichte bei Dollar, Euro, Yen gefährden die Stabilität. Notenbanken drehen je nach konjunktureller Entwicklung an der Zinsschraube nach oben oder unten. In der EU dürften vorläufig keine Zinsen steigen. Allein schon der Corona-Crash mit seinen verheerenden wirtschaftlichen Folgen lässt dies nicht zu.

Insidergeschäft. Wer dank seiner beruflichen Position über Insiderinformationen verfügt, darf sein Wissen erst nach Veröffentlichung weitergeben und die Aktie handeln. Verstöße werden mit Geld- oder Freiheitsstrafen geahndet.

Insolvenz ist die Unfähigkeit, Zahlungsverpflichtungen zu erfüllen. Das Ranking sinkt auf die niedrigste Stufe. Ab dem Buchstaben **C** lautet das Vokabular Schrott oder Ramsch. Zinsen werden nicht ausgezahlt. Aktien stürzen bodenlos ab. Warnung: Nicht jeder, der zu Boden geht, steht wieder auf. Das gilt gerade auch jetzt. Mittelstandsanleihen mit hohem Zinskupon führten oft zur Pleite. Dadurch geriet diese Anlageform stark in Verruf. Wandelanleihen sind die bessere Alternative.

Investmentclubs. In Städten tun sich mitunter engagierte Privatanleger zusammen, um zu diskutieren, Erfahrungen auszutauschen, gemeinsam ein Aktiendepot aufzubauen, Kosten zu sparen und gute Renditen zu erzielen.

Investmentfonds. Dies ist das von Kapitalgesellschaften aktiv gemanagte angelegte und verwaltete Vermögen. Je nach Ausrichtung investiert das Fondsmanagement in Aktien, Anleihen, Immobilien, Rohstoffe usw. Häufig werden **derivative** Techniken mit **Swaps** zur Absicherung gegen Währungseinflüsse, aber auch Tiefkursturbulenzen eingesetzt.

ISIN. Seit 2003 gilt die zwölfstellige ISIN neben der sechsstelligen WKN. Die ersten zwei Positionen nennen das Land, DE für Deutschland. Die drei Nullen dienen Erweiterungen. Bei deutschen Aktien folgt als Kern die frühere WKN. Die leichter einprägsame WKN wird allgemein bevorzugt. Bei zu kleiner Schrift droht Verwechslungsgefahr. Das gilt nicht für **0** und **O**, nachdem die Börse das große O nicht zur Kennung einsetzt, dagegen bei **D:0, B:8, J:I:L, 5:6:8, M/N.**

J

Junge Aktien. Bei einer Kapitalerhöhung werden neue Aktien mit oder ohne Bezugsrechte für Altaktionäre ausgegeben. Dies führt zur Verwässerung und löst nur bei hohem Preisabschlag und günstigem Bezugsverhältnis Freude aus.

K

Kapitalerhöhung. Eine AG kann nach Genehmigung auf der jährlichen HV ihr Grundkapital aufstocken durch Ausgabe junger Aktien, Genussscheine oder Wandelanleihen. Ein solcher Beschluss steht auch bei einer Übernahme an.

Kaufsignal. Die Technische Analyse liefert Kauf- und Verkaufssignale. Durchbricht der Kurs die obere **Widerstandslinie** oder hält die untere **Unterstützungslinie,** entsteht ein Kaufsignal. Bullen- und Bärenfallen zeigen falsche Signale.

Konjunktur. Ein Konjunkturzyklus verläuft wellenförmig. Günstig im Abwärtstrend ist der V-Verlauf. Die Wirtschaft erholt sich rasch. Beim U-Verlauf wird die Talsohle nur langsam durchschritten. Das W markiert den Double-Dip. Nach kurzem Auftrieb geht es erneut abwärts. Gefährlich ist der L-Verlauf mit Deflation.

Konsolidierung, Korrektur. Ein mäßiger Abwärtstrend wird Konsolidierung, ein stärkerer Einbruch Korrektur genannt. Ein heftiger Absturz gilt als Crash.

Kurs-Gewinn-Verhältnis. Das KGV bildet die wichtigste Kennziffer der Fundamentalanalyse und erleichtert Aktienbewertungen. Ein möglichst niedriges KGV zeigt, mit welch Vielfachem des Jahresgewinns die Aktie gehandelt wird.

Kurszusätze. Der Zusatz B für Brief (der höhere Kaufkurs) und G für Geld (der niedrigere Verkaufskurs) erleichtert bei Nebenwerten aktuelle Entscheidungen. Der Hinweis exD zeigt die Kursnotierung am Tag des Dividendenabschlags.

L

Leerverkauf. Diese Spekulation setzt auf fallende Kurse überbewerteter Aktien. Hedgefonds nutzen solche Finanzinstrumente. Der Short Seller verkauft an der Börse Papiere, die er sich gegen Zahlung einer Gebühr in der Annahme leiht bzw. mietet, sie später zum geringeren Kurs an der Börse zurückzukaufen.

Leitzins EZB. Die Europäische Zentralbank mit der Französin Christine Lagarde als Nachfolgerin des italienischen Präsidenten Mario Draghi legt den EU-Leitzinssatz fest. Zu diesem Zinssatz erhalten Banken Geld von der EZB.

Leitzinspolitik Fed. US-Notenbankchef Jerome Powell als Nachfolger von Janet Yellen senkte Ende Oktober 2019 zum dritten Mal die Zinsen um 0,25 % auf die neue Spanne von 1,50 % bis 1,75 % und will nun eine Pause einlegen.

Limit, Limitierung. Um Überraschungen bei engen Werten zu vermeiden, ist es ratsam, ein Limit bis zum Monats- oder Quartalsende einzugeben. Beim Kauf ist das Limit der höchste Kurs, beim Verkauf der niedrigste akzeptierte Kurs.

Liquidität bezeichnet die Fähigkeit, seine Zahlungsverpflichtungen zu erfüllen. Bei hoher Liquidität werden Wertpapieraufträge sekundenschnell abgewickelt.

M

Marathonaktien, Highflyer. Dies sind Aktien, die sich dauerhaft zu Kursraketen entwickeln. Es zahlt sich nur selten aus, Gewinne vorzeitig mitzunehmen. Spitzenaktien setzen ihren drei- oder vierstelligen Höhenflug meist fort.

Marktkapitalisierung. Der Börsenwert ist neben dem Umsatz entscheidend für Aufnahme und Gewichtung im Index. Der Börsenwert ergibt sich, indem der Kurs mit der Aktienanzahl multipliziert wird. Kleine AGs sind anfällig für Kursmanipulationen. Aktienfonds greifen oft erst beim Börsenwert ab 100 Mio. € zu.

MDAX. Seit der Index-Neuordnung umfasst der MDAX nach dem DAX die Aktien der nächst größeren 60 Titel und ist vergleichbar mit der 2. Fußballbundesliga. Auf- und Abstieg erfolgen halbjährig. Der MDAX ist nicht mehr klassisch nur mit Value-Aktien bestückt. Hier sind seit Sept. 2018 zusätzlich 16 TecDAX-Titel notiert, um mit Technologie, Software, Biotech, Medtech die Attraktivität zu steigern. Der MDAX entwickelt sich seit 20 Jahren doppelt so gut wie der DAX. Das Geheimnis liegt in Blutauffrischung, Neuemissionen und SDAX-Nachrückern.

Micro Caps. Die niedrig kapitalisierten Werte unter dem SDAX befinden sich in den wenigsten Anlegerdepots. Oft liegt die Kommunikationspolitik im Argen. Bei einer Turnaround-Story locken hohe Kursgewinne. Es ist ratsam, ausländische Nebenwerte über einen Indexfonds (ETF) oder Themenfonds abzudecken.

Mid Caps. Die Aktien mittelgroßer AGs sind im MDAX mit 60 Titeln und im TecDAX mit 30 Hightech-Werten aus dem In- und Ausland notiert.

Mischfonds. Sie setzen sich gewöhnlich aus Aktien und Rententiteln zusammen. Bei einem festgezurrten Verhältnis 50:50 sind kaum Erträge zu erwirtschaften. Es sei denn, Hochzinsanleihen zählen zum Anlagekonzept. Ebenso lässt sich mit flexiblen Multi Asset-Strategien die Rendite steigern und das Risiko senken. Abhängig von der Markt- und Börsenlage können die Anteile zwischen 90:10 oder 10:90 % schwanken. Auch beigemischte Edelmetalle und andere Rohstoffe sind denkbar. Für das Nachwuchsdepot Kinder/Enkel bieten Multi-Asset-Mischfonds interessante Perspektiven, nachdem sich bei einem langen Anlagehorizont von einem Jahrzehnt und mehr die Zinssätze garantiert verändern.

N

Nachhaltige, ethische Geldanlage. Sie müssen nicht befürchten, bezüglich Rendite schlechter abzuschneiden. Ganz im Gegenteil! Allein schon die Tatsache, dass nachhaltige Geldanlagen schon 2018 in Deutschland mit 219 Mrd. € einen neuen Höchststand erreichten und für steigende Aktienkurse sorgten, zeigt, dass Sie mit ethischen Geldanlagen auf dem richtigen Weg sind. Es geht nicht nur um CO_2-Ausstoß, weniger Wasser- und Energieverbrauch, Tier- und Pflanzenwohl, sondern auch um gesellschaftliche Werte und umweltfreundliche Infrastruktur und Abfallverwertung.

Aktienfonds mit nachhaltiger Ausrichtung erzielen gegenüber anderen Aktienfonds im Ein-, Fünf- und Zehn-Jahresvergleich bessere Renditen.

Nanotechnologie. Den Strukturen in Nanometergröße (Nano = Zwerg), der millionste Teil eines Millimeters, werden beeindruckende Eigenschaften nachgesagt. Ein Nanometer steht zum Fußball in einem ähnlichen Verhältnis wie der Fußball zur Erdkugel. Die Grundlagenforschung umfasst insbesondere Naturwissenschaften. **Zum Kernproblem:** Ist tatsächlich immer drin, was draufsteht? Die Missbrauchsgefahr ist groß.

Nasdaq 100. An der US-Technologiebörse sind Hightech-, Biotech-, Internet- und Medienaktien gelistet. Der Nasdaq 100 eilte jahrelang von einem zum nächsten Allzeithoch, wurde im Dezember 2018 vom Technologiecrash ausgebremst, notiert aber Anfang November 2019 mit 8.370 Punkten schon wieder auf Allzeithoch. Der TecDAX orientiert sich am Nasdaq mit so bekannten Titeln wie **Adobe, Alphabet, Amazon, AMD, Amgen, Apple, Applied** und **ASML,** um allein beim Buchstaben A aufzuzeigen, wie hoch das Zukunftspotenzial der Growth-Titel ist.

Nebenwerte. Dazu zählen der MDAX mit 60 Titeln, der SDAX mit 70 Werten aus dem Value- und Growth-Bereich sowie der TecDAX mit 30 Hightech-Aktien. Marktkundige Investoren stöbern hier substanzstarke Titel mit üppiger Dividende und guter Gewinnentwicklung auf. ETFs und Themenfonds sind durch die Doppelnotiz der TecDAX-Aktien im MDAX oder SDAX in zwei Segmenten vertreten.

Neuemission. Eine AG tritt ihren Börsengang (**IPO:** **I**nitial **P**ublic **O**ffering) an. Bei Notierung im Prime Standard besteht die Aussicht, bei späteren Indexüberprüfungen in den DAX, MDAX, TecDAX oder SDAX aufzusteigen. Das **Bookbuilding-Verfahren** nennt die Preisspanne, zu der Zeichnungsangebote möglich sind. Es ist riskant, die Aktien milliardenschwerer Unternehmen zu zeichnen, die trotz überzeugender Umsätze Schulden in vielfacher Millionenhöhe fabrizieren.

Nichtzyklische Aktien. Dies sind die nicht konjunkturabhängigen Aktien, wie Energie, Versorger, Nahrungsmittel, Haushaltsbedarf, Versicherungen, Banken. An Essen, Trinken, Pflegemitteln, Strom und Heizung wird auch in Krisen kaum gespart. Diese defensiven, oft substanzstarken und nachhaltigen Aktien zählen zum Value-Sektor. Im Corona-Crash bleiben zahlreiche Value-Aktien deutlich hinter den Technologie-, Software-, Biotech- und Medtech-Titeln zurück.

Nikkei. Dem Leitindex für 225 japanische Aktien an der Börse Tokio gelang seit dem Absturz von 40.000 auf 7.000 Punkte im Nov. 2019 eine Erholung auf 22.850 Punkte. Interessant ist auch der breiter aufgestellte **TOPIX** mit 1.700 Titeln.

NYSE (New York Stock Exchange). Die NYSE an der Wall Street gilt als wichtigste Aktienbörse. Der Dow-Jones-Index mit den 30 größten US-Industrie-Konzernen liefert Vorgaben für die weltweite Kursentwicklung der Standardwerte.

O

Offene Immobilienfonds. Wer sich keine eigene Immobilie leisten kann, kauft vielleicht Einzelaktien aus DAX, MDAX, SDAX oder entscheidet sich für Aktien-Immobilienfonds oder Offene Immobilienfonds. Das Management investiert in mehrere Projekte aus dem Wohn- oder Gewerbebereich. Bei hohem Mittelabschluss kann die Rückzahlung zeitweilig gesperrt werden. Bei starkem Andrang besteht das Risiko, dass beste Objekte ausgebucht sind oder zu teuer zugegriffen wird. Mitunter besteht eine Kündigungsfrist von einem Jahr.

OGAW/UCITS. Beide Abkürzungen bedeuten mehr Anlegerschutz für Publikumsfonds. Die OGAW-Richtlinie informiert über Rechts- und Verwaltungsvorschriften sowie Vorgaben und Anforderungen für Fondsgesellschaften. OGAW ist die deutsche Abkürzung für Organismus Gemeinsame Anlagen Wertpapiere, auch OGAW-konform oder EU-richtlinienkonform genannt. UCITS ist die englische Abkürzung von Undertakings for Collective Investments in Transferable Securities.

Order. Hier geht es um Aufträge im Wertpapierhandel. Bei marktengen Werten begrenzen Sie mittels Limit die Preisspanne beim Verkauf nach unten, beim Kauf nach oben. Preisgünstig ist eine Order bei Discountbrokern. Beim Einsatz unterhalb von 1.000 € fressen die Transaktionsgebühren oft den Kursgewinn auf.

P

Penny Stock. Durch den Niedergang am längst beerdigten Neuen Markt sind manche Aktien so stark abgestürzt, dass sie unter 1 € notieren. Penny Stocks sind Spielwiesen für Zocker, aber ungeeignet bei langem Anlagehorizont. In China ist es nicht ungewöhnlich, beim Börsengang als Penny Stock zu starten.

Performance. Dies ist die Entwicklung des Depots und einzelner Wertpapiere. Ein gutes Abschneiden verlangt eine auf das Marktgeschehen angepasste Anlagestrategie mit Blick auf dividendenstarke Qualitätstitel. Wer breit gestreut mindestens 14 Jahre in Aktien anlegte, zählte bislang immer zu den Siegern.

Photovoltaik/Solarstrom. Mit den verringerten Einspeisevergütungen in Deutschland und riesigem Preisdruck wegen starker Konkurrenz aus China und Amerika ist von dem früheren Boom in Deutschland nichts mehr zu spüren.

Eine Bereinigung des übersättigten Marktes durch Abbau überhöhter Kapazitäten war unumgänglich.

PIN. Die persönliche Identifikations-Nummer sollte auswendig gelernt und raffiniert verschlüsselt verwahrt werden, z. B. in einem Telefonnummer-Versteck.

Portfolio. So wird der Depotbestand von Anlegern, die Wertpapierzusammensetzung bei Fondsmanagern und die Produktpipeline von Firmen genannt.

Prime Standard. Seit 2003 gibt es den Prime Standard mit strengen und den General Standard, ein Auslaufmodell, mit milderen Auflagen. Im Prime Standard sind alle Aktien von DAX, MDAX, TecDAX, SDAX, DAXplus Family vertreten.

Publikumsfonds. Aktien-, Renten-, Geldmarkt-, Dach- und Mischfonds zählen dazu. All diese Produkte werden von der Bundesanstalt für Finanzdienstleistungsaufsicht BaFin kontrolliert.

Q

Quanto. Dies besagt, dass der Aktienfonds oder ETF währungsgesichert ist und die Kursentwicklung nicht unter dem Wechselkurs Euro/Dollar/Yen leidet.

Quartalsbericht. Von im Prime Standard notierten AGs verlangt die Deutsche Börse vierteljährlich nur noch verkürzte Berichte über die Umsatz- und Gewinnentwicklung. Die Halbjahreskommentare müssen weiterhin ausführlich sein.

R

Rallye. Die Rezeptur lautet: Nachhaltigkeit, Substanzkraft, steigender Umsatz und Ertrag, gesunde Bilanzstruktur, hohe Dividende, erstklassiges Management.

Rating/Ranking. Die Rating-Skalen der Agenturen S&P, Moody's, Fitch und Feri Trust beurteilen die Kreditwürdigkeit von Staaten und Fonds. AAA ist die höchste Bonitätsstufe. Rating bewertet qualitative Kriterien wie das Management, Ranking quantitative Maßstäbe und verwendet das Sterne-System.

Realtimekurse. Online erscheinen Börsenkurse oft zeitverzögert um 15 Minuten, teilweise auch sekundengenau wie auf der Bildtafel Nr. 216 beim TV-Sender n-tv für den DAX. Discountbroker bieten den Kunden aktuelle Notierungen an.

Referenzindex. Bei Indexangleichungen greifen Investmentfonds zu Tauschgeschäften mit Banken und setzen Swaps und andere derivative Techniken ein. Klassische ETFs bilden den Referenzindex möglichst genau nach. Aktiv gemanagte Investmentfonds haben mehr Freiraum bei der Gestaltung.

Regenerative Energie. Ob Solarstrom, Windkraft, Erdwärme oder Biodiesel: Bevölkerungswachstum, knapper werdende fossile Energieträger und Klimawandel machen erneuerbare Energien für Strom und Heizung unverzichtbar. Sie sollten bei guter Marktkenntnis mit Einzeltiteln in Zukunftsmärkten vertreten sein.

Regionalbörsen. Neben der Leitbörse in Frankfurt gibt es die Regionalbörsen Berlin-Bremen, Düsseldorf, Hamburg, Hannover, München, Stuttgart. Nach Frankfurt ist Stuttgart am besten positioniert. Privatanleger bilden die Zielgruppe.

Rendite. Sie bezeichnet den Wertpapierertrag im Verhältnis zum eingesetzten Kapital. Die Dividendenrendite bezieht sich auf die prozentuale Ausschüttung für bestimmte Zeiträume. Langfristig erzielen substanzstarke Aktien hohe Renditen. Aktien und Aktienfonds mit Schwerpunkt Nachhaltigkeit, Ethik, sozialer Kompetenz werden immer beliebter und können bezüglich Rendite durchaus mithalten. Stürzt eine dividendenstarke Aktie z. B. im Corona-Crash um die Hälfte ab, verdoppelt sich die Dividendenrendite bei gleich hoher Ausschüttung.

Reverseplit(t). Beim Umkehrsplit werden Aktien zusammengelegt, z. B. im Verhältnis 5:1 oder 10:1, um einen Kapitalschnitt vorzunehmen und eine Kapitalerhöhung zu ermöglichen. Das wäre bei einer Notierung von unter 1 € unzulässig.

Riester-Rente. Nutznießer dieses staatlich geförderten Altersvorsorgemodells sind Personen mit Kindern, die in die gesetzliche Rentenversicherung einzahlen. Gefördert werden zertifizierte Rentenversicherungen, Investmentfonds und Banksparpläne. Viele Riester-Verträge erzielten allerdings ein enttäuschendes Gesamtergebnis.

Risikoneigung. Jeder sollte seine Risikobereitschaft und Renditeerwartung kennen. Ein risikofreudiger Anleger setzt nicht nur auf Sicherheit. Er weiß, dass es bei Sparbuchzinsen nahe null Prozent das größte Risiko ist, überhaupt kein Risiko einzugehen.

Robo Advisor. Robo bedeutet Roboter, Advisor steht für Beratung. Ein Robo Advisor stützt sich auf systematische, weitgehend automatisierte Prozesse, um im Finanzbereich Anlegern Zugang zur professionellen Vermögensverwaltung zu geben. Gleichzeitig soll der Kunde vor emotional getriebenen Anlageentscheidungen geschützt werden. Hier wird jedoch oftmals übersehen, dass die Börse selbst höchst emotional statt rational reagiert. Dies ist bei besonderen Vorkommnissen, beim jetzigen Corona-Crash, schweren Krisen und Leerverkäufen oft binnen weniger Stunden oder Tage erkennbar. Wünschenswert sind mehr Transparenz und geringere Mindestanlagebeträge.

Rohstoffmarkt. Der Experte Jim Rogers setzt für den Rohstoffzyklus eine Zeitspanne von ein bis zwei Jahrzehnten an. Neben der physischen Edelmetallanlage bieten sich Rohstoff-ETC, Themenfonds und chancenreiche Einzelaktien an. Momentan ist am Rohstoffmarkt nur vereinzelt viel Gewinn zu erzielen.

Rückkaufprogramme sind beliebt, wenn die AG eigene Titel einzieht, um sie zu vernichten, weil sich dann der Wert der restlichen Aktien erhöht. Bejaht wird auch, wenn der Rückkauf als Akquisitionswährung für Übernahmen oder Belegschaftsprogramme dient. Dagegen besteht keinerlei Verständnis, wenn damit Optionsprogramme von Führungskräften bezahlt werden, was heutzutage erfreulicherweise immer seltener vorkommt.

Rürup-Rente. Wer hier einzahlt, nutzt Steuervorteile und bezieht eine Leibrente bis zum Tod. Die Lebenszeit wird voll abgesichert. Die Rürup-Rente darf jedoch weder beliehen, noch verkauft oder vererbt werden. Sie gilt auch für Selbstständige. Wer die Wahl hat, soll sich um die Betriebsrente kümmern und bei Belegschaftsaktien zugreifen.

S

SCALE. Das Mittelstandssegment für junge börsennotierte Firmen löste im März 2017 den wenig transparenten Entry Standard ab. Wer zum Wachstumssegment SCALE gehören will, soll über zwei Jahre alt sein, ein positives Eigenkapital aufweisen, profitabel wirtschaften, schwarze Zahlen schreiben, Jahresumsätze ab 10 Mio. € und einen Börsenwert ab 30 Mio. € nachweisen. Die Vorgaben sollten strikt eingehalten werden, damit es nicht wieder zu Zuständen wie früher am Neuen Markt kommt.

Schuldverschreibungen. Sie heißen auch Bonds, Anleihen, Renten, Obligationen und verbriefen Gläubigerrechte. Der Inhaber ist kein Anteilseigner, sondern hat Anspruch auf Nennwert-Rückzahlung. Indexzertifikate sind Schuldverschreibungen, Indexfonds (ETF) dagegen geschütztes Sondervermögen.

Schulter-Kopf-Schulter-Chart. Diese charttechnische Formation besteht aus Kopf und Schultern. Die Nackenlinie verbindet die Tiefpunkte. Der Durchstoß nach unten ist als Verkaufssignal zu werten. Hält die Unterstützungslinie, bietet sich eine Kauforder an.

Schwarm-Intelligenz. Die Intelligenz der Masse kann, muss aber keineswegs die Geisteskraft eines Einzelnen übertreffen. Expertenteams hebeln die Performance von Mitmachfonds oft deutlich aus. Der MSCI-World-Index liegt im Mehrjahres-Vergleich gewöhnlich weit vorn.

SDAX. Bei der Neusegmentierung 2003 wurde der SDAX umstrukturiert. Und am 24. Sept. 2018 ordnete die Deutsche Börse AG den SDAX neu. Er umfasst nach dem MDAX die 70 größten AGs klassischer Value-Branchen, ergänzt um momentan acht TecDAX-Titel. Technologie zieht also in den MDAX und SDAX ein und macht diesen Sektor wesentlich attraktiver. Die Anpassung geschieht halbjährig. Hier dominieren flexible familiengeführte Mittelständler, die sich in Nischen behaupten. Neuemissionen sorgen für Blutauffrischung. Der SDAX schnitt in zehn Jahren doppelt so gut wie der DAX ab, weil manövrierfähige Schnellboote rascher und flexibler reagieren als Dickschiffe.

Sell in may and go away. Welch Widersinn, im Mai seine Aktien zu verkaufen! Nutznießer sind: Börse, Broker, Banken. Die Gebühren schmälern die Rendite und bedeuten vielfach den Verzicht auf Dividenden. Wer vor 2009 diesen Rat befolgte, versäumte es, sich einen steuerfreien Altbestand aufzubauen – ein Riesenpatzer! Außerdem brachte er sich um die Chance, im Laufe der Jahre zweistellige Dividendenrenditen und vierstellige Kursgewinne einzusammeln.

Sell on good news. Der Tipp, nach positiven Nachrichten auszusteigen, beruht auf der Erfahrung, dass gute Geschäftszahlen oft vorweggenommen werden. Der Ratschlag übersieht jedoch, dass die besten Aktien langfristig steigen, es also unklug ist, sich von ihnen komplett zu trennen. Klüger ist ein Teilverkauf.

Sell-out. Der panikartige Aktienverkauf zu Tiefstpreisen zeigt schon die Crash-Bodenbildung an. Die Chance auf Trendumkehr steigt. Gut, wer die Nerven behält und günstig zukauft statt verlustreich seine Aktien aus dem Depot zu werfen!

Shareholder Value. Die Firmenpolitik orientiert sich an den Interessen der Aktienhalter. Viele werthaltige Industriefirmen sind auf Shareholder Value ausgerichtet. Dazu gehören attraktive Dividenden und eine gute Informationspolitik.

Short Seller. Leerverkäufe sind bei Hedgefonds, dubiosen Research-Instituten und Spekulanten beliebt. Short Seller verkaufen von Brokern oder Banken gemietete hoch bewertete Aktien, um sie später an der Börse billig zurückzukaufen.

Short-Strategie: Untergangspropheten schüren Crashangst. Manch einer sichert sich mit Short-Produkten ab, um im fallenden Markt Geld zu verdienen. Die durch Absicherung anfallenden Gebühren schwächen die Gewinnentwicklung. Beim Anschlag auf den Mannschaftsbus von Borussia Dortmund im April 2017 kaufte der Täter zuvor Tausende von Short-Optionsscheinen und Short-Derivaten, um durch Tod und Verletzung von BVB-Spielern den Aktienkurs in die Tiefe zu treiben. Statt aus 80.000 € Millionengewinne zu machen, winkt langer Knast.

Sparplan. Berufsstarter sollten für Vermögensaufbau und Altersvorsorge einen Sparplan über preiswerte Indexfonds (ETF) mit niedrigen Gebühren abschließen und den **Cost-Average-Effekt** nutzen. Bei gleich hohem Monatseinsatz und fallendem Preis werden mehr Anteile, bei steigendem Kurs weniger Anteile eingebucht. Im Crash sind bei größeren Summen Einmalanlagen vorzuziehen.

Spekulationsblase. Die Börse neigt zu Über- und Untertreibungen, angeheizt durch Gier und Panik. Es türmen sich Spekulationsblasen auf, die irgendwann platzen. Der Mensch lernt kaum aus Fehlern und zeigt wiederkehrende Verhaltensweisen. Letztendlich, auch im bestehenden Corona-Crash, kann die Frage nur lauten: Wann, wie heftig, wie lange dauert das Crashszenario?

Split/Splitt. Mithilfe eines Aktiensplit(t)s wirkt der Titel optisch billiger. Zuvor teure Papiere sind durch Stückelung im Verhältnis von 1:2, 1:3, 1:5 usw. besser handelbar. Der Wert ändert sich nicht. **Ein Vergleich:** Ich kann eine Torte in mehrere Stücke aufteilen. Solange ich sie nicht aufesse, bleibt die Gesamtmenge jedoch gleich. Ein Split(t) signalisiert, dass Vorstand und Aufsichtsrat mit weiterem Wachstum rechnen.

Spread. Bei Zertifikaten bedeutet der Spread die Spanne zwischen dem aus Anlegersicht etwas höheren Briefkurs beim Kauf (Ask) und dem niedrigeren Geldkurs beim Verkauf (Bid). Dafür entfällt ein Ausgabeaufschlag.

Squeeze-out. Die Regelung erlaubt es, bei **feindlichen Übernahmen** verbleibende Aktionäre mit einer dem tatsächlichen Wert entsprechenden Zwangsabfindung heraus zu drängen. Der Bieter muss 95 % der Anteile kontrollieren.

Stammaktien. Stämme (St) verbriefen volle Stimmrechte bei der HV. Die früher wegen der oftmals höheren Dividende beliebten Vorzüge (Vz) lehnen insbesondere Großaktionäre wegen der verminderten Rechte ab. Die Deutsche Börse berücksichtigt nur eine Aktienart bezüglich Indexaufnahme und Gewichtung.

Stoppkurs, Stop-Loss-Order. Um bei einem Kurssturz glimpflich davonzukommen, werden Stop-Loss-Orders zur Gewinnabsicherung und Verlustbegrenzung eingesetzt und bei Bedarf nachgezogen. Dies ist im Abwärtstrend oder bei längerer Abwesenheit vorteilhaft. Bei einem Minuten-Blitzcrash wie am 6. Mai 2010 wurden die Depots leergefegt mit unübersehbaren Folgen. Beim derzeitigen Corona-Crash führte der DAX-Absturz Ende März 2020 auf 8.200 Punkte dazu, dass durch diesen Kursverlust von rund 40 % quasi alle mit Stoppkursen abgesicherten Depots komplett ausgeräumt wurden. Stoppkurse garantieren keinen Ausführungskurs. Entscheidend ist die aktuelle Kursfeststellung.

Frust kommt auch auf, wenn die Aktie kurz vor der Gewinnausschüttung ausgestoppt wird oder vor 2009 den Aufbau steuerfreier Altbestände verhinderte. Bei Blue Chips kann die Spanne knapper, bei volatilen Titeln weiter sein. Marktkundige Aktionäre verkaufen, wenn Fundamentaldaten enttäuschen und die Charttechnik Ausstiegsignale liefert. Nur bei Hebelzertifikaten, hochspekulativen Aktien und langer Abwesenheit sind Stop-Loss-Orders ratsam.

Strafzölle. Die von Donald Trump verhängten Strafzölle und Sanktionen vor allem gegen China und Russland, aber auch die Europäische Union und Deutschland betreffend, führten zum weltweiten konjunkturellen Abschwung mit nachlassendem Weltwirtschaftswachstum. Insbesondere die deutsche Exportwirtschaft zählte zu den Leidtragenden. Gäbe es bei den Null- und Strafzinsen eine Alternative zur Aktienanlage, hätten wir vermutlich schon vor dem Auftreten des Coronavirus Covid-19 längst einen Crash gehabt.

Strategie. *„Für einen Seemann, der nicht weiß, welches Ufer er ansteuern soll, ist kein Wind der richtige."* Nur wer sich über Anlageziel, Risiko, Anlagezeitraum usw. klar ist, findet das für ihn passende Konzept. Sonst stochert er im Nebel.

Streubesitz. Damit ist der nicht im festen Besitz befindliche Aktienanteil gemeint. Für die DAX-Gewichtung gelten Börsenwert und **frei handelbare** Stücke, **Free Float** genannt. Bei hohem Streubesitz steigt die Gefahr feindlicher Übernahmen, wenn ein verlässlicher Ankeraktionär bzw. „weißer Ritter" fehlt.

Substanz- bzw. Buchwert. Er bezieht sich auf Immobilien, Fuhrpark, Anlagen, Maschinen. Liegen Aktienkurs und Buchwert nahe beieinander, ist die Bewertung angemessen. Übertrifft der Buchwert den Kurs, erscheint der Titel unterbewertet. Als Folge des Corona-Crash notiert bei etlichen abgestürzten Titeln der Buchwert jetzt über dem Aktienkurs. Es winken also Schnäppchenpreise.

S&P 500. Der bei Profis geschätzte S&P 500 umfasst 500 der größten US-Firmen. Niemand ist fähig, selbst die 20 oder 30 besten Aktien aus dem riesigen Index herauszufiltern. Ein aktiv gemanagter S&P-Aktienfonds ist chancenreicher als ein ETF, der den Index abbildet und auch die Schwächlinge aufnehmen muss.

Swaps. Es handelt sich um Austauschgeschäfte der Fondsmanager mit Großbanken. Es geht um derivative Techniken mit dem Ziel, Verluste durch veränderte Wechselkurse bei Währungen oder schwankenden Rohstoffpreisen auszugleichen. Bei aktiv gemanagten Aktienfonds sind Derivate mit festgelegten Obergrenzen zulässig. Sie werden genutzt, um Kursschwankungen zu verringern. Sie zu verteufeln, ist der falsche Ansatz. Verfestigte Vorurteile halten sich wacker.

T

TecDAX. Im Frühjahr 2003 wurde der skandalumwitterte Neue Markt durch den TecDAX ersetzt. Er umfasst die 30 größten AGs nach dem DAX aus dem Hightech-Sektor und schneidet im Mehrjahresvergleich etwa dreimal so gut wie der DAX ab. Die Indexanpassung erfolgt halbjährlich. Zunächst dominierten die Solarstromtitel. Vom „Sonnen-DAX" war die Rede. Von elf Titeln blieb nicht einmal mehr **SMA Solar,** Weltmarktführer für Wechselrichter, übrig. Biotech-, Medtech- und Software-/IT-Aktien bringen den Index nun nach vorn.

Die Neuordnung der Indizes Ende September 2018 bewirkte, dass vom Leitindex die Dt. Telekom, Infineon und SAP in den TecDAX einzogen und DAX-Aufsteiger Wirecard auch den TecDAX schmückt. Von den verbleibenden 26 TecDAX-Aktien zogen die 16 größten Werte zusätzlich in den MDAX und die restlichen 10 Titel in den SDAX ein. Es ist für mich absolut unverständlich, wegen dieser Doppelnotiz den TecDAX in den Tageszeitungen und der Wirtschaftspresse im Printbereich überhaupt nicht mehr zu veröffentlichen. *BÖRSE ONLINE* begnügt sich mit einer hellblauen Markierung – absolut unzureichend.

Technische Wertpapieranalyse. Charttechniker richten ihr Augenmerk auf die Entwicklung von Wertpapieren, Rohstoffen, Währungen usw. Sie stellen Kursverläufe grafisch mittels Linien, Balken, Kerzen dar. Langzeitcharts erlauben Rückschlüsse auf künftige Entwicklungen von Aktien, Indizes, Branchen usw. Da das menschliche Verhalten Regelabläufen unterliegt, ziehen technische Analysten aus den Charts der Vergangenheit Erkenntnisse für die Zukunft. Dabei sind Trend und Trendumkehr, Unterstützungs- und Widerstandslinien wegweisend.

Themen-Aktienfonds. Sie investieren in Industrie 4.0, Robotik mit Künstlicher Intelligenz, Digitalisierung, Internet der Dinge, vernetzte Welt, Umweltschutz, Klimawandel und IT-Software, Hoch-Technologie und Gesundheitswesen. Breit gestreut und geschickt ausgewählt winken attraktive Renditen.

Thesaurierung. Dies bedeutet, dass Fondshäuser bei ETFs und Aktienfonds die Dividende nicht ausschütten, sondern die Erträge in neue Anteile investieren. Bei langem Anlagezeitraum erhöht sich die Anteilsmenge. Der für den Vermögensaufbau wichtige Zinseszinseffekt wird bei dividendenstarken Fonds geradezu ideal umgesetzt.

Trading, Day-Trading. Der Zugriff auf die sekundenschnell arbeitenden elektronischen Handelssysteme ermöglicht es, auf kleinste Kursbewegungen blitzschnell zu reagieren. Tradegate zeigt Privatanlegern, wie dies funktioniert.

Trend, Trendkanal. *„Der Trend ist dein Freund"* zeigt, dass es unklug ist, sich gegen den vorherrschenden Trend zu stemmen. Mutiges antizyklisches Handeln heißt auf den Punkt gebracht, entgegen dem Herdentrieb frühzeitig auf Trendwenden zu reagieren.

Turnaround. In Kürze sollte der Boden gebildet sein und die Firma schwarze Zahlen schreiben. Bleibt die Rückkehr in die Gewinnzone aus, droht ein erneuter Kurssturz. Auf Turnaround-Storys zugeschnittene seriöse Börsenbriefe sorgen für Informationen, die über marktenge Titel sonst nur schwer zu beschaffen sind.

U

Übernahme. Feindliche Übernahmen drohen Unternehmen, die keinen treuen Ankeraktionär, aber einen hohen Streubesitz (Free Float) haben. Freundliche Übernahmen sind üblich, wenn das Zielunternehmen gut zur Bieterfirma passt.

Überzeichnung. Bei begehrten Neuemissionen sind Zeichnungsgewinne zu erwarten. Der Ausgabepreis dürfte am oberen Ende der Bookbuilding-Spanne liegen. Ein Blick auf außerbörsliche Kurse macht Chancen berechenbar. Wer bei der Zeichnung leer ausgeht, sollte Geduld üben. Oft geht der Kurs später zurück.

Ultimo. Zum einen läuft die Kauf- oder Verkaufsorder bis zum Monatsende. Zum anderen ist damit der letzte Börsentag im laufenden Monat gemeint.

Umkehrformation. Darunter sind Chartformationen zu verstehen, die auf eine Trendumkehr hinweisen, wie beispielsweise die M-, W-, Schulter-Kopf-Schulter- und Untertassenformation.

Unterstützungslinie. Wird sie nach unten durchbrochen, ist dies ein Verkaufssignal. Hält sie, deuten Chart-Experten dies positiv und raten zum Kauf.

V

Value-Aktien. Ab 2000, als die Kurse weltweit in den Keller rauschten, erntete Warren Buffett, der alles, was er nicht kennt und versteht, verschmäht, neuen Ruhm. Value ist auf defensive, substanzstarke, nachhaltige, konjunkturunabhängige Aktien zugeschnitten. Der aktuelle Corona-Crash zeigt zum Erstaunen mancher Experten, dass Value- und Growth-Aktien zwar gleichermaßen abstürzen, dass sich aber die wichtigsten Titel aus Zukunftsmärkten schon wieder viel deutlich erholen. Dies gilt vor allem für den Biotech- und Medtech-Sektor.

Verkaufssignale entstehen, wenn Aktienkurs an der oberen Widerstandslinie abprallen. Dies gilt ebenso, wenn die untere Unterstützungslinie nicht hält.

Verlustbegrenzung. Vernünftig ist es, Gewinne substanzstarker Aktien laufen zu lassen und bei sich häufenden schlechten Nachrichten Verluste beherzt zu begrenzen. Das Geheimnis des Börsenerfolgs liegt aber auch darin, dass es nach oben keine Grenzen gibt. Aktien sind nicht mit Raketen zu vergleichen, deren Treibstoff ist.

Verzinsliche Wertpapiere. Dazu zählen Staats- und Unternehmensanleihen, auch Schuldverschreibung, Rentenpapiere, Bonds oder Obligation genannt. Es sind Gläubigerpapiere mit festem oder variablem Zinssatz, vereinbarter Laufzeit und Tilgungsform. Gläubiger sind dagegen Käufer von Schuldtiteln.

Volatilität. Hightech-Aktien und marktenge Werte sind schwankungsfreudig. Wer das heftige Auf und Ab nervlich nicht aushält, vertraut lieber auf große Standardwerte oder investiert in Fonds. Es ist unsinnig, Kursschwankungen zu verteufeln. Sie bieten mutigen, fachkundigen Anlegern beste Kauf- und auch Teilverkaufschancen insbesondere in Krisenzeiten wie wir sie derzeit erleben.

Volumen Fondsvermögen. Es gibt alteingeführte Misch-, Renten- und Aktienfonds mit einem Fondsumfang im zweistelligen Milliardenbereich. Demgegenüber stehen Winzlinge, die nicht einmal einen zweistelligen Millionenbetrag aufweisen. Dies ist nicht beunruhigend, wenn der Fonds erst vor einem Jahr aufgelegt wurde.

Vorzugsaktien. Sie sind wegen fehlender Stimmrechte nicht mehr so beliebt wie in früheren Zeiten. Da tröstet die oft etwas höhere Dividende kaum. Manchmal werden Vorzüge in Stämme umgewandelt, weil für die Indexgewichtung und den Index-Aufstieg oder -Abstieg nur eine Aktiengattung zählt.

W

Wachstumswerte. Dazu zählen Hightech-, Biotech-, Medtech-, Internet-, Software-, Robotik-, Nanotechnologie- und Medienwerte. Growth-Aktien sind besonders attraktiv, wenn die Konjunktur anzieht und die Eroberung neuer Märkte zum Umsatz- und Gewinnanstieg führt.

Wall Street. Dies ist die Straße, in der die amerikanische Leitbörse New York Stock Exchange (NYSE) nach wie vor ihren Haupt-Geschäftssitz hat.

Wandelanleihen. Die Aktionäre können bei den von der AG ausgegebenen Wandelanleihen wählen, Einsatz und Zinsen ausgezahlt zu bekommen oder die vereinbarte Anzahl von Aktien zum angegebenen Kurs zu nehmen. Wandelanleihen sind mit einem eher niedrigen Zinskupon ausgestattet und gelten als fair.

Wertgesicherte Fonds. Die von vielen Anlegern nach wie vor geschätzten Garantiefonds sind strukturierte Fonds mit Kapitalgarantie. Die Rendite überzeugt nicht unbedingt. Im Schnitt erzielten wertgesicherte Fonds pro Jahr ein leichtes Minus – nicht selten das schlechteste Ergebnis unter allen Fondsarten. Dabei wollen wertgesicherte Fonds ansehnliche Renditen erwirtschaften und besser abschneiden als Lebensversicherungen. Sie mischen Aktien, Anleihen, sonstige Produkte und sichern mit Derivaten ab.

Wertpapier-Kenn-Nummer (WKN). Wer Aktien telefonisch oder online ordert, verwendet gern die sechsstellige WKN. Die zwölfstellige ISIN ist schwer zu entziffern und verleitet insbesondere bei kleiner Schrift und Verzicht auf Leerschritte zu Fehlern bei 0 und D, bei G, 6, 8, B, bei L, I, J sowie M und N.

Widerstandslinie. Charttechnisch wird die Ampel auf „Grün" gestellt, wenn die Widerstandszone nachhaltig nach oben durchstoßen wird. Größere Barrieren liegen psychologisch bedingt bei runden Zahlen und Index-Hochständen.

X

XETRA. Das vollelektronische Handelssystem der Deutschen Börse AG in Frankfurt macht den Parketthandel entbehrlich. XETRA führt Aufträge über Computer blitzschnell zusammen. Der XETRA-Handel beginnt um 09:00 und endet um 17:30 Uhr. Regionale Börsenplätze nehmen Orders ab 08:00 Uhr entgegen und sind bis 20:00 Uhr, teilweise wie Tradegate und Stuttgart bis 22:00 Uhr aktiv.

Z

Zeichnung. So heißt die Abgabe eines Kaufangebots für neue Aktien zum Ausgabepreis. Hohe Zeichnungsgewinne am ersten Börsentag sind im Gegensatz zu den Zeiten des Neuen Markes nur bei attraktiven Titeln zu erwarten.

Zinspolitik. Ab 2006 war Ben Bernanke Notenbankchef der US-Fed. Sein langjähriger Vorgänger Alan Greenspan ging erst mit 79 Jahren in den Ruhestand. Ab Februar 2014 führte Janet Yellen die Geschicke der US-Notenbank Fed. Seit 02. November 2017 ist Jerome Powell im Amt. Mit der schweren Finanz- und Weltwirtschaftskrise 2008/2009 seit über 80 Jahren sowie dem Überschuldungsszenario wurde zur Stabilisierung des Finanzsystems eine Niedrigzinspolitik eingeläutet. Die Tiefstände lagen in den USA anfangs bei 0,0 % bis 0,25 %, wurden im März 2017 auf 0,75 % bis 1,00 % und bis 2018 auf 2,25 bis 2,50 % angehoben. Danach gab es drei Zinssenkungen, zuletzt am 03. März 2020, Zinskorridor bis 1,25 %. Der Corona-Crash stellt die Notenbanken weltweit vor extrem große Herausforderungen.

Die Europäische Zentralbank (EZB) mit ihrer neuen Präsidentin **Christine Lagarde** (Vorgänger **Mario Draghi**) legt den Leitzinssatz für die Länder der EU fest. Der Leitzinssatz wurde am 10. März 2016 auf glatte 0,0 % abgesenkt – schlecht für Sparer, positiv für Kreditschuldner. Daran hat sich bislang nichts geändert. In den Zeiten von Krisen und Crash ist nicht mit Plus-, sondern mit eher steigenden Minus-Zinsen zu rechnen.

Zukunftsmärkte. Der demografische Wandel mit ungebremst steigender Lebenserwartung in den Industrienationen führt weltweit zu gewaltigen gesellschaftlichen und wirtschaftlichen Veränderungen. Einerseits sterben etliche Geschäftsfelder und Berufe aus. Andererseits kommt es durch die Digitalisierung zu neuen Höhenflügen in bestimmten Branchen und dort tätigen innovativen Unternehmen.

Der Corona-Crash wird das Gesellschafts- und Wirtschaftsleben mit neuartigen, aber auch mit sterbenden Geschäftsfeldern nachhaltig verändern. Nichts wird mehr sein wie zuvor. Die Digitalisierung dürfte Videokonferenzen und Webinare beflügeln, neue Maßstäbe in der Infrastruktur und bei der Bekämpfung des Klimawandels setzen und das Gesundheitswesen insbesondere im Biotechnologie- und Medizintechnik-Sektor mit Roboter-Unterstützung weiter vorantreiben.

Zu den Zukunftsmärkten zählen Altenpflege-Einrichtungen und Aufrüstung von Kliniken mit Intensivstationen auch im ländlichen Bereich. Kein Weg führt vorbei an Industrie 4.0, Künstlicher Intelligenz, Internet der Dinge, Digitalisierung, vernetzter Welt. Siehe Robotik, Drohnen, selbst fahrende Autos. Die Werbung verführt zu neuen Produkten und Verfahren. Nicht alles, was möglich ist und angeboten wird, tut uns gut. Branchen-ETFs und innovative Aktienfonds bilden große Zukunftsmärkte rund um den Globus chancenreich ab.

Immer beliebter werden bei institutionellen wie bei privaten Anlegern Einzelaktien und Fonds mit Schwerpunkt Ethik, Nachhaltigkeit, Sozialkompetenz. Aktien aus MDAX, TecDAX und SDAX sowie noch kleinere Nebenwerte vor allem aus dem Prime Standard schneiden oft besser als die meisten DAX-Dickschiffe ab.

Zykliker, zyklische Aktien. Dieser Begriff bezieht sich auf konjunkturabhängige Unternehmen und trifft zu für Maschinen- und Autobauer, Chiphersteller, Stahl-, Bergbau,- Biotech- und Chemiekonzerne. Beim Konjunkturaufschwung werden zyklische, offensive, wachstumsstarke Titel (Growth) favorisiert. Ist der Hochpunkt überschritten, nehmen vorsichtige Anleger eher nichtzyklische, defensive, fair bewertete, dividendenstarke Titel (Value) wie Versorger, Pharma-, Konsumgüter-, Versicherungs-, Immobilien- und Energiewerte in ihr Depot.

9.2 Die wichtigsten Indizes weltweit für den raschen Überblick

Was hat sich in der globalen Indexübersicht seit einem halben Jahr geändert? Der Corona-Crash hinterlässt seine Spuren. So heil wie 2019 präsentieren sich die weltweiten Börsenbarometer nicht mehr. Die nächste Übersicht bringt rote Vorzeichen. Alles kein Grund zu verzweifeln! Auch nach diesem Crash werden sich die Märkte erholen. Es fragt sich nur: Wann geschieht es? Haben wir den Tiefstand schon erreicht?

Globale Indexübersicht November 2019: Punkte & Kurse

Index/Börsen-Barometer	WKN	Kurs am 01.11.19	Kursentwicklung 1, 3, 5, 10 Jahre	Hoch/Tief 52 Wochen
DAX Perform.	846 900	12.907 P.	+12/+21/+38/+138 %	12.986/10.279
DAX Kursindex	846 744	5.761 P.	+9/+11/+20/+75 %	5.798/4.734 P.
MDAX	846 741	26.379 P.	+9/+24/+63/+290 %	26.482/21.162
TecDAX	720 327	2.817 P.	+6/+62/+125/+285 %	2.971/2.376 P.
SDAX	965 338	11.481 P.	+4/+23/+72/+234 %	11.780/9.264 P.
DivDAX Perform.	A0C 33D	347 P.	+15/+26/+41/+150 %	351/277 Punkte
DAXplus Family	A0Y KTN	6.325 P.	+11/+27/+77 %	6.344/4.991 P.
GEX	A0A ER0	2.194 P.	+12/+31/+90/+61 %	2.204/1.583 P.
Euro Stoxx 50	965 814	3.616 P.	+13/+18/+16/+31 %	3.638/2.909 P.
STOXX 50	965 816	3.278 P.	+11/+16/+9/+36 %	3.300/2.674 P.
Dow Jones	969 420	27.046 P.	+8/+49/+56/+178 %	27.399/21.713
S&P 500	A0A ET0	3.038 P.	+12/+43/+51/+193 %	3.050/2.347 P.
Nasdaq 100	A0A E1X	8.084 P.	+16/+68/+94/+385 %	8.120/5.895 P.
Nikkei 225	A1R RF6	22.851 P.	+5/+31/+39/+128 %	23.008/18.949
Hang Seng China	145 733	27.083 P.	+8/+17/+12/+23 %	30.133/24.583
RTX Russland	965 707	2.142 P.	+28/+56/+37/+7 %	2.168/1.538 P.
CAC 40 Frankr.	969 400	5.894 P.	+15/+31/+39/+55 %	5.906/4.556 P.
SMI Schweiz	969 000	10.253 P.	+13/+31/+16/+63 %	10.288/8.139 P.
FTSE London	969 378	7.274 P.	+2/+4/+11/+42 %	7.728/6.537 P.

Bitte anschnallen! Der Überblick über die Kursentwicklung der deutschen Indizes und der weltweit führenden Börsenbarometer dokumentiert die scharfen Verwerfungen in den Zeiten der Corona-Krise. Lassen Sie sich von dem Crash mit all seinen verheerenden Folgen jedoch nicht unterkriegen! Er bietet gerade für Einsteiger, aber auch für mutige, erfahrene Börsianer gute Chancen für Erfolge bei einer Langzeitstrategie!

Globale Indexübersicht 24. April 2020: Punkte & Kurse

Index/Börsen-Barometer	WKN	Kurs am 24.04.20	Kursentwicklung 1, 3, 5, 10 Jahre	Hoch/Tief 52 Wochen
DAX Perform.	846 900	10.336 P.	-16/-17/-12/+65 %	13.795/8.256 P.
DAX Kursindex	846 744	4.595 P.	-18/-23/-23/+22 %	6.137/3.670 P.
MDAX	846 741	22.241 P.	-14/-9/+6/+160 %	29.438/17.715
TecDAX	720 327	2.886 P.	0/+40/+74/+244 %	3.303/2.128 P.
SDAX	965 338	9.873 P.	-15/-6/+13/+141 %	13.089/7.841 P.
DivDAX Perform.	A0C 33D	259 P.	-20/-18/-15/+63 %	360/206 Punkte
DAXplus Family	A0Y KTN	5.817 P.	-4/+5/+25/+140 P.	7.107/4.337 P.
GEX	A0A ER0	2.476 P.	-1/+-0/+37/+45 P.	3.076/1.957 P.
Euro Stoxx 50	965 814	2.809 P.	-19/-21/-24/-3 %	3.867/2.303 P.
STOXX 50	965 816	2.801 P.	-12/-11/-20/+7 %	3.540/2.260 P.
Dow Jones	969 420	23.775 P.	-10/+15/+32/+112%	29.569/18.214
S&P 500	A0A ET0	2.837 P.	-3/+19/+34/+133 %	3.394/2.192 P.
Nasdaq 100	A0A E1X	8.787 P.	+13/+60/+94/+328	9.737/6.772 P.
Nikkei 225	A1R RF6	19.262 P.	-13/+2/-3/+77 %	24.116/16.358
Hang Seng China	145 733	23.886 P.	-19/-1/-14/+12 %	30.074/21.681
RTX Russland	965 707	1.477 P.	-21/-2/+2/-36 %	2.410/1.088 P.
SMI Schweiz	969 000	9.626 P.	+-0/+11/+4/+42 %	11.270/7.650 P.
FTSE London	969 378	5.752 P.	-23/-20/-18/+1 %	7.727/4.899 P.
MSCI WORLD	969 273?	6.551 P.	-5/+15/+27/+124 %	7.950/5.323 P.

Anmerkung: Die unterstrichenen Angaben zeigen im 1-, 3-, 5-, 10-Jahresüberblick siegreiche Börsenbarometer vom In- und Ausland. Die Übersicht ist nützlich, wenn es darum geht, einen Index mit einem ETF oder Aktienfonds abzudecken.

9.3 Sachwortverzeichnis: Wo steht was?

Schwerpunktwissen: fett gedruckt

Schwerpunktthemen: farbig

Begriffserklärungen Lexikon/Glossar: kursiv

Alles übrige: Normalschrift

Die besten Aktienstrategien für Fortgeschrittene

Beate Sander

Das Arbeits- und Vertiefungsbuch zum Bestseller *Der Aktien- und Börsenführerschein*. Wer das Einmaleins der Börse beherrscht, sucht anschließend nach klaren Strategien, um am Markt zu den Siegern zu zählen. Das Wie, Wann, Wo und Wie viel beim Investieren steht im Mittelpunkt. Beate Sander bietet mit Die besten Aktienstrategien für Fortgeschrittene viele Tipps und Handlungsanweisungen, um Geld langfristig und nachhaltig erfolgreich anzulegen.
Mit vielen Musterdepots für Aktien, Branchen-Aktienfonds und Branchen-ETFs für die wichtigsten Anlegergruppen und als Baustein für das eigene Depot. Zudem zeigt Beate Sander wie vorsichtige, erfolgsorientierte und risikofreudige Anleger mit einem Startkapital von 10.000 bis 100.000 Euro am besten starten.

416 Seiten | Hardcover | 34,99 € (D) | 36,00 € (A) | ISBN 978-3-95972-241-4

Das neue große Buch der Börsenkolumnen

Beate Sander

Seit Frühjahr 2016 schreibt Beate Sander allwöchentlich Börsen
kolumnen für Medien, Verlage und Institutionen. Diese Kommen
tare auf wenigen Seiten spiegeln das Markt- und Börsengesche
hen wider, greifen aber auch immer neue Themen auf, sei e
aktuelle Trends, Kennzahlen, Psychologie, Branchenrotation un
Strategietipps sowie Fehler, die es zu vermeiden gilt.
Nach dem erfolgreichen Vorgängerband Das große Buch de
Börsenkolumnen folgt nun Band 2 mit den knapp 100 beste
Kolumnen aus den Jahren 2019/20. Enthalten sind hier u. a. neu
Themen wie nachhaltige Geldanlage, ein Notfallplan bei starke
Korrektur und sinnvolles Verhalten im Crash.

272 Seiten | Softcover | 29,99 € (D) | 30,90 € (A) | ISBN 978-3-95972-331-2

Börsenerfolgsformel Nachhaltigkeit

Beate Sander

Seit Greta Thunberg und der Friday-for-Future-Bewegung steht der Klimawandel verstärkt im Fokus. Damit wird das Thema Nachhaltigkeit auch für die Geldanlage immer wichtiger. Doch welche Investments sind wirklich nachhaltig und wie findet man die richtigen Produkte? Bestsellerautorin Beate Sander zeigt nicht nur mit vielen Musterdepots und einer Übersicht globaler Nachhaltigkeitsaktien, wie sich nachhaltige Geldanlage mit Aktien, Fonds und ETFs umsetzen lässt, sondern auch, warum Aktien von Unternehmen, die ethisch verantwortungsvoll und nachhaltig wirtschaften, die beste Unterstützung für deren Bemühen um eine umweltfreundliche Welt sind.

256 Seiten | Softcover | 29,99 € (D) | 30,90 € (A) | ISBN 978-3-95972-335-0